JN252060

環境倫理を育む環境教育と授業

――ディープ・エコロジーからのアプローチ――

山 本 容 子 著

風 間 書 房

ま え が き

　本書は，欧米を中心として広まりつつあるディープ・エコロジー（deep ecology）の視点を導入した環境教育の理論と実践に関する研究成果をまとめたものである。ディープ・エコロジーは，1970年代に出現した環境主義的な環境思想に位置づく代表的な環境倫理思想の一つであり，ノルウェーの哲学者，アルネ・ネス（Arne Naess）によって打ち出された思想である。環境問題の解決を人間の内面の意識変革に求めるディープ・エコロジーの根本原理は，1980年代後半から我が国においても注目され始め，現在に至るまで，多くの環境思想関連書籍の中で紹介，および，この思想に関する言及がなされている。

　ネスのディープ・エコロジーの根本原理は，様々な思想家たちに受け継がれ，発展し，環境思想はもとより，各方面に大きな影響を及ぼしてきた。特に，アメリカ，カナダ，オーストラリアにおいては，1980年代から教育への導入が広がり，民間レベルの環境教育プロジェクトのみならず，公教育としての理科教育，生物教育の場での実践もみられ，これに関する先行研究も少なからずなされてきた。このように，環境教育の文脈では，この思想に影響を受けた環境教育の構想や実践はたしかな地歩を占めつつある。しかし，ディープ・エコロジーの視点を導入した環境教育の特質に関する詳細な研究はなされていない。さらには，ディープ・エコロジー思想の中軸をなす概念である「自己実現」を導入し，内面の自己変革を図ることを目的とした学校教育における環境教育の理論と実践に関した基本的かつ詳細な知見は得られていない。

　現在，環境教育の枠組みは，持続可能性に主眼を置き，持続可能な開発のための教育（ESD：Education for Sustainable Development）としての環境教育

が国際的に共通の方向性になっている。持続可能性の概念は，環境思想の全体からみれば，ディープ・エコロジーとは立場を異にする人間中心主義的な概念ではあるが，我が国の ESD で育みたい「持続可能な開発に関する価値観」の中には，「人は自然の一部」という環境主義的な視点がみられる。したがって，ESD において「持続可能な開発に関する価値観」を育む上で，あるいはさらに，環境教育の根本的なあり方を探る上でも，ディープ・エコロジーの視点を導入した環境教育の理論と実践に関する知見を得たいと思う。そのような意図に基づいて，本研究は次の 4 点を主要な課題とした。第一に，アメリカの代表的な生物カリキュラムである BSCS（Biological Sciences Curriculum Study）における，環境倫理，および，ディープ・エコロジーのとりあげ方と学習展開のしかたを明らかにすることである。第二に，アメリカ・カナダ・オーストラリアを中心に，民間レベルの教育プロジェクトとして広まりつつあるディープ・エコロジーの視点を導入した環境教育の目的・学習形態・学習内容等の特質を明らかにすることである。第三に，ディープ・エコロジーを中心とした環境倫理に対する日本の子どもの意識の特徴を解明することである。第四に，第一〜第二の文献調査，第三の意識調査を踏まえ，高校生物におけるディープ・エコロジーの視点を導入した環境教育プログラムを開発・試行し，日本の高校生の反応・変容や実践的課題を探り，ディープ・エコロジーの視点を導入した環境教育を日本で実践する際のあり方を検討する基礎的な知見を得ることである。

　もともと本書は，筆者が2013年（平成25年）に筑波大学に提出した博士学位請求論文（「生物教育における環境倫理の視点を導入した環境教育の研究—ディープ・エコロジーの視点を中心として—」）に基づくものであり，書籍としての体裁を整えるため，若干の加除修正を行ったものである。公刊に当たって，標題を「環境倫理を育む環境教育と授業—ディープ・エコロジーからのアプローチ—」と改めた。

　なお，本書は，独立行政法人日本学術振興会平成28年度科学研究費助成事

業（科学研究費補助金）（研究成果公開促進費　課題番号16HP5237）の交付を受け
て刊行するものである。また，本書の一部には，平成15年，17年，19年，22
年，23年，24年度科学研究費補助金（奨励研究）の助成を受けて行った研究
成果が含まれている。

　2017年1月

山本　容子

目　　次

序章　研究の目的と方法

第1節　環境倫理の視点を導入した環境教育の研究の課題

　環境教育の必要性が世界的に認識され積極的に実践されているのは周知のとおりである。目下，この環境教育の枠組みは，テサロニキ宣言（1997）で明確に打ち出されたように，持続可能性（Sustainability）に主眼を置き，持続可能な開発のための教育（ESD: Education for Sustainable Development）としての環境教育が国際的には共通の方向性になっている[1]。現に，日本においても中央環境審議会が1999年に『これからの環境教育・環境学習―持続可能な社会をめざして―』[2]を答申し，また2002年の国連総会決議を受けて，2006年に関係省庁連絡会議が，『わが国における「国連持続可能な開発のための教育の10年」の実施計画』を策定し[3]，日本の環境教育の基本的枠組みを明示した。

　「持続可能性」，「持続可能な開発」も，環境思想の一つといえるが[4]，とりわけ欧米においては，環境教育のアプローチも国や地域ごとに多様化し，近年の環境思想の流れとも連動しつつ独自の展開を見せている。環境思想全体は，人間中心主義から環境主義への重点移行を見せ[5]，特に，後者につながる環境倫理の視点は，後述するように，国内外の環境教育の中でも重要な位置を占めるようになっている。それに対して，「持続可能な開発」の概念は，環境思想の全体から見れば，前者につながる人間中心主義の系譜に属している[6]。環境倫理は，日本科学者会議編の『環境事典』においては，「環境破壊が進む中で，自然に対する人間の実践的かかわり方や責任を問うもの」と定義されている[7]。同書ではまた，環境倫理学を，1970年代にアメリ

カで注目され始めた応用倫理学の1つで，自然のうちに内在する固有の価値や権利を承認することによって自然を保護しようとする人間非中心主義的，すなわち，環境主義的な環境思想に位置づけており，環境倫理学の流れのもととなったのは，シンガーの動物解放論，ストーンの自然物の法的権利論[8]，ネスのディープ・エコロジーであるとしている[9]。また，「環境倫理学」を日本に広く紹介した加藤によれば，環境倫理学の中心は，「自然の生存権の問題」，「世代間倫理の問題」，「地球全体主義」の3つの基本主張であり，加藤は3つの基本主張についてそれぞれ，「自然の生存権の問題」は，「人間だけでなく，生物の種，生態系，景観などにも生存の権利があるので，勝手にそれを否定してはならない」こと，「世代間倫理の問題」は，「現代世代は，未来世代の生存可能性に対して責任がある」こと，「地球全体主義」は，「地球の生態系は開いた宇宙ではなくて閉じた世界である」ことと説明している[10]。この3つの基本主張は，日本において現在に至るまで多くの環境倫理関連書籍の中で，環境倫理学の3つの柱として紹介され[11]，『環境教育指導事典』の中でも環境教育に関する基礎的・基本的事項の「環境倫理」の解説の中で取り上げられている[12]。他方，アメリカの大学，および，大学院における環境倫理学の標準的なテキストとして使用されている"Environmental Ethics: An Introduction Environmental Philosophy 3ed"においては，環境倫理学とは，「人間と自然環境との道徳的関係についての体系的説明」であり，「道徳的規範が自然界に対する人間行動を支配することが可能であり，実際に支配していると仮定する」ものであると規定している[13]。以上，主要な文献以外にも，環境倫理に関する書籍は多数出版されているが[14]，これらの文献に共有されるのは，環境倫理とは，環境問題が深刻化する中で人間と自然とのかかわり方を問うもの，環境倫理学とは，環境問題の解決に向けて人間と自然との正しいかかわり方を倫理学的，哲学的に考察し，探究するものであり，本研究ではこれを環境倫理，および，環境倫理学の定義として扱うこととする。いずれにせよ環境倫理は，持続可能な未来社

会を実現しようとする環境教育において，人間と自然環境が調和しながら発展する社会を構築するための新たな教育構想を提供する「エコロジー思想」を含むものとして注目されている[15]。

　実際に海外では，アメリカ，カナダ，オーストラリアを中心に環境倫理の視点を導入した環境倫理教育が推進されている[16]。その中では特に，1970年代から広がりを見せる，環境倫理学の流れをつくった環境思想の系譜に位置するディープ・エコロジー（deep ecology）の視点を導入したディープ・エコロジー教育が広まりつつある[17]。この思想は，現代の環境問題を引き起こした我々の精神の内面性それ自体を問題としており，現在の社会システムと文明の中で失われてしまった自然とのかかわり・一体感，そして自然の中での「自己実現」（self-realization）を通して生命の固有の価値を見つめなおすことを提唱するものである[18]。

　ところで，「自己実現」の概念は，ディープ・エコロジーの文脈ばかりではなく，周知のように教育学や心理学において，特に生徒指導論や発達論の中でも頻出する概念である。ディープ・エコロジーにおける「自己実現」の概念については第1章第4節で詳述するが，ここでは，両者におけるこの「自己実現」の概念の異同について付言しておきたい。生徒指導論や発達論でいう「自己実現」（self-actualization, self-realization）とは，はじめ，ゴールドシュタイン（Goldstein, K.）によって命名され，その後，マズロー（Maslow, A.H.）が，人間主義の心理学の立場からこの概念を発展させ，現在では心理学に限らず，人間の成長傾向を述べるのにこの概念を用いている[19]。「自己実現」は，一般にマズローの欲求理論にみられる基本的欲求の一つで，自分の内部にもつ潜在的な可能性を最大限に実現しようとする欲求を意味する。現在は，ロジャーズ（Rogers, C.R.），ユング（Jung, C.G.）の唱える同じ用語の意味を含め捉えることもあるといわれている[20]。他方，ディープ・エコロジーの「自己実現」においては，これとは異なり，人間が人間のみならず人間を超えて人間以外の存在，すなわち，他の生命体（微生物，動物，植物など

すべての生命体），更には生態系全体（一般的には「自然」）とも一体感を持てるようになるとき，自己が広がり，深みを増し，精神的に成熟・成長することを意味する[21]。

　ディープ・エコロジーの視点は，アメリカの代表的な生物教科書である，BSCS（Biological Sciences Curriculum Study）生物教科書にも導入されている[22]。BSCS は周知のように，1950年代に始まったアメリカ科学教育改革運動の中心的役割の一つを担ったカリキュラム開発プロジェクトであり，現在も継続している唯一のプロジェクトである[23]。

　国内では，前述した1999年の中央環境審議会の答申『これからの環境教育・環境学習―持続可能な社会をめざして―』の「環境教育・環境学習の具体的な推進方策」において，「環境教育・環境学習の振興は，国，地方公共団体の主要な政策課題である一方で，国民一人ひとりが "いかに生きるか" という，いわば価値観をも問うものであることに留意するべき」ことを明示している[24]。また，『わが国における「国連持続可能な開発のための教育の10年」実施計画』では，重視する指針の１つとして，「持続可能な開発に関する価値観」の育成を挙げている[25]。さらに，環境倫理は，2008，2009年改訂の新学習指導要領にも導入されている。中学校学習指導要領の総則では，「自然体験活動などの豊かな体験を通して生徒の内面に根ざした道徳性の育成が図られるよう配慮」すべきことが明示され，中学校および高等学校の学習指導要領の理科では「生命を尊重し，自然環境の保全に寄与する態度の育成」に配慮すべきであることが明記されている[26]。ここで，価値観や道徳性と言っているが，両者とも環境に対する人間の行動規範を問題にしていることから，本研究においては，この両者の育成も環境倫理の育成と捉えることができる。実際，環境倫理の学校教育への導入は，後述するが，近年の日本において議論され始め，徐々にではあるが，学校教育における各教科の学習内容にも導入され始めている。

　このように，国内外，特にアメリカにおいては，民間レベルの教育プロ

ジェクトのみならず，公教育としての理科教育，生物教育の場での実践もみられる環境倫理の視点を導入した教育であるが，これに関する先行研究も少なからずなされている。先行研究の詳細な状況については，後述の当該箇所で取り上げるが，先行研究には以下のような主要な課題が挙げられる。

　1点目は，環境倫理教育の展開や実践的特質等についての詳細な先行研究がほとんどみられない点である。例えば，北米環境教育連盟（NAAEE: North American of Association for Environmental Education）の "The Journal of Environmental Education" の1969年1巻1号から2012年43巻4号までに掲載された論文のキーワード検索を分析した結果，環境教育の実践者が身につけておくべき基礎知識としての環境倫理の紹介[27]や，ディープ・エコロジー教育を含む環境倫理教育の事例的研究が数点みられるものの[28]，環境倫理教育の特質についてはほとんど取り上げられてはいなかった[29]。また，環境教育研究（Environmental Education Research）がまとめた "Researching Education and the Environment: Retrospect and Prospect" では，「考え方としての持続可能性」の説明の中で環境倫理について触れているが，環境倫理教育については述べられていない[30]。そして，全米科学教師協会（NSTA: National Science Teachers Association）の "Environmental Education: Teacher Resource Handbook" では，環境教育の授業における補助教材として使える一般書のカテゴリーの1つとして "環境倫理と伝記（Environmental Ethics and Biographies）" を設け，動物の権利論争（The Animal Rights Controversy）やレイチェル・カーソン（Carson, R.）の環境運動に関する書籍を紹介しているが，その活用の詳細は示されていない[31]。さらに，環境倫理の視点を導入した学校における理科教育，特に，生物教育の特質についても分析されていない。確かに，アメリカの高校生物教育で使われている BSCS のカリキュラムにおいて，環境倫理の視点が導入されてはいるが，その詳細，特質については解明されていない。アメリカ教育省・国立教育学図書館が製作した教育学全般における情報データベース The Educational Resource Information Center

6

（ERIC）において，"environmental education" かつ "environmental ethics" で1966年以前から2012年までに掲載された論文のキーワード検索[32]を行うと多くの文献がヒットし，前述したようなディープ・エコロジー教育等の論文がみられるが，環境倫理の視点を導入した公教育のプロジェクトである "Biological Sciences Curriculum Study（BSCS）" のキーワードをさらに加えると 0 件という検索結果となる。日本においても確かに，長洲[33]，丹沢[34]，高橋[35]等は BSCS について多くの研究成果を挙げているが，環境倫理導入の視点から BSCS のカリキュラムについての分析は行ってはいないのである。

　2 点目は，環境倫理教育として最も広まりつつあるディープ・エコロジー教育に関する詳細な研究がなされていない点である。環境思想の文脈でこの思想に言及した先行研究[36]は国内外ともに枚挙に暇が無い。しかし，環境教育の文脈では，ディープ・エコロジーに影響を受けた環境教育の構想や実践は確かな地歩を占めつつあるものの，それらについての詳細な研究はみられない。例えば，北米環境教育協会の "The Journal of Environmental Education"[37]，また，"The Handbook of Environmental Education"[38]においても取り上げられてはいない。このハンドブックの著者の一人であるパルマー（Palmer, J.A.）は，21世紀の環境教育の理論と研究を展望して，ディープ・エコロジーを環境主義の思想の一つとして類型化し，そのアプローチを紹介しているにすぎない[39]。わが国でも，鶴岡[40]，阿部[41]，荻原[42]等が一連の研究でアメリカの環境教育についての優れた研究成果を公表しているが，ディープ・エコロジーを導入した環境教育についての言及はほとんどなされていない。確かに，荻原・戸北は，アメリカの多文化主義教育と環境教育とのかかわり中で，ディープ・エコロジーなど急進的な環境主義の立場から現行の環境教育への批判があることを指摘しその論者名をあげてはいるものの，その内容的な吟味は今後の課題として残している[43]。

　3 点目は，環境倫理教育の対象となる，日本の子ども達の環境倫理意識に

ついて，詳細な先行研究はまだなされていない点である。例えば，内閣府から出版されている『子ども・若者白書』では，「子どもの頃の体験が豊富な大人ほど，意欲や規範意識が高い人が多い傾向にある」ことが報告され，「自然体験等子ども・若者の体験活動の推進をしていくことが重要である」ことが提言されているが，環境倫理意識に関する調査は行われていない[44]。また，2006年に実施された OECD の PISA 調査（生徒の学習到達度調査）では，生徒が感じている資源と環境に対する責任を明らかにする調査が4つの尺度で実施されている。その尺度は，「環境問題に関する知識」，「環境問題の深刻さに関する懸念」，「環境問題の改善に関する楽観視」，「持続的な開発に対する責任感」の4つであり，そこでは環境問題を認識している生徒ほど科学的リテラシーが高い結果が示されたが，資源と環境に対する責任と環境倫理意識との関連は調査されていない[45]。また，幼少期の自然体験に関する研究で，若年層ほど自然に対する心情が減少傾向であることが報告されてはいるが，環境倫理意識についての詳細な調査はなされていない[46]。

　4点目は，日本の学校の理科教育，特に生物教育におけるディープ・エコロジーの視点を導入した環境教育の理論と実践に関した基本的かつ詳細な知見は全く得られていない点である。この状況は日本に限らず，ディープ・エコロジー教育が広まりつつあるアメリカにおいても，特定の団体や組織，個人の取り組みとして実践されているディープ・エコロジー教育の先行研究はみられるが，学校の生物教育におけるディープ・エコロジー教育の先行研究は，BSCS 以外はみられない。BSCS においても，人間中心主義的環境思想の立場と環境主義のディープ・エコロジーの立場のそれぞれのエッセイを比較し，生徒自身のもつ環境倫理と照らし合わせる学習活動が行われているが，ディープ・エコロジーの中心概念である「生命圏平等主義的自然観の獲得」や「自然物との一体化による自己実現の達成」を図るような学習活動は行われてはいないのである[47]。なお，生命圏平等主義とは，生物圏におけるあらゆる生命には，生を送り繁栄する平等の権利があることを意味す

る[48]。

　わが国でも近年,「環境倫理」の学校教育への導入が議論され始め，学校教育における各教科の学習内容にも徐々に導入され始めているが，高等学校生物への導入はまだみられない。例えば，鈴木は，環境教育を展開する上での「環境倫理観の育成」の重要性について述べているが，「環境倫理」の確立を問題提起するにとどまっている[49]。佐島らは，『環境教育指導事典』の中で，環境問題を根本的に捉え，環境教育の基本理念を構築していくために必要な項目の1つとして「環境倫理」に焦点を当て，現在，学校教育その他の環境教育において実践されている体験学習やネイチャーゲームの理論付けが「環境倫理」から示唆されていることを示し，自然の捉え方，すなわち，「自然観」については高校の理科の授業などで弾力的に実施されることを期待しているが，「環境倫理」の学校教育への具体的な導入方法については示していない[50]。北野は日本理科教育学会の学会誌『理科の教育』において，理科の中で環境倫理をどのように扱うかの議論を行っているものの，ディープ・エコロジーやその他の環境倫理概念まで含めた調査・議論には及んでいない[51]。井上は，ディープ・エコロジー等の「環境倫理」の視点を含む「エコロジー思想」に対して，「持続可能性に向けての教育」の枠組みを提供するとともに，その豊かな内実をつくりだすことのできるものであることを主張しているとはいえ，「エコロジー思想」を教育の取り組みの中に生かすことの重要性を説いているにすぎない[52]。「環境倫理」の視点はホリスティック教育においても重視され，鬼頭は，持続可能性という問題は環境倫理の視点を含むホリスティックなアプローチの中で捉えられるべきであり，それがESDの本質であることを主張しているが，実践については，地域的な課題を考えることという言及にとどまっている[53]。また，竹村は，中学校の全ての教科でホリスティックなアプローチを取り入れたESDを実践しており，中学校理科においても環境倫理に踏み込んだ教材を扱った教育を実践しているが，高等学校理科での取り組みはなされていない[54]。なお，ホリスティッ

ク教育とは，人間を身体・感情・思考・精神性などからなる有機的な存在として捉え，「つながり」や「つりあい」，「包み込み」を重視する見方や考え方に基づく教育である[55]。他の実践報告としては，中学校理科の生物分野において行った，古嶋のロールプレイを導入した実践例[56]，高等学校の自然探査部の生徒を対象にして行った，布施の環境倫理育成をねらった野外活動の実践例[57]がみられる程度である。さらに，高等学校国語の教科書では，鬼頭[58]，鷲谷[59]，加藤[60]の「環境倫理」に関する著書の抜粋が学習内容として取り上げられているが，上述のアメリカの事例にみられるような高等学校理科の生物科目へのディープ・エコロジーの視点の導入事例はみられない[61]。ディープ・エコロジー教育の実践については，日本のディープ・エコロジー市民グループ「ウェッブ・オブ・ライフ」の会員による，高等学校の国語教科への導入がみられるが[62]，その他の事例は確認できない。

　したがって，ディープ・エコロジーの視点を導入した環境教育を受けた生徒の反応・変容，また，その視点を日本の学校教育における理科教育，特に生物教育の中での環境教育に導入する際のプログラム・授業構成の理論や課題等々，今後，日本の理科教育，生物教育においてディープ・エコロジーの視点を導入した環境倫理教育の理論と実践に関した基本的かつ詳細な知見は全く得られていない状況である。

第2節　本研究の目的と方法

1　本研究の目的

　そこで本研究は，日本の学校の生物教育における環境倫理の視点，特に，ディープ・エコロジーの中核概念である「生物多様性と共生の原理」，「生命圏平等主義的自然観の獲得」，「自然との一体化による自己実現」の視点を導入し，これを達成するための環境倫理教育プログラムを開発し，その実践を

通して，生徒の環境倫理を育成するための環境教育の理論と実践に関した基本的かつ詳細な知見を得ることを目的としている。前述したBSCSを含めて，この点まで進展している先行研究は見当たらない。具体的には，序章第1節で述べた課題を解決するため，以下の4点を目的とした。言うまでもなく，第四の目的が本研究の中核を占める目的ではあるが，環境倫理教育，ディープ・エコロジー教育が広がりつつあるアメリカの学校教育，特に高校生物教育におけるディープ・エコロジー教育の状況を分析することも（第一の研究目的に対応），アメリカ，カナダ等の学校外のさまざまな組織で展開されているディープ・エコロジー教育の実態とその特質を解明することも（第二の研究目的に対応），日本の子供たちの環境倫理意識の実態とその特徴を解明することも（第三の研究目的に対応），序で述べたような先行研究の状況を踏まえると，それぞれ重要かつオリジナルな研究課題であり，またそれらは，第四の研究目的，すなわち，本研究の中核となる研究目的を達成するための不可欠の研究である。それぞれの研究目的を詳しく述べると以下のとおりである。

　第一に，課題1点目に対応して，民間レベルの教育プロジェクトのみならず，公教育としての理科教育，生物教育の場での実践もみられる環境倫理の視点を導入した教育を行っているアメリカにおいて，環境倫理の視点を導入した中等後期段階の生物教育の事例となる，BSCS生物教科書における環境倫理に関するカリキュラムの特質を解明することを目的とした。環境教育の国際的な展開の中での，アメリカにおける環境倫理の視点を導入した中等後期段階の生物教育の学習内容の特質を精査し，環境倫理教育の展開と実践的特質等を解明するためである。なお，本研究においては，高校の生物教育に主眼を置くため，広義の社会的環境まで含めた環境全般まで範囲を広げず，生態学的環境を中心とした中等後期段階の生物教育の特質を解明することとした。また，BSCS生物教科書にはさまざまなバージョンがあり，環境倫理の視点の取り上げ方もバージョンにより異なるため，本研究で扱う教科書

は，環境倫理の視点の導入が最も顕著であり，なおかつ，その内容にディー
プ・エコロジーの視点の導入もみられる"Biology: A Human Approach
First Edition"[63]を精査することとした。

　第二に，課題2点目に対応して，環境倫理の視点を導入した環境教育，特
に，アメリカ，カナダ，オーストラリアを中心に，民間レベルの教育プロ
ジェクトとして広まりつつあるディープ・エコロジー教育の特質を解明する
ことを目的とした。環境倫理教育の中でも特に広がりを見せるディープ・エ
コロジー教育について精査し，ディープ・エコロジー教育の展開や実践的特
質を解明するためである。なお，ディープ・エコロジー教育については，民
間レベルの教育プロジェクトであるため，公教育と異なり，その内容が生物
学のみでなく，身体的運動，リラクゼーション，ロールプレイ，および，社
会学習等，多岐にわたる内容が組み込まれたプロジェクトとなっており，生
態学的環境を中心とした生物教育に絞ることができないため，広義の社会的
環境まで含めた環境全般まで範囲を広げて，精査することとした。

　第三に，課題3点目に対応して，ディープ・エコロジーを中心とした環境
倫理概念に対する日本の高校生の意識調査を行い，その特徴を解明すること
を目的とした。日本の学校教育の内容としても環境倫理の内容が導入され始
めている今，日本の子供たちの環境倫理意識の実態を調査し，その特徴を解
明するためである。調査内容の中心をディープ・エコロジーとしたのは，上
述したように，アメリカの公教育，および，民間レベルの環境教育プロジェ
クトにおいて，ディープ・エコロジーの視点を導入した環境教育が広まりつ
つあるからである。なお，本研究においては，高校の生物教育の枠での生徒
の意識調査に主眼を置くため，上述した第一の目的と同様，生態学的環境を
中心とし，調査を実施することとした。言うまでもなく，子どもたちの環境
倫理意識の実態の解明は，高校生の環境倫理意識に限定される必要はない
が，環境問題や生態系等に関する基礎的な知識が調査対象者に求められるの
で，まずは，そうした知識を既に獲得していると目される高校生を対象とし

た。また，「日本の高校生の環境倫理意識の実態」，とは言っているものの，無論，特定の地域の特定の高校生に対する事例的な実態調査であり，ここで得られる知見もそうした限定つきであることを断っておきたい。

　第四に，課題4点目に対応して，高校生物におけるディープ・エコロジーの視点を導入した環境教育プログラムを開発・試行し，日本の高校生の反応・変容や実践的課題を探り，ディープ・エコロジーの視点を導入した環境教育を日本で実践する際のあり方を検討する基礎的な知見を得ることを目的とした。第一，第二，第三の目的である，アメリカの公教育における環境倫理教育の特質，アメリカ，カナダ，オーストラリアを中心としたディープ・エコロジー教育の特質，および，日本の高校生の環境倫理意識の特徴を踏まえ，ディープ・エコロジーの視点を導入した日本の環境教育を受けた生徒の反応・変容，また，そうした視点を日本の環境教育に導入する際の課題等々，ディープ・エコロジーの視点を導入した環境倫理教育のあり方を検討するための基礎的な知見を得るためである。ここでもまた，ディープ・エコロジーの視点を導入した環境教育プログラムの開発・試行の対象は，高校生に限定される必要はないが，第三の目的と同様に，まずは，環境問題や生態系等に関する基礎的な知識を既に獲得していると目される高校生を本研究のプログラム開発の対象とした。さらに，環境倫理教育の実施もまた，高校生物科目に限定される必要はないが，まずは，ディープ・エコロジーの基本概念に含まれる「多様性」，「共生」，「食物網」等の生態学の知識を発展的に学習し，なおかつ，アメリカの中等後期段階の教科書への環境倫理の視点の導入がみられる科目である，高校生物を対象とし，本研究における環境教育プログラムの開発を行い，実践することとした。なお，「日本で実践する際」，とは言っているものの，無論，特定の地域の特定の高校生に対する事例的な実践であり，ここで得られる知見もそうした限定つきであることを断っておきたい。また，第四の目的は，本研究の中核となるもので，第一，第二，第三の研究目的の達成を踏まえた上での，第四の目的であるプログラム開発と

その評価へとつながるが，第一，第二，第三の研究もまた，それぞれ環境倫理教育の先行研究の課題を解決するための独立した研究目的を有する。

　本研究のより具体的な目標については，各章の冒頭で明記している。また，多数の先行研究についてはその論点に従い，本論文の当該箇所で取り上げ，本研究との関係を明確にしている。

2　本研究の方法

　以上の目的を達成するため，本研究では，文献調査とその分析，質問紙調査とその分析，環境教育プログラム開発・試行とその結果分析を行うこととした。前述の本研究の目的を達成するための主たる研究方法は，以下の通りである。

　まず，第一から第四の目的達成のための研究に先駆けて，環境教育の国際的な取り組みとその展開，環境教育の展開と連動する環境思想の変遷，および，近年の環境思想の重点となっている環境倫理学の流れをつくったディープ・エコロジーの出現とその展開について，そこに共通する方向性を解明するために，環境教育に関する代表的な提言，勧告，行動計画，審議会の答申，指導要領等の内容調査をする（第1章）。

　次に，第一の目的である，環境倫理の視点を導入した学校教育における理科教育，特に生物教育の特質を解明するために，アメリカの BSCS 生物教科書 A Human Approach First Edition（以降 AHA と略す）の内容調査を行う。その際，AHA の初版発行当時のアメリカの科学教育界，および，環境教育界において環境倫理の視点を導入した教育がどのように捉えられていたのかを探るために，1996年に公刊された全米科学教育スタンダード[64]，および，AHA の2年後に公刊された「環境教育における卓越性—学習者のためのガイドライン（幼—12学年）(Excellence in Environmental Education: Guidelines for Learning（K-12))」[65]における環境倫理に関する内容の扱いを調査した上で，BSCS Teachers'Handbook[66]，AHA[67]，AHA の教師用ガイド[68]における環

境倫理の視点を導入した学習内容の調査，および，その分析を行う（第2章）。

　次に，第二の目的である，ディープ・エコロジー教育の特質を解明するために，アメリカ，カナダ，オーストラリアのディープ・エコロジー教育の実践事例について調査，分析する。その際，ディープ・エコロジー教育の実践事例については，その発祥の地と目されるアメリカを中心として，カナダ，オーストラリアに広まりを見せる実践事例，および，実践に対する議論について調査し，その教育目標・学習内容・実施形態等の特質を横断的に分析する。また，近年，ディープ・エコロジー教育と共に，アメリカを中心に発展している環境教育プログラムであるネイチャーゲーム[69]，OBIS[70]，PLT[71]の実践的特質と比較し，ディープ・エコロジー教育の特質を相対的に分析し，その特質を鮮明化する（第3章）。

　第三の目的である，日本の高校生の環境倫理意識の特徴を解明するため，ディープ・エコロジーを中心とした環境倫理に関する尺度を用いて質問紙を作成し，高校生の環境倫理意識調査を行い，その結果を分析する。その際，序章第1節で述べたように，環境倫理は，環境問題が深刻化する中で人間と自然とのかかわり方を問うものであるため，環境問題の捉え方，理解，解決に対する実践的行動などを問う「環境観」の尺度も設定し，「ディープ・エコロジー」の尺度と合わせて質問紙を作成，実施し，その結果を分析することとする（第4章）。また，目的においても述べた通り，生態学的環境を中心とした調査を実施するため，ディープ・エコロジーの視点についても，その中軸をなし，なおかつ生態学的環境を中心とした概念である「多様性と共生の原理」，「生命圏平等主義」，「自己実現」の3点を調査項目の尺度として導入する。したがって，ディープ・エコロジーの概念の中でも，社会政策の視点となる「反階級の姿勢」や「地方の自律」，「人口制限」などは，尺度として設定しないこととする。「多様性と共生の原理」の，特に，「多様性」については，2009年改訂の高等学校の新学習指導要領における『生物基礎』，および，『生物』科目の「生物の多様性と生態系」単元，および，「「生態と環

境」単元の中で「生物多様性」として扱われているが[72]，「生命圏平等主義」，「自己実現」については扱われておらず，本研究はこの2つの概念を調査項目として新たに設定する。

　第四の目的である，ディープ・エコロジーを導入した環境教育プログラムを開発，試行した際の日本の生徒の反応，変容や実践的課題を探り，その環境教育を日本で実践する際のあり方を検討する基礎的な知見を得るため，日本の高校生を対象とした，ディープ・エコロジーの視点を導入した環境教育プログラムの開発，試行を行う。その際，文献調査（第1章，第2章，第3章），および，質問紙調査（第4章）と中核部分（自然との一体化体験等）を同じくし，プログラムⅠ，Ⅱ，Ⅲの実施校それぞれの事情に応じた同種の調査を基に，環境教育プログラムに導入するディープ・エコロジーの視点，プログラムの目標を定め，内容構成を設定する（第5章）。そして，そのプログラムの試行により得られた結果を評価し，分析する（第6章）。最後に，文献調査，質問紙調査，環境教育プログラム開発，試行，分析から得られた知見をもとに，ディープ・エコロジーを導入した環境倫理教育のあり方を検討する（終章）。環境教育プログラムを作成する際にプログラムに導入するディープ・エコロジーの視点については，先の第四の目的に対応した方法に述べたことと同様に，ディープ・エコロジーの中軸をなし，なおかつ生態学的環境を中心とした概念である「多様性と共生の原理」，「生命圏平等主義」，「自己実現」の視点を主として導入し，社会政策の視点は導入しないこととする。そして，「多様性」に関しては，日本の高等学校の生物科目の内容に導入されているが，「生命圏平等主義」，「自己実現」の視点については国内外の学校教育における生物教育には導入されておらず，本研究は特にこの2つの視点を導入した環境教育プログラムを開発・試行する。

　なお，本研究では，第5章，第6章のプログラム開発，試行，分析の後に行った質問紙調査の結果を第4章に示している。第5章のそれぞれのプログラム開発以前に，第4章の調査内容と中核部分（自然との一体化体験等）を同

じくし，プログラム実施校の事情に応じた同種の3つの調査も行い，それを踏まえて第5章の3つのプログラム開発を行っている。第4章の調査結果は，プログラムⅢの後に実施したこうした調査結果の最新のものである。さらに，それぞれのプログラム開発以前に行った調査と第4章の調査の内容の中核部分（自然との一体化体験等）の結果は同様であるといえる。

第1章　環境倫理とディープ・エコロジー

第1節　環境教育のはじまりとその展開

1　環境教育の国際的な展開

　現代における科学技術の発展と，それに伴う高度の経済成長は，人間の生活環境の急速な悪化と世界的な環境問題を引き起こし，大きな社会問題となった。このような状況のもとに，1972年，世界114カ国の代表が集まって開かれた「国連人間環境会議」（ストックホルム会議）において，初めて「環境教育」（Environmental Education）の世界的な取組みが始まったのである。この会議では「かけがえのない地球」（Only One Earth）を守るために，「人間環境宣言」や「行動計画」として多くの勧告が採択されたが，環境危機に対する今後の世界的なアプローチの一つとして「環境の危機について認識し，それに対応できる市民をつくりだすこと」を目的とした「環境教育」の必要性が指摘されたのである[1]。

　1975年，ストックホルム会議の勧告を受け取ったユネスコは，「国連環境計画」（UNEP）とともに「IEEP」（International Environmental Education Programme＝国際環境教育プログラム）を設立し，これがその後，環境教育についての国際的なリーダーシップをとり，世界への環境教育の普及に大きな役割を果たすようになった。そして，同年にユーゴスラビアの首都ベオグラードで「国際環境教育ワークショップ」（通称：ベオグラード会議）が行われ，国際的，全地球的レベルにおける環境教育についてのフレームワーク「ベオグラード憲章」が作成されたのである。ベオグラード憲章は，現在でも世界の

環境教育の指針としての役割を示しており，人間と環境の均衡と調和，生物圏の保護，すべての人々の生活の質の向上に役立つような開発の実現のためには全世界的な規模での環境教育が必要であることを明確に述べている[2]。

ベオグラード会議の2年後の1977年，IEEP が準備を行い，旧ソ連邦トビリシでユネスコ「環境教育政府間会議」（通称：トビリシ会議）が開催され，この会議において，世界各国が環境教育の重要性について認識し，全会一致で環境教育についての共通理解に到達した。そして，ここでは40の勧告がつくられたが，その「勧告1」において環境教育の目標が次のように明確に設定された。

> 「環境教育は，問題認識，行動姿勢および価値の創造を目標とすべきである。それらは，生物圏の保持，あらゆる場所における生活の質の改善と共に，倫理的価値および，人的および自然的遺産の保護を目指すべきである。それら遺産に含まれるのは，聖地，歴史的な出来事，作品や芸術，記念物や遺跡，動物相や人類の定住地などを含んだ人的および自然的環境である。」[3]

また，この会議において環境教育の目的を，次の5つのカテゴリー[4]で示した。

① 「認識」（Awareness）

　集団や個人が，環境全体とそれに関連する問題に対する認識を持ち，それに関連する問題に対する感受性を持つようにすること。

② 「知識」（Knowledge）

　社会集団や個人が，環境やそれに関連する問題でさまざまな経験を得て，問題の基本的理解を得るようにすること。

③ 「態度」（Attitude）

　社会集団や個人が，一連の環境を大切にする価値観と感情を得たり，環境の改善と保護への活発な関与をもたらす意欲を得るようにすること。

④ 「技能」（Skills）

　社会集団や個人が，環境問題を確認し解決する技能を得るようにするこ

と。

⑤「関与」(Participation)

　社会集団や個人に，環境問題の解決へ向かうはたらきに，あらゆるレベルで活発にかかわりあいを持つこと。

　このトビリシ会議で結実したこれらの目標は，その後，世界各国で採用され，現在でも世界の環境教育の目標の中核を成している。

　そして，1980年には，「国連自然保護連合」(IUCN)，UNEP などがまとめた「世界環境保全戦略」の中で，「持続可能な開発」(Sustainable Development) という考え方が登場した。その後，「持続可能性」という概念は，1987年に発表された国連の「ブルントラント委員会報告書」によって確立され，「持続可能な開発」とは，「将来世代のニーズを満たす能力を損なうことが無いような形で，現代の世代のニーズも満足させるような開発」と定義された[5]。

　1992年にブラジルのリオデジャネイロで開催された国連環境開発会議（通称：地球サミット）は，国連史上最大規模の世界180カ国が参加した会議となった。そこでは，「環境と開発に関するリオデジャネイロ宣言」が出され，その行動計画として「アジェンダ21」が合意されたが，この会議の基盤をなす主要な概念は「持続可能な開発」であった[6]。さらに 5 年後の1997年，ギリシアのテサロニキで行われた「環境と社会に関する国際会議―持続可能性のための教育と意識啓発―」において，「テサロニキ宣言」が採択されたことにより，「環境教育」は，「環境に関する教育」から「持続可能性に向けての教育」へ，という大きな転換を迎えた[7]。そして，2002年には，「アジェンダ21」の実施状況の包括的レビューを行うことを目的とした「持続可能な開発に関する世界首脳会議」（ヨハネスブルグ・サミット）が開催された。この会議で，我が国が提案した決議案「国連持続可能な開発のための教育の10年」(UNDESD) が採択されたことにより，国際的な環境教育の取り組みは，環境だけでなく，貧困，人口，健康，食料の確保，民主主義，人権，平

20

和をも包含する大きな枠組みに添って展開されることになった[8]。

2　日本の環境教育の展開

　日本の環境教育は，1960年代に顕在化した公害や自然の乱開発に対応すべく，1970年代始めに公害教育や自然保護教育という形で比較的早くからスタートした。しかし，その教育においては「加害者としての企業」対「被害者としての住民」という構図が浮き彫りになりやすく，教育として取り扱うには問題点が多く，なかなか十分な成果をあげるには至らなかった[9]。

　しかし，1980年代には産業型公害のみならず，地球環境問題，および，都市生活型公害も顕現化してきた。地球温暖化，オゾン層の破壊，熱帯林の減少，酸性雨，海洋汚染等，被害・影響が一国内にとどまらず，国境を越え，地球規模にまで広がるような地球環境問題が浮き彫りになり，また，自動車排出ガスによる大気汚染，生活排水による河川汚濁，騒音・振動，廃棄物処理問題等，主として都市における一人ひとりの生活に起因する都市生活型公害が広がり始めた。これらの問題は，環境に負荷を与える加害者が特定できず，誰もが加害者であり被害者でもあるという構図となっているため，問題の解決のためには，我々一人ひとりの生活様式のあり方を問い直し，意識・行動を変えていかなくてはならない。このような環境問題の質的変化を受けて，環境教育の重要性が再認識され，日本の環境教育は公害教育から環境教育へと大きく転換した[10]。

　このような転換を受けて，文部省は1991年に『環境教育指導資料（中学校・高等学校編）』[11]を発行し，1992年に小学校編[12]，1995年に事例編[13]を発行し，環境教育の推進に務めた。そこでは，環境教育を考える際の視点の一つとして次のような目的を明らかにしている。

　　「環境教育の目的は，環境問題に関心をもち，環境に対する人間の責任と役割を理解し，環境保全に参加する態度及び環境問題解決のための能力を育成することにあると考えられるので，環境教育は，家庭，学校，地域それぞれにおいて行

われなければならない。」[14]

　さらに，1998年の7月に出された教育課程審議会の答申では「各学校段階・各教科等を通じる主な課題に関する基本的考え方」の中で，国際化への対応，情報化への対応等と並んで環境問題への対応のあり方を示し，また，新しく創設された「総合的な学習の時間」における学習活動の具体例の一つとして環境教育を挙げ，環境教育の積極的な推進がなされた[15]。

　一方，ベオグラード憲章制定など，環境教育の国際的な動向を受けて，大学では1970年代半ばから「環境教育」の研究が開始され，1990年には「環境教育研究会」が発足した[16]。また，環境教育関連団体も全国各地に生まれ[17]，環境教育は日本の教育においても重要な位置を占めるようになり，学校内外での取り組みが活発化した。

　1990年代後半になると，国際的には1997年の「テサロニキ宣言」で明確に打ち出されたように，環境教育の枠組みは「環境と持続可能のための教育」へと移行した。日本国内でもこれを受け，中央環境審議会が1999年に『これからの環境教育・環境学習―持続可能な社会をめざして―』を答申し，環境教育・環境学習とは，「環境に関心を持ち，環境に対する人間の責任と役割を理解し，環境保全活動に参加する態度や問題解決に資する能力を育成することを通じて，国民一人ひとりを具体的行動に導き，持続可能なライフスタイルや経済社会システムの実現に寄与するもの」であると規定した[18]。さらに，2002年の国連総会決議を受けて，関係省庁連絡会議が『わが国における「国連持続可能な開発のための教育の10年」の実施計画』（2006）を策定し，日本の環境教育の基本的枠組みを明らかにした。実施計画の中では，「持続可能な開発」の意味を，「将来の世代のニーズを満たす能力を損なうことなく，現在の世代のニーズを満たすような社会づくり」，および，「世代間の公平，地域間の公平，男女間の平等，社会的寛容，貧困削減，環境の保全と回復，天然資源の保全，公正で平和な社会などが持続可能性の基礎となってお

り，環境の保全，経済の開発，社会の発展を調和の下に進めていくこと」と説明している[19]。また，わが国における「持続可能な開発のための教育（Education for Sustainable Development 以下「ESD」）の目標について，「すべての人が質の高い教育の恩恵を享受し，また，持続可能な開発のために求められる原則，価値観及び行動が，あらゆる教育や学びの場に取り込まれ，環境，経済，社会の面において持続可能な将来が実現できるような行動の変革をもたらすこと」と明示している[20]。

ESD 実施の指針としては，学校においては各教科等の個別の取り組みではなく，様々な分野をつなげて学校教育活動全体を通じて，総合的に扱っていくこと，また，学校のみならず，公民館や博物館等の公的機関，地域コミュニティー，NPO などあらゆる組織・施設が実施主体となり，それらが密接に連携して実施することなどが挙げられている[21]。また，このような新しい方針に対応するため，『環境教育指導資料』にも大幅な改定が加えられ，2007年には，『環境教育指導資料』（小学校編）の改訂版が発行され，ESD の積極的な推進がなされ始めている[22]。

3　中等理科と環境教育の授業

中等理科における環境教育は，前述した『環境教育指導資料』の中学校・高等学校編にて，その概要と具体例を確認することができる。1977年（昭和52年）の中学校学習指導要領の改訂において，理科で「人間と自然」，1978年（昭和53年）の高等学校学習指導要領の改訂では，「理科I」で「人間と自然」の内容が取り上げられ，環境教育にかかる内容が徐々に導入されるようになった[23]。

そして，1989年（平成元年）に改訂された学習指導要領では，社会の変化に主体的に対応できる能力や態度の育成，体験的な学習や問題解決の育成が強調され，小学校・中学校・高等学校の各教科等の内容に，環境保全，資源・エネルギー等に関する項目が大幅に取り入れられ，環境教育にかかわる

内容が重視された。この改訂においては，中学理科では，天然資源の有限性，水力・火力・原子力についての認識を深め，できるだけ自然に親しむ活動を取り入れ，自然から直接学ぶ経験を通して科学的な見方や考え方を育成させて行く指導に重点が置かれた。また，高等学校理科では，中学校との関連を図りつつ，日常生活と関係の深い事象に関する探究の活動を行い，科学技術の進歩と人間生活とのかかわりについて認識させることに指導の重点が置かれた。具体的には，「総合理科」の「自然環境とその保全」，「物理 IA」の「太陽エネルギーと原子力」，「化学 IA」の「環境の保全」，「生物 IA」の「自然のなかの人間」，「生物 IB」の「生物と環境」，「地学 IA」の「地球の環境と人間」など，環境問題について考えさせる内容が多く盛り込まれた[24]。

　さらに，1998年（平成10年）の中学校学習指導要領改訂および1999年（平成11年）の高等学校学習指導要領改訂においては，各教科等における環境問題に関する内容が充実し，体験的な学習を通じて環境についての理解を深められるような内容を重視すると同時に，「総合的な学習の時間」における，体験的・問題解決的な学習を通して行う教科横断的・総合的な環境学習の深化に重点が置かれた[25]。中学校理科では，第 2 分野において実際に身近な自然環境を調べる活動が導入され，高等学校理科では，自然環境の保全に関する態度の育成，科学的な見方・考え方を身につけることを目標とし，「理科総合 A」における「エネルギーの特性やその利用」，「理科総合 B」における「生物と環境との関わり」，「地球環境の保全の重要性」などを扱う内容が導入された[26]。

　2008年（平成20年）の 1 月に出された中央教育審議会の答申『幼稚園，小学校，中学校，高等学校及び特別支援学校の学習指導要領等の改善について』では，1998年改訂の学習指導要領に引き続き，持続可能な社会の構築のために，「各教科，道徳，特別活動及び総合的な学習の時間それぞれの特質に応じ，環境に関する学習が行われるようにする必要がある」と今後の環境

教育の方向性が示された[27]。そして，理科においては，野外での発見や気付きを学習に生かす自然観察や「科学技術と人間」や「自然と人間」についての学習の充実を図ることが重点目標となった[28]。これを踏まえて，同年3月の中学校学習指導要領改訂および2009年（平成21年）の高等学校学習指導要領改訂においては，小学校・中学校・高等学校理科を貫く学習内容の柱の一つである「生命」の内容構成の中に「生物と環境とのかかわり」を設定し，生命の尊重と自然環境の保全に寄与する態度の育成を図ることが示された[29]。中学校理科では特に，第1分野と第2分野に共通の最終項目「自然環境の保全と科学技術の利用」が新設された。高等学校理科では，持続可能な社会をつくることの重要性も踏まえ，自然や科学技術について学ぶ新しい科目「科学と人間生活」が設定され，また，生物領域の基礎科目として設定された「生物基礎」に，従前の「生物Ⅱ」から移行された「生態系とその保全」の内容が組み込まれた[30]。

　中学・高等学校の理科における環境教育の授業事例は，『環境教育指導資料』（事例編[31]，および，中学校・高等学校編[32]）においていくつかの案が紹介されているが，インターネット上の環境省のWebページでも環境教育の実践を知ることができる。例えば，環境省総合環境政策局環境教育推進室のWebページである「環境教育・環境学習データベース　ECO学習ライブラリー」や「授業に活かす環境教育—ひとめでわかる学年別・教科別ガイド—」等において，各都道府県の学校や教育委員会が開発した環境学習プログラムやその実践事例を紹介している[33]。現行の中学校学習指導要領（平成20年改訂）における理科では，平成10年改訂の学習指導要領と同様に，特に第2分野の「自然と人間」の単元の中に，自然界のつりあい，自然環境の調査と環境保全，自然の恵みと災害などの学習内容があり，土壌微生物による有機物分解実験や指標生物による河川の水質調査，大気中の二酸化炭素濃度の調査などの実験および野外調査が実践可能である[34]。また，現行の高等学校学習指導要領（平成21年改訂）における理科では，特に「生物基礎」およ

び「地学基礎」科目において，外来生物の調査や液状化現象の実験などを通して行う探究活動が実践可能である[35]。

　第1節では，環境教育のはじまりとその国際的な展開，および，その動向を受けて展開した日本の公教育における環境教育の発展について述べた。現在の国際的な環境教育の基盤となる主要な概念である「持続可能な開発」は，環境思想の一つであり，環境教育の展開は近年の環境思想の流れと連動して展開しているのであるが，近年の環境思想の流れについては，第2節にて述べることとする。

第2節　環境思想の変遷とディープ・エコロジー

　自然環境を対象とした思想は古くからあり，世界のさまざまな地域の文化と密接に結びつきながら存在してきたものである。しかし，現在のように環境思想がさかんに議論されるようになったのは，アメリカにおいて人間の過度の開拓による自然破壊が問題となり，環境保護運動が活発になり始め，環境思想の流れに大きな転換が起きた20世紀後半からである。そこで，本節では，ディープ・エコロジーが出現する背景となる，欧米の20世紀後半からの環境思想の流れを中心として，その変遷を追うこととする。そして，その変遷の中でのディープ・エコロジーの位置付けを明らかにする。

1　第二次世界大戦後の自然保護運動の広まり

　第二次世界大戦後の1960年代は，冷戦関係にある米ソ両国の緊張が高まる中，政治的な震動に合わせるかのように，世界各地に公害問題が発生し始め，アメリカでは農薬の過剰使用の影響が出始めており，日本でも水俣病や四日市と川崎のぜんそくなどが問題になり始めていた[36]。そのような中，農薬の，環境と人間の双方への有害性を例証したレイチェル・カーソン（Carson, R.）の著書『沈黙の春』[37]が1962年に出版され，全米だけでなく世界に影

響を及ぼした。実質的に現代の自然保護運動はこのときから始まったといえる。そして，欧米や日本における経済成長と物質的繁栄が引き起こしたそのような自然破壊は，徐々に明るみになり，以来，環境問題に対する一般市民の意識は高まり，1969年の国家環境政策法（NEPA）と1973年の絶滅の恐れのある生物種法（Endangered Species Act）に始まって，様々な環境法令を実施する努力がなされてきた[38]。また，リン・ホワイト Jr.（White, R.）は，1967年『サイエンス』（Science）誌3月号に，「現在の生態学的危機の歴史的根源」という論文を発表し，現在問題になっている環境危機の歴史的根源は有史以来，最も人間中心主義的な宗教である，ユダヤ・キリスト教的世界観にあると書いた[39]。この論文は大きな衝撃を与え，かなり広範な形で議論が沸騰し，1970年代に入ると，環境思想の流れに大きな転換が起こった[40]。

2 環境思想の大きな転換

1970年代における環境思想の大きな転換は一般に，自然保護（Conservation）から環境主義（Environmentalism）へ，と言われており，その主眼は人間中心主義の脱却という一言でまとめられている[41]。今までの自然保護のあり方が，結局は人間のためのものであるのに対して，それが人間のためになろうとなかろうと，保護は自然それ自体のために行われるべきである，という考え方へと転換していったのである[42]。そして，その環境主義的な考え方への転換を大きく象徴づける思想が出現し，環境に対する議論が活発になった。その思想とは，「動物解放論」，「自然物の当事者適格の概念」，「ディープ・エコロジー」の3つの考え方の出現である[43]。

オーストラリアの哲学者のピーター・シンガー（Singer, P.）は，1973年に「動物の解放」（Animal Liberation）という論文を発表し，初めて「動物の解放」を論じた[44]。彼は，知性や能力ではなく，苦痛を感じることを配慮するという形で，動物も人間と同等に扱われるべきであるとし，このような視点から，動物実験や食糧として動物を利用することに対して積極的に批判を

唱え始めたのである[45]。

　1992年，法哲学者のクリストファー・ストーン（Stone, C.）は，ウォルト・ディズニー社の開発に関する訴訟にからんで，「樹木の当事者適格−自然物の法的権利について」という論文を発表し，「自然物の当事者適格」という法的に新しい概念を提起した[46]。彼は，自然破壊の当事者となる「自然物」（川，森，樹木）にも人間と同じように法的権利があり，法律問題に関して，法律家が普通の市民のためにこれまで弁じてきたように，人間が「自然物」のための「後見人」として裁判を起こすこともできると主張した[47]。「動物の解放」，および，「自然物の当事者適格」の二つの思想は出現した思想的背景も，含意する射程も異なるが，環境思想家のロデリック・ナッシュ（Nash, R.）が言うように，この二つの思想によって自然権（Natural Rights）の及ぶ倫理的，あるいは法的な射程を，動物や植物，さらには自然物にまで拡大していこうという考え方が生まれたのである[48]。

　その一方で，人間と自然との関係を根本的に問い直すという思想が哲学分野から出現した。ノルウェーの哲学者，アルネ・ネス（Naess, A.）は1973年に，今までのエコロジー思想は人間自身のために資源枯渇や汚染に対して憂慮しているだけの「浅い」エコロジー（shallow ecology）であり，これに対して，環境危機を乗り越えるためには，人間の自然に対する関わり方，世界観を根本的に変革する必要があるとして「ディープ・エコロジー」（Deep Ecology）を提唱した[49]。自己の意識変革を含んだこの思想は，1980年代からアメリカを中心として盛り上がり[50]，カナダ，オーストラリアなどに広まりつつある[51]。

　以上の環境に関する3つの思想の出現により，1970年代以降の欧米の環境思想は「環境哲学」，および，「環境倫理学」がその中心を占めるようになった。しかし，環境倫理の基本的枠組みは，1930年代にアメリカにおいて作られていた。アルド・レオポルド（Leopold, A.）は，1933年にウィスコンシン大学の教授となるまで，約24年にわたって森林局で森林官を勤め，以後1947

年に亡くなるまで，自然保護と生態学の分野で活躍を続けた。彼は，森林官時代から，生態学の立場に立って自然を全体的に捉えるよう主張し続け，原生自然の保全を唱えた。彼の死後になって出版された『砂土原の歳時記』の中で彼は，「大地の倫理」という考え方を明らかにしており，「人間も自然界の一員である以上は勝手なまねばかりしてはいけない。人間の行動にもおのずと制限が加えられるべきだ」という論理を主張している[52]。そうして彼は，「環境倫理の父」として，1970年代の環境思想の転換期に改めて脚光を浴びるようになったのである[53]。

3 「環境哲学」，「環境倫理学」の発展

1980年代以降は，1970年代に出現した「環境哲学」，および，「環境倫理学」がさらに発展していった。中でも，ディープ・エコロジーは，カウンター・カルチャーの時代のアメリカ西海岸で，当時流行した思想と相互影響を及ぼしながら多様に展開していった[54]。ディープ・エコロジーの発展については，第3節において詳細に述べるので，ここではこの時代に新しく出現した他の立場の思想について述べておこう。

1980年代に広まった思想に，ラヴロック（Lovelock, J.）が『ガイア－地球生命圏』（1979年）において提唱した「ガイア仮説」という思想がある。この思想の中心概念は，「地球上に生息する生物は，自身の安定性に最も有利な環境を造り，環境の変化に直面してもその安定性を維持する」というものであり，彼はまた，地球の生物圏全体を一つの生命体と考え，「われわれ自身の安定は第一にわれわれの地球の扱い方にかかっている」ことを主張した[55]。この思想は，本章第3節において解説するディープ・エコロジーの基本概念と通ずるところがあり，ディープ・エコロジーと連動して広まった[56]。

ディープ・エコロジーと密接に関連しつつ，独自な立場にある思想に，エコフェミニズム（Ecofeminism）がある[57]。これは，今までのエコロジー運

動・思想は，男性によって作り上げられたものであり，この社会を規定している「女性が支配される構造」を，そのまま反映するような形になっているとする立場の思想である[58]。したがってエコフェミニストたちは，男性社会が作り上げた，この支配の構造それ自体を解消しないかぎり，環境問題も女性支配もなくならないのだ，と主張している[59]。このような立場にいる女性思想家に，キャロリン・マーチャント（Marchant, K.），メアリー・ミラー（Millar, M.）らがいる[60]。エコフェミニズムの視点からのディープ・エコロジーは，男性中心主義的な価値が含まれており，そのような意味でエコフェミニストからは批判的に捉えられている[61]。

　また，この時代は「ソーシャル・エコロジー」（Social Ecology）という，人間と自然の単純な二分法を排し，人間社会の構造，特にヒエラルキー的なものを問題にした思想が出現した[62]。これは，マレイ・ブクチン（Bookchin, M.）が提唱した思想であるが，彼女は1980年に『エコロジカルな社会へ向けて』を出版し，環境問題の解決にはまず，人間の社会支配や階級制をなくしていく必要があると主張した[63]。ソーシャル・エコロジーはディープ・エコロジーの原生自然を探究する立場に批判的である[64]。

　第2節では，ディープ・エコロジーが出現した1970年代前後の環境思想の変遷について述べた。このように，ディープ・エコロジー思想が出現した1970年代は，環境思想の流れの大きな転換期であり，その転換を導いた思想の一つがディープ・エコロジーである。ディープ・エコロジーは，同時代に出現した思想とも様々な連動を引き起こして発展していくのであるが，ディープ・エコロジーの発展については，第3節で述べることとする。

第3節　ディープ・エコロジー

　第2節では，ディープ・エコロジーの出現した時代背景を述べたが，第3節では，ディープ・エコロジーの基本概念について総括する。ディープ・エ

コロジーを初めて提唱したのは，前述したようにノルウェーの哲学者アルネ・ネスであり，1973年に「浅いエコロジー運動と深くて長期にわたるエコロジー運動・その要約」（The Shallow and the Deep, Long-Range Ecology Movement. A Summary）[65]がその始まりであった。そして，1989年には，デヴィット・ローゼンバーグ（Rosenberg,D.）の翻訳と編集による英文の著書『エコロジー・コミュニティー・ライフスタイル』（Ecology, Community and Lifestyle）[66]が出版され，ディープ・エコロジーのアウトラインが明らかにされた。また，ネスはその後，ディープ・エコロジーに関する多くの論文を発表し，多くの書物を執筆している。ここでは，それらの論文，書物を基にして，ディープ・エコロジーの基本概念を明らかにする。まず，思想界に大きな影響を与えたネスの最初の論文「浅いエコロジー運動と深くて長期にわたるエコロジー運動・その要約」の概要を，次に，ネスの著書『エコロジー・コミュニティー・ライフスタイル』の概要を示しつつ，ディープ・エコロジーの基本概念について説明する。

1 「浅いエコロジー運動と深くて長期にわたるエコロジー運動・その要約」

ネスはまず，論文の冒頭で次のように述べている。

　　「エコロジストが現在の状況を打破することが，科学依存的社会の転機につながる。しかし，この打破の方法についての主張は乱用され，歪められている。浅い─にもかかわらず現在のところかなりの勢力を占めている─運動と，深い─けれども影響力が弱い─運動は，人々の注目を集める競争をしている。この論文ではこの両者を特徴づけ，多様性，複雑性，自律，脱中心化，共生，平等主義，反階級性の原理に関した深い考察，"ディープ・エコロジー"を提言する。」[67]

次に彼は，今までのエコロジーは汚染と資源枯渇に対する戦いであり，その中心目標を先進諸国の人々の健康と繁栄のみに置く「シャロー・エコロジー運動」（Shallow Ecology movement）であると主張し，これに変わるもの

として「ディープ・エコロジー運動」（Deep Ecology movement）を主張した。
そして彼は，その運動を以下の 7 つの点[68]で特徴づけている。

①相互連関的・全フィールド的イメージ（the Relational, Total-field Image）

　「環境における人間」というイメージを排除し，「相互連関的・全フィー
ルド」のイメージを支持する。それはつまり，生命体を生物圏の網の目の
結び目，あるいは固有の関係性の場として捉えることを意味する。

②生物圏平等主義：原則として（Biospherical Eqalitarianism）

　「原則として」という句の追加は，人間が生きていく上での若干の殺
生・搾取・抑圧を，必然的な事として認めるからである。エコロジーの
フィールドワーカーは，生命の様々な様式と形態を尊敬しており，彼らに
とって「生を送り開花する平等の権利」は自明の理である。この権利を人
間に限定することは，人間そのものの生き方の質に悪影響を与えるような
人間中心主義であるといえる。我々は，他の生命体と親しむことによって
深い喜びと満足を享受する。この依存を無視し，自然を奴隷のように見な
すことは，人間を自分自身から疎外することにつながる。

③多様性と共生の原理（Principles of Diversity and of Symbiosis）

　多様性は，生命生存の可能性と，新たな生命様式が出現するチャンス
と，生命様式の豊かさを増大させる。そして，「生存競争」や「適者生
存」の概念は，殺戮・開発・抑圧の能力を意味するよりはむしろ，複雑な
生命の関係性の中で「共生」し「協同」してゆく能力として解釈されるべ
きである。エコロジカルな姿勢は，故に，人間の生活様式，文化，職業，
経済の多様性を支持する。

④反階級の姿勢（Anti-class Posture）

　人間の生活様式の多様性は，あるグループが他のグループを搾取し抑圧
することによってもたらされることがある。その支配者は，非支配者とは
異なった生を営んではいるが，「自己実現」の潜在的可能性は実は，双方
共に阻害されているのである。この②，③，④の三つの原理におけるエコ

ロジカルな姿勢は，今日の南北問題を含めた全てのグループ間の衝突に適用され，将来の社会政策の行方に警告を発している。

⑤汚染と資源枯渇に対する戦い（Fight against Pollution and Resource Depletion）

　人々の環境への関心が汚染と資源枯渇のみに集中してしまうときや，汚染は減少させるが，他に悪影響を与えるような手段が取られるとき，それはディープ・エコロジー的姿勢の妨げとなる。生命の代価の必要性が汚染回避装置の購入のために増大するなら，それは階級構造を拡大するだけである。エコロジストはどんな社会においても，その政治色に関係なく，かけがえのないインフォーマント（資料提供者）である。もし彼らがうまく組織されれば，エコロジカルな視野が狭い組織や企画者の仕事を批判する力の源となるであろう。

⑥乱雑ではなく，複雑性（Complexity, not complication）

　生態系の理論は，統合原理のない単なる乱雑な状態と複雑性とを区別する。多様性，相互連関は，多かれ少なかれ一つのシステムを形作っている。生物圏の中の生命体，生命様式，そして相互関係性は，エコロジストの一般的な視野に影響を与えるほどの驚くべき高レベルの複雑性を示している。人間が生物圏に過度に介入したときの影響について，人間は無知にとどまっているという事実もまた，深く認識しなければならない。さらに，社会の複雑性に対する人間の無知さも認識すべきである。

⑦地方の自律と脱中心化（Local Autonomy and Decentralization）

　ある地域の生活様式は，外部からの影響が強ければ強いほど脆弱になる。したがって，地域の自己統治と，物質的・精神的な自給自足を強化する努力をしなければならない。そのためには，脱中心化を押し進めることが前提となる。地方自律の増強は，エネルギー消費を少なくするからである。地方自律は，意思決定の階層的な連鎖を縮小することで強化される。ネスは，以上7つの点でディープ・エコロジーを特徴づけ，次にこれらの

特徴に対して3つの考察を行っている。3つの考察は以下のとおりである[69]。

考察1

　ディープ・エコロジー運動の規範と傾向は，理論や帰納によるエコロジーと区別される。ディープ・エコロジー運動の考え方は，生態学的な知識とエコロジカル・フィールドワーカーのライフスタイルによって示唆され，激励され，補強されている。

考察2

　ディープ・エコロジー運動の原理は，明らかに強い意味で「規範的」である。それらは，科学的調査の結果に基づいた価値のある重要なシステムである。ディープ・エコロジー運動の広い規範と価値を妥当だと考える人々が世界中に多くおり，その中には権力の地位にある人もたくさんいる。この運動は政治的可能性を内包する。これらの規範は将来的に，自由に使用され，さらに精巧になるよう手が加えられるべきである。

考察3

　ディープ・エコロジーはエコロジカルというよりむしろ，「エコ・フィロソフィカル」（Ecophilosophical）と言うべきものである。エコロジーとは自然科学的な手法を用いる専門科学であり，哲学とは，規範と同様に記述的で根本的問題を議論する最も幅の広いフォーラムである。「エコソフィー」（Ecosophy）は，エコロジカルな調和と均衡の哲学を意味する。それは規範・ルール・価値に関する言明，科学的言明や予測，さらには政治活動や市民活動をも含んだ「英知」なのである。

　以上のようにネスは，ディープ・エコロジーを考察1で「生態学の知識とエコロジカル・フィールドワーカーのライフスタイルから示唆されるもの」と規定し，考察2で「政治的可能性を内包する運動」と説明し，考察3で「エコソフィー」，つまり自然科学的な生態学ではなく，「エコロジカルな調和と均衡の哲学」[70]であることを主張している。そして，ネスは先の7つの

ポイントが，「エコソフィカルなシステムによって一つに統合されたフレームワーク」であり，エコソフィーとは「アリストテレス的，スピノザ的に体系化されたシステムであり，規範命題の前提と結論の関係を階層的に示したもの」であることを説明している[71]。ネスは，この論文で初めてディープ・エコロジーを定義し，それは環境思想界に大きな影響を与えたのである。また，彼がディープ・エコロジーを，市民活動や政治活動までをも含んだ「英知」の学としての「哲学」として構想したことは，思想家たちの間でも評価が高い[72]。

2 『エコロジー・コミュニティー・ライフスタイル』

　1989年にローゼンバーグによって英訳・編集され，出版された書物『Ecology, Community and Lifestyle: Outline of an Ecosophy』[73]（1997年に日本語訳『ディープ・エコロジーとは何か―エコロジー・共同体・ライフスタイル―』[74]が刊行されている）では，ディープ・エコロジーの哲学の発展がみられ，そのアウトラインが明らかになっている。ネスは，その第1章で「環境危機とディープ・エコロジー運動」として，現代のエコロジー運動についての問題提起を行い，自身の論文「浅いエコロジー運動と深くて長期にわたるエコロジー運動・その要約」の要約なども載せて，ディープ・エコロジーについての説明を行っている。そして，第2章では1973年の論文で考察されていた「エコソフィー」について，「エコロジー」，「エコフィロソフィー」との区別を明確にしつつ解説している。「エコロジー」とは，自然科学としての生態学のことであり，「エコフィロソフィー」とは，エコロジーと哲学に共通した諸問題の研究を意味し，「エコソフィー」はさらに，私達自身と自然をも含めた問題に哲学を適用する場合の，人間一人ひとりのもつ哲学を意味する[75]。「エコフィロソフィー」とはつまり，大学でなされるような記述的な研究のことであり，「エコソフィー」とは，個人の世界観・価値観に直接関わり，個人の実践に直接結びつく知的営みを意味するのである[76]。

　ネスは，この書物の後半で，「エコソフィー」に関してスピノザ的に体系
化する試みを行っていく。スピノザについては後述するが，ネスは，哲学を
明確に表現する特定の方法として「規範体系」（normative system）を導入
し，科学技術，経済，政治という広大な領域の内部での哲学的問題の重要性
を辿る。そして，ディープ・エコロジー運動の政治的次元を扱った後，人間
個人の「エコソフィー」を「エコソフィー T」と称して，個人の心の中に自
然に対する真実の敬意と調和する世界観を形作る方法についての提案をして
いる。その方法の中には，一体化（identification），自己実現（self-realization），
規範（norms）と仮定（hypotheses）の体系化などが含まれている[77]。

　書物『Ecology, Community and Lifestyle: Outline of an Ecosophy』が，
多くの思想家に重要とされているのは，「エコロジー」と「エコフィロソ
フィー」と「エコソフィー」の明確な区別が示されている点である。後半で
は，規範体系の説明がその中心を占め，ディープ・エコロジーの基本概念の
事実命題と規範命題の体系化が主に強調されている[78]。

3　ディープ・エコロジーの思想の源流

　ネスは，スピノザ（Spinoza, B.）の研究者として名高く，ディープ・エコ
ロジーの思想の源流はレオポルド（Leopold, A.）やレイチェル・カーソン
（Carson, R.）にあると位置付けられているが，内容的にはエマソン
（Emerson, R.），ソロー（Thoreau, H.），ミューア（Muir, J.）といった，人間の
生命と自然の生命の間に統一的な環のつながりが存在するというロマン主義
の超越主義的な思想のつながりにあるとされている[79]。また，日本文化との
関係については，森岡正博が次のような考察を行っている。

　　「日本の思想がアメリカのディープ・エコロジーに与えた影響を無視すること
　　はできない。具体的にいえば，ディープ・エコロジーのテキストに頻出するの
　　は，道元禅であり，鈴木大拙の禅であり，福岡正信の自然農法の思想である。60
　　〜70年代のアメリカ西海岸のカウンター・カルチャー運動の波に乗って日本から

アメリカに渡った「東洋」思想が，ニューエイジに影響を与え，その発展形態で
あるディープ・エコロジーにも影響を与えているのである。それが今もう一度，
90年代の日本に逆輸入され始めている。」[80]

　前述したように，「エコソフィー」に対するネス自身のアプローチの哲学
的基盤は，スピノザとガンディ（Gandhi, C.）の二人である。ネスのとった手
法「規範の体系化」は，スピノザの著書『エチカ』の形式によく当てはま
る[81]。ネス自身，スピノザ哲学における道徳的な理論はディープ・エコロ
ジーの最も重要な哲学的源泉であると明言し[82]，「エコソフィー」に格好の
枠組みを提供することが明らかな，スピノザ哲学の諸契機としての20個の
テーゼを提出している[83]。スピノザは著作『エチカ』において，宇宙とその
中における人間の位置についての秩序だった描写を行い，「すべての存在は
すべての他のものと結びついており，各々はエネルギー交換を通じてより大
きな全体に参加し，この全体からすべての存在が自己の生命力を引き出す」，
「すべての存在はその特定の本質，つまり自然・本性を保存し発展させよう
と努力する」[84]という「自己保存」，および，「自己保存」からの自己の発展
についての道徳理論を示しており，これがネスの「自己実現」概念の根源と
なっている[85]。

　さらに，ネスの「自己実現」概念にもう一つ大きな影響を与えたのはガン
ディの思想であり，「自己実現」という言葉もガンディの思想から借り，「自
己実現」哲学の手本としてガンディを選んだ[86]。ネスは，「エコソフィー」
の規範体系の実例として「ガンディの集団闘争の体系的叙述」を挙げてお
り，ガンディの「非暴力の哲学」の中から，「エコソフィー」の根本原理と
しての「全生命圏の同等性」の理念を学び得たことを明言している[87]。この
ように，ディープ・エコロジーは東洋思想の影響を受けているが，一方では
ネイティヴ・アメリカンの世界観なども基盤として取り入れている[88]。ネイ
ティヴ・アメリカンのコミュニティーは，それぞれの世界の植物，動物，
川，山，太陽，月，恒星，惑星などに自身を結びつけ，自然のコミュニ

ティーと調和させるという世界観を持っている[89]。

第4節　ディープ・エコロジーの広まり

　1980年代に入ると，ディープ・エコロジーの概念はスピノザの研究を通してネスと出会ったビル・デヴァル（Devall, B.）とジョージ・セッションズ（George, S.）によって受け継がれ，1985年には『ディープ・エコロジー（Deep Ecology）』として体系化され，刊行される。ネス本人とも協同して体系化されたこの書物は，その後，現在までほぼ唯一のディープ・エコロジーのテキストとして，各方面に大きな影響を及ぼした[90]。

　その後，ディープ・エコロジーは様々な思想家たちに受け継がれ，発展していく。第4節では，ディープ・エコロジーのテキスト的存在であるデヴァルとセッションズの『ディープ・エコロジー』について説明し，その後のディープ・エコロジーの環境思想としての発展を述べることとする。

1　デヴァルとセッションズによる『ディープ・エコロジー』

　デヴァルとセッションズがネスのディープ・エコロジーから主に受け継いだのは「自己実現」と「生命圏平等主義（生命中心的平等）」である。彼らは，「ディープ・エコロジー意識の最も基本的な洞察あるいはその特徴から，アルネ・ネスは他の原則や直観からは出てこない二つの究極的な規範あるいは直観を展開した」として，「自己実現」，および，「生命圏平等主義」を挙げ，それぞれの概念に対する解説を行っている[91]。

（1）自己実現（デヴァルとセッションズの解釈）
　ネスの「自己実現」概念について，彼らは次のようにまとめている。

　　　「精神的な成長あるいは発展は我々が自分を孤立した，また狭い張り合う自我

とみなしたり理解することなく家族，友人，そして最終的には種としての人類に
至るまで他の人間と一体感を持ち始める時に始まる。しかし，ディープ・エコロ
ジー的意味での自己はさらなる成熟および成長を要求する。人間を超えて人間以
外の存在とも一体感（identification）を持てるようになることである。」[92]

　彼らの言う「人間以外の存在」とは，すなわち，動植物，岩石，土，川，
森，海など人間の周囲にある全てを指していると思われる。そして，彼ら
は，そのような一体感を持てるようになるには「現代文化の狭い前提や価
値，我々の時間，場所についての通念を超える必要がある」とし，これは
「瞑想的な深い問いかけの過程を通じて最もよく達成される」と主張してい
る[93]。また，人間以外の存在と一体化するとき，「大いなる自己」（Self：ネス
の定義では最初の一文字が大文字の「Self」が「大いなる自己」であり，小文字の
「self」が通常使われる「自己」を意味する[94]）の中で自己を実現していくことが
できるのである。「大いなる自己」とは有機的全体性のことであり，ラヴ
ロックの「ガイア仮説」と通ずる概念である[95]。このようにして，我々を充
分に成熟した人格と独自性に到達させる過程が「自己実現」なのである[96]。

（2）生命中心的平等

　生命中心的平等とは，ネスが1973年の論文でもその7つのポイントの一つ
として述べた「生命圏平等主義」のことであるが，デヴァルとセッションズ
は自己実現ともからめて，次のように解説している。

　　「生命中心的平等という直観は，生物圏におけるあらゆるものが平等に生きる
　　権利，および，より大いなる自己を実現しつつ固有の形で発展し自己を実現する
　　権利を有することである。この根本的な直観は生態圏におけるあらゆる有機体と
　　存在者は，相互に連関した全体の中の部分として，その固有の価値において平等
　　であることを意味する。」[97]

　そして，彼らは，この「生命中心的平等」を実践するためには我々人間
は，生きていく上で他の種や地球全般に対する影響を最大ではなく最少にと

表1-1　支配的世界観とディープ・エコロジー[98]

支配的世界観	ディープ・エコロジー
・自然の支配 ・人間のための資源としての自然環境	・自然との調和 ・あらゆる自然には固有の価値，生物種としての平等性がある。
・人口増に備えた物質・経済的成長	・簡素な物質的ニーズ（自己実現の大きな目標に役立つ物質的欲求）
・豊かな資源保有への信念 ・ハイテク的進歩と解決 ・消費主義 ・国，中央集権化された共同体	・限られた自然の恵み ・適正技術，非支配的科学 ・充分さ・リサイクルで対応 ・少数者の伝統・バイオリージョン（生命地域）

（出典：Devall, B. and George, S., "Deep Ecology", ビル・デヴァル＆ジョージ・セッションズ，『ディープ・エコロジー』）

どめるべきであることの必要性を説き，「手段は簡素に，目的は豊かに」（Simple in means, rich in ends）という規範を打ち立てている。これは，生活する手段は簡素であるが，目的と価値観においては豊かであることを意味する[99]。

　彼らは，以上のように二つの概念を説明した後，彼らの立場の簡単な要約として表1-1のようにディープ・エコロジーと支配的な世界観を対照させている。

（3）ディープ・エコロジーの綱領

　『ディープ・エコロジー』の中で最も重要であるのは，以下に示した「ディープ・エコロジーの8つの綱領」である。これは，ジョージ・セッションズとアルネ・ネスが，ともにまとめ上げたディープ・エコロジーの綱領をめぐる思索である[100]。この8つの綱領は，ネス自身も，その著書である『エコロジー・コミュニティー・ライフスタイル』のはじめに引用しており，ディープ・エコロジーについて述べた多くの論文で，引用されている[101]。教育関連の論文でも，ディープ・エコロジーの提言する概念として，

ネスの1973年の論文におけるディープ・エコロジーの「7つのポイント」よりもむしろ，この「8つの綱領」の方がよく引用されている。したがって，現在のディープ・エコロジーの基本概念はまさにこの「8つの綱領」に示される通りであり，これらの原則にしたがって生きることがディープ・エコロジーを実践することと解釈してもよい。

〈ディープ・エコロジーの8つの綱領〉[102]

①地球上の人間と人間以外の生物の幸福と繁栄はそれ自体で価値がある（同意語：固有の価値，内在的価値）。これらの価値は，自然界が人間の目的にとって役立つかどうかに関係はない。

②生命形態の豊かさ，多様性はこれらの価値の実現に貢献し，またそれ自体に価値がある。

③その必須のニーズを充たすこと以外には，人間にはこれらの豊かさ，多様性を減ずる権利はない。

④人間生活と文化の繁栄は人口の大幅な減少と両立しうる。人間以外の生命の繁栄はそのような減少を必要としている。

⑤人間以外の世界に対する現在の人間の干渉は過度であり，その状況は急速に悪化している。

⑥それゆえ，経済的，技術的，思想的な基本構造に影響を及ぼすような政策変更が不可欠である。変革の結果生まれる状況は，現在とは大きく異なるものになるだろう。

⑦思想上の変革は主に，どこまでも高くなる生活水準に固執するよりは生活の質を評価する（内在的な固有の価値の中で生きる）という形でおきる。「大きい」ことと「偉大である」こととの違いが深く感じ取れるようになるだろう。

⑧以上の点に同意する人々は，必要な変化を実現すべく，直接，間接に努力するという義務を有する。

　以上がデヴァルとセッションズの『ディープ・エコロジー』の重要点であるが，これは，ネスのディープ・エコロジーの概念を忠実にまとめ上げたディープ・エコロジーのテキストのような存在であり，思想内容が発展したというよりは基本概念を整理，統合したものであるといえる[103]。よって，次に，ディープ・エコロジーの様々な思想的な広がり，成果を示していくこととする。

2　ディープ・エコロジーの思想的な広がり

　デヴァルとセッションズによって『ディープ・エコロジー』としてまとめ上げられた後の1980年代後半から，ディープ・エコロジーは，アメリカ西海岸を中心に，当時流行した種々の思想と影響を及ぼし合いながら，多様な発展，成果を生み出し始めた[104]。ワーウィック・フォックス（Warwick, A.F.）は，トランスパーソナル心理学にディープ・エコロジーのアプローチを用いる試みを行い，1990年に新たな思想として『トランスパーソナル・エコロジー』を提唱した[105]。ジョアンナ・メイシー（Joanna, M.）は，人間の内面，精神に働きかけるようなディープ・エコロジー・ワークを考案し，1980年代からディープ・エコロジーの実践を世界的に展開し始めた[106]。フリッチョフ・カプラ（Fritjof, C.）は，生命システム理論の立場からディープ・エコロジーを体系化する試みを行い，1984年にディープ・エコロジーの研究所を設立し，アーネスト・カレンバック（Ernest, C.）らと共にその探究を行い始めた[107]。他には，トマス・ベリー（Thomas, B.）はディープ・エコロジーの影響を受けて，キリスト教的神秘主義の立場に立ったエコロジー神学『地球の夢』を1988年に完成させ[108]，禅の影響が強い詩人ゲイリー・スナイダー（Snyder, G.）は，1980年代以降はディープ・エコロジーと密接な関係を持って活躍した[109]。

　ここでは，ディープ・エコロジーを独自に発展させ，世界に広めたワーウィック・フォックス，ジョアンナ・メイシーのディープ・エコロジーの理

論と実践について示す。なお，フリッチョフ・カプラの理論と実践に関しては，第3章の第1節にて，その詳細を説明する。

（1）フォックスの「トランスパーソナル・エコロジー」(Transpersonal Ecology)

フォックスは1990年に発行した著書『トランスパーソナル・エコロジー』の中で，次のように述べている。

> 「ネスによるディープ・エコロジーの哲学的意味とは，無数の自己と世界内存在とが複数のプロセスを織りなす世界にあって，できるかぎり拡張された自己感覚を現世で獲得することを指す。このアプローチが，自我的，自伝的，ないし個的（パーソナル）な自己を超えた（英語の接頭語は trans-）自己感覚の獲得を意味することから考えて，ディープ・エコロジーにかわるもっと明確かつ厳密な名称は"トランスパーソナル（個を超える）・エコロジー"だと思われる。」[110]

つまり，彼が主張したトランスパーソナル・エコロジーとは，自己意識を人間以外の存在物まで，個人という枠を超えて拡大させるようなアプローチをとるエコロジーであるといえる。このトランスパーソナルとは，その提唱者の一人であるアブラハム・マズロー（Maslow, A.）によって「個体性を超え，個人としての発達を超えて，個人よりもっと包括的な何かを目指すこと」[111]と定義されており，フォックスはこれをディープ・エコロジーの自己実現の手法として適用する試みを行ったのである。

そして，フォックスはトランスパーソナル・エコロジーの手法として3種の自己同化（Identification）に基盤を置くプロセスを提案した。その3種の自己同化の基盤とは，「個人的」(Personal)，「存在論的」(Ontological)，「宇宙論的」(Cosmological) の3つである[112]。「個人的」な基盤に立った自己同化とは，ある存在と個人的なかかわりを持つことによって，その存在との共通性を経験することを指す。つまり，われわれが少なからず個人的なかかわりを持つ具体的な存在（家族，友達，ペット，お気に入りの人形，家，お気に入りの

野球チーム，国…）を，自分のアイデンティティの一部と感じることを意味する。これに対して「存在論的」ないし「宇宙論的」な基盤に立った自己同化は，ある人間の個人的な接触や関係を足掛かりにしない。「存在論的」な基盤に立った自己同化とは，ものごとが「在る」という事実を深く認識することで生じる万物との共通経験を指す[113]。これは，仏教の「禅」と結びつく意識の修業という領域に属する事柄である。フォックスはこれを「存在するいっさいが，非存在ないし空（くう）と呼ばれる背景から，前景へと進み出てくる」と表現しており[114]，おそらく仏教の悟りの境地を示しているのではないかと思われる。さらに「宇宙論的」な基盤に立った自己同化とは，人間やその他すべての存在もそれぞれ，発展過程にあるただ一つの現実というものの構成要素であることを深く認識することから生じる，あらゆる存在物との共通経験を言う。フォックスはこの例として，（北米のネイティヴ・アメリカンなどの）先住民族の世界観，道教，スピノザ哲学を挙げているが，時間という観念をも含めた時空との同一化を意味しているのではないかと考えられる。そして彼は，トランスパーソナル・エコロジーの目標として，この「宇宙論的」な基盤に立った自己同化を目指しているのである[115]。

　そして，「宇宙論的」基盤に立った自己同化感覚の探究方法として，ジョアンナ・メイシーとジョン・シード（Jhon, S.）によって編み出された儀式と体験に基づくワークショップ「全生命のつどい」（Towards a Council of All Beings）や，最良の科学者の多くが，宇宙論的基盤に立った深い自己同化感覚を獲得してきたことを考慮した理論科学の研究，例えば，多くのナチュラリストや野外生態学者が，自分を生命の系統樹についた一枚の葉と感じ，系統樹の発展を精一杯守ろうとするなどの実践的な自然史へのかかわり，さらには科学的な世界モデルや自然史への個人的興味を深めることなどの探究方法を挙げている[116]。

（2）ジョアンナ・メイシーのディープ・エコロジー・ワーク

　ジョアンナ・メイシーはサルボダヤ（スリランカの地域開発運動）研究で有名な心理学，仏教学者である。彼女は，ディープ・エコロジーを「すべての生命の相互依存性を踏まえて，人間中心の考え方を超えようとする考え方」として，自己実現を「従来の小さな自己概念を捨てて，より広い“エコロジカルな自己”に成長すること」と捉え，その手法として独自のワークを考案した[117]。

　彼女が考案したワークとは「絶望と再生のワークショップ」と呼ばれるもので，1980年代の初頭から各国に広まり始めた。このワークショップの主な手法は2つあり，まず「絶望のワーク」において，世界で起きていることへの憂いや絶望など，自分の感じている真実を語り，つづく「真実のマンダラ」で，自分にとって一番辛い現実を語り，それに対して相互に支えあい，勇気づけあうようになっている。そして，ボディワーク，ダンス，相互交流的なエクサイズを通して，人間が生物システムのエコロジー（生態）と密接に結びついていることを理解し，体験することによって，生命に対する崇拝の念を内面的・精神的に養うことを目標としている[118]。

　そして，80年代後半に入ると，ジョアンナはオーストラリアの熱帯雨林保護活動家のジョン・シードと共に，「絶望と再生のワーク」をさらに発展させた「全生命のつどい」ワークの手法を編みだしたのである。これは，それまでのグループワークに特定の儀式形態を取り入れたものであり，ジョンによれば，これは「自らの内に地球の叫びを聴き取り，自分を通して他の命たちに語らせるもので，それにより全生命とのつながりがもたらす痛みと力の両方をはっきりと体験することができる」ワークなのである[119]。彼らは，ワークに儀式形態を導入することにより，意識変容が可能になると主張しているが，これはディープ・エコロジストのドロレス・ラチャペル（Dolores, L.）や，心理学者ユング（Jung, C.），エコロジスト詩人のゲイリー・スナイダーらの思想から知見を得た手法である[120]。ジョンらは「全生命のつどい」

を1990年に『地球の声を聴く―ディープ・エコロジー・ワーク』(Thinking Like a Mountain-Towards a Council of All Beings)[121]としてまとめ，出版しているが，その中にもラチャペルやユングの言葉を引用して，儀式形態を用いることの意義を次のように説いている。

> 「人間とそれ以外の世界のつながりを確認するための儀式は，あらゆる未開文化にみられる。それは，自然からの疎外感が人類という種のなかに古くからある証拠であり，また自然とのつながりを保つには努力が必要であることをうかがわせるとともに，失われたつながりをどうしたらいいかという方向性も指し示している。」[122]

「全生命のつどい」ワークのプロセスを表1-2にまとめた。その後「全生命のつどい」ワークショップは世界各地で行われるようになり，日本にもその手法が導入され始めている。なお，日本への導入については後述する。この他にも「全生命のつどい」形式のワークショップ，サマースクールを行っている団体は数多くあり，第3章で詳細を説明するが，教育への導入もなされている。

3　ディープ・エコロジーの日本への影響

　日本では，1986年にビル・デヴァルとジョージ・セッションズの『ディープ・エコロジー』の綿密な書評が雑誌『生命宇宙』第四号に掲載されたのが，ディープ・エコロジーの最初期の導入ではないかと言われており[123]，その後，アルネ・ネス，ワーウィック・フォックスやジョアンナ・メイシー，フリッチョフ・カプラ，アーネスト・カレンバックらの著作の翻訳が相次いでなされ，日本のエコロジストの間に浸透し始めている。また，日本でも1993年のジョアンナ・メイシー初来日をきっかけにディープ・エコロジーの市民グループ「ウェッブ・オブ・ライフ」(Web of Life) が設立され，ディープ・エコロジーのワークショップが行われるようになった。「ウェッブ・オブ・ライフ」はニューズ・レター『ウェッブ・オブ・ライフ』を発刊

表1-2 「全生命のつどい」ワークのプロセスのまとめ[124]

1 グループの意思の確認と明確化 …「エコロジカルな自己」を取り戻すためにワークに参加しているのだ，という意思を意識化するために，語り合いや瞑想などをする。
2 嘆き悲しむこと / 嘆きの輪 …この世界で起こっている環境問題について，自分の中で痛みとして感じる。（「エコストーリーを語る」，「いのちの出会い」等）
3 思いだすこと…進化の回想 …生命の進化の旅を誘導瞑想することによって，地球としての自分自身の進化プロセスを実感する。（「進化の記憶」，「ガイアの瞑想」等）
4 他の生き物の立場から語ること …自然の中に入り，一つの生物種を選び（選ばれ），その生物種をあらわすお面をつくる。そして，その生物種になりかわって語り，動く練習をする。 （1）一人きりで自然の中へ / 盟友探し （2）お面づくり （3）盟友になって動く （4）盟友になって話す
5 ＜全生命のつどい＞儀式 …儀式の形式で，ステージ4で選んだ生物種になりきり，演じる。 （1）生物種の立場から口について出るままのことを語る （2）人間役と生物種役にわかれ，生物種役は環境破壊について自分たちの痛みや恐れを語る （3）生物種役は人間役に世界の破壊を止めるための力を名指しで授ける
6 まとめ …誓いと祈りの瞑想など。

（出典：ジョン・シード，『地球の叫びを聴く』）

し，ジョアンナ・メイシーやディープ・エコロジストのマーガレット・パペル（Margaret, P.）らのワークを紹介した[125]。また，彼女らの来日の際にはディープ・エコロジー・ワークショップや講演会を日本の各地で行った。さらに，「ウェッブ・オブ・ライフ」の会員である，日本のディープ・エコロ

ジストの星川淳は，『地球の声を聴く―ディープ・エコロジー・ワーク』[126)]
を監訳し，ジョアンナの『世界は恋人　世界はわたし』[127)]，フォックスの
『トランスパーソナル・エコロジー』[128)] などを翻訳し，日本トランスパーソ
ナル学会において屋久島などでディープ・エコロジー・ワークショップを
行ってきた[129)]。1999年に「ウェッブ・オブ・ライフ」は解散したが[130)]，そ
の発起人である中野民夫は，その後も日本トランスパーソナル学会の理事や
ワークショップ企画プロデューサーを歴任するなど，多岐にわたり活動して
いる[131)]。

第2章　環境倫理の視点を導入した
アメリカの生物教育

第1節　アメリカの BSCS カリキュラム

　Biological Sciences Curriculum Study（以降 BSCS と略記）は，1950年代後半に始まったアメリカ科学教育改革運動において，その中心的役割を担ったカリキュラム開発組織であり，当時の各種のプロジェクトが消えていく中で唯一存続し，現在も活発に活動を続けている[1]。本節では，アメリカにおいて，明確な環境倫理の視点導入がみられる高等学校生物教科書を作成したBSCS について，教科書に反映されているカリキュラム開発の方針，目標，カリキュラム内容，教授モデル等の特徴を明らかにする。

1　BSCS におけるカリキュラム開発の方針とその歴史的背景

　BSCS は，1958年，米国生物科学協会（AIBS）によって設立された[2]。丹沢（1994）は，BSCS 設立当初からのカリキュラム開発の方針の特徴を，その当時のアメリカの科学教育全体の状況と対比する形で明らかにしている[3]。

　1950年代後半から1960年代には，アメリカ社会のニーズは，ソビエトに対する科学的，技術的立ち後れの認識をもとに，優秀な科学者，技術者養成に焦点化され，それを受けてアメリカ科学教育においては，科学的探究と科学の知識体系の理解を重視した科学カリキュラム改革運動が行われた[4]。そのような歴史的背景の中で，BSCS は，物理カリキュラムである PSSC，化学カリキュラムである CBA などの他のカリキュラムプロジェクトと同様に，科学的探究と科学の知識体系の理解を重視したカリキュラムを作成した[5]。

設立当初は，生化学に重点を置いた青版（Blue version: A Molecular Approach），生態学に重点を置いた緑版（Green version: An Ecological Approach），細胞と器官に重点を置いた黄版（Yellow version: A Cellular Biology Approach）の3種の生物カリキュラムを開発し，生物教科書として出版した[6]。青版，緑版，黄版3種のカリキュラムの特徴としては，単に科学知識を語るのではなく，それを実際に機能している中で提示するという科学的探究のプロセスを取り入れた内容となっており[7]，当時，この3種の教科書の使用率は合わせて3～4割を占めていた[8]。BSCSは，中等後期（第10～12学年）の生徒を対象にしたカリキュラムであるが，知的能力が平均かそれ以上の生徒を対象にした青版，緑版，黄版3種の開発後，学習遅進児用カリキュラム（Patterns and Processes），知的能力が高い優秀児用カリキュラム（Interaction of Experiments and Ideas）の開発も行っている[9]。他の同時期に開発されたカリキュラムと比較して特徴的なのは，優秀な科学者，技術者育成というよりも，科学，技術が大きな影響を及ぼす社会において，一人の市民としての方向性決定に効果的に関与できる市民の育成をカリキュラム開発の方針としており，中等後期段階のあらゆる生徒をそのカリキュラムの対象とした点である[10]。

　1970年代に入ると，環境問題等の科学と技術に関連した新しい社会問題の出現により，社会における科学のあり方が変化し，科学そのもののあり方，そして，科学教育への疑問が抱かれるようになった。それに加えて，科学教育予算の大幅カット，生徒の科学の学力低下，質の高い科学と数学の教師の不足，アメリカの経済状況の悪化等のさまざまな問題が噴出し，科学教育の危機が生じた[11]。社会のニーズは，各種の社会的問題の解決と意思決定の行動に参加することを通じて，社会の発展的な変革に効果的に関与できる市民の育成に焦点化され，科学教育においては，社会的文脈の中での科学の学習を進めるカリキュラム，そして社会科学や行動科学との関連を重視した学際的なカリキュラムの開発が推進された[12]。そのような歴史的背景の中で，BSCSは，開発当初と同様，科学的探究に重点を置いたカリキュラム開発を

一貫した方針として掲げつつも，社会のニーズに対応する形で，社会におけ
る科学的・技術的問題をトピックとして用い，それらの解決と意思決定能力
を育成する，あらゆる生徒を対象とした市民性育成のためのカリキュラム開
発を，それまでの開発の方針に統合した[13]。

　1980年代は，1970年代に生じた科学教育の危機の認識が深まり，その克服
に向けた科学教育の目標として，すべての生徒に対する「科学的リテラ
シー」の育成が掲げられ，その目標達成の方策として，「STS（Science,
Technology, and Society）教育」，「探究と問題解決活動の実践」，「概念による
カリキュラム統合」，「認知科学の成果の反映」，「技術についての学習」，「意
思決定活動の実践」等が提言された[14]。そのような歴史的背景の中で，
BSCS は，1970年代同様に，科学的探究に重点を置いたカリキュラム開発を
一貫した方針として掲げつつ，社会のニーズへの更なる対応を示し，科学，
技術，社会間の相互関連をテーマとして追求した STS カリキュラムの開発
を手がけた。さらに，あらゆる生徒に「科学的リテラシー」を育成するため
の，科学のみならず多様な学問領域を統合したアプローチ，K-12 までの連続
したカリキュラム編成，科学研究の形態の変化を反映するためのコーオペレ
イティブ学習，認知科学の成果を活用し，生徒の知的構造を再構成するため
の構成主義学習理論に基づく教授モデル「5Es」の採用等をカリキュラム開
発の方針として盛り込み，社会のニーズに迅速に対応してきた[15]。

　1990年代以降も，科学教育の目標の中心は「科学的リテラシー」の育成で
あり，アメリカ科学振興協会（AAAS）の「プロジェクト2061」の一環とし
て作成された「すべてのアメリカ人のための科学」[16]の中にも，アメリカに
おける「科学的リテラシー」像が明確に示され，1996年に発表された「全米
科学教育スタンダード」の作成にも大きな影響を与えた[17]。その後，科学教
育は，「全米科学教育スタンダード」ベースの教育改革が推進され，2000年
代に入ると，「落ちこぼれを作らないための初等中等教育法」に基づく「底
上げ」を目指した教育改革が行われ，現在は，このスタンダードベースの改

表2-1　BSCS のカリキュラム開発の方針[18)]

①各時代における生物学の現状の反映（科学研究の現状，社会における科学の位置）
②科学知識理解のための文脈の重視（科学的探究，問題解決と意思決定）
③教育の対象としてのあらゆる生徒
④カリキュラムの目標の枠組み：科学的探究を核として獲得される「知識・理解」「スキル」「価値と態度」
⑤科学教育研究の動向の敏速な反映
⑥国家的ニーズに対する迅速な対応

（出典：丹沢哲郎，「アメリカの BSCS カリキュラムの変遷過程に関する一考察」）

革と「底上げ」改革が密接に関連して進められている[19)]。このような歴史的背景の中で，BSCS は，1990年代以降もカリキュラムの目標として「科学的リテラシー」の育成を掲げ，カリキュラムの開発を行っている[20)]。

　丹沢（1995）は，BSCS 設立以来1990年代までのカリキュラム開発の方針として，表2-1に示した6点を指摘している。これらの方針は，現在も一貫してみられるものである[21)]。

2　BSCS カリキュラムの主要なカリキュラムと統合テーマ

　前述したように BSCS 設立当初は，分子的なアプローチを行う青版，生態学的アプローチを行う緑版，個体レベルのアプローチを行う黄版の3種の生物カリキュラムでスタートした BSCS カリキュラムであったが，社会的ニーズに迅速に対応し，多様なアプローチによる多くのカリキュラムを作成している[22)]。黄版は1970年代で改訂作業を終了しているが，現在青版は第9版[23)]，緑版は第10版[24)]を数えるに至っており，近年では生物としてのヒトからのアプローチを行う A Human Approach が加わり4版まで作成され[25)]，さらに探究アプローチを行う An Inquiry Approach が加わり，Level3 まで作成されている[26)]。現在，BSCS の主要なカリキュラムは以上の4つとなっており，現代生命科学を4つの異なる視点から捉えることで，生徒あるいは教師の多様なニーズに対応できるよう改訂が重ねられてきた[27)]。

表2-2　BSCSの9つの統合テーマ[28]

1　時を経て行われる生物の変化：進化
2　生物種の多様性とパターンの統一性
3　生命の遺伝的連続性
4　生体と環境の相補性
5　行動の生物学的根源
6　構造と機能の相補性
7　調節と恒常性：変化に直面する中での生命維持
8　探究としての科学
9　生物学的概念の歴史

（出典：BSCS, "The Biology Teachers' Handbook"）

　BSCSは，教師用ハンドブック（BSCS Teachers' Handbook）の初版におい
て，BSCSのすべてのカリキュラムに統一して織り込まれるべき9つの統合
テーマを示している（表2-2）。

　これら9つのテーマは主要な2つの要因に基づいて設定されている。その
1つは，現代の生物学の内容と構造であり，内容としては，最も包括的で信
頼できる生物の知識を与える特性と概念を有するテーマ，生物学の探究の構
造としては，現代の生命科学を最も良く特徴づける手順と概念を有するテー
マであるかどうかを検討して設定している。もう1つは，生徒のニーズと課
題の考慮であり，国家の中の一市民として求められる生物学の知識，態度，
技能であるかどうかを検討して設定している[29]。テーマ1〜5はカリキュラ
ム，すなわち，教科書の内容を規定しており，テーマ2，3はテーマ1「進
化」の一部分，テーマ5はテーマ4「環境」に関連した内容となるため一文
字下げて記している[30]。テーマ8，9は教科書の論理構造，データの背景，
そこから導かれる推論を規定し，テーマ6，7は生物体の構造と機能の両方
を規定している[31]。以上，9つの統合テーマは，前述した1960年代の科学カ
リキュラム改革運動の行われる中，知る手段としての科学が，事実の集合体
としての科学よりも重要であるという認識をもとにして設定されたものであ
る[32]。

表2-3　BSCS の 6 つの統合原理に関連する20の主要な生物学の概念[33]

統合原理	主要な生物学の概念
進化	・進化のパターンと産物（遺伝的変異と自然淘汰を含む） ・絶滅 ・保全生物学（資源の賢い利用を含む） ・すべての生物に共有される特徴 ・生物多様性の概要（生物に示される特殊化と適応を含む）
相互作用と相互依存	・環境要因と生命システムへの影響 ・環境収容力と限定要因 ・群集構造（食物網とその構造を含む） ・生物間の相互作用 ・生態系，物質循環とエネルギーの流れ ・生物圏とそれに対する人間の影響
遺伝的連続性と生殖	・遺伝子と DNA，そして成長と発育に関する遺伝子と環境の間の相互作用の影響 ・生物に示される遺伝のパターン ・生物の有性生殖のパターン
成長，発生，そして分化	・発生のパターン ・形態と機能
エネルギー，物質，組織化	・生物の組織の階層 ・代謝（酵素とエネルギー変換を含む）
動的平衡の維持	・恒常性，フィードバック機構の重要性，そしてある種の行動 ・人間の健康と病気

（出典：BSCS, "The Biology Teacher's Handbook 4th Edition"）

　この 9 つのテーマは，教師用ハンドブックの第 2 版[34]，第 3 版[35]にも用いられてきたが，最新版となる2009年に出版された第 4 版[36]では，表2-3に示したように， 6 つの統合原理と20の主要な生物学の概念に再設定されている。そして，この 6 つの統合原理により，同時代の生物学プログラムすべてに対して生物学の知識の基礎が提供されるはずであることが，BSCS により主張されている[37]。

第2節　環境倫理の視点を導入した BSCS 生物教科書

　本節では，明確な環境倫理の視点導入がみられるアメリカの高等学校生物教科書である，BSCS の "Biology: A Human Approach First Edition（以降 AHA と略す）"[38]において，環境倫理の視点育成が具体的にどのような方法で行われているのかを，カリキュラム（プログラム）のレベルを中心にして分析し，その特質を明らかにすることとした。また，AHA の出版当時，アメリカの科学教育界，および，環境教育界において環境倫理の視点を導入した教育がどのように捉えられていたのかを探るために，1996年に公刊された「全米科学教育スタンダード（National Science Education Standards）」[39]，および，AHA の2年後に公刊された「環境教育における卓越性─学習者のためのガイドライン（幼─12学年）（Excellence in Environmental Education: Guidelines for Learning（K-12））」[40]（以下，「全米環境教育ガイドライン」と略記する）における環境倫理に関する内容の扱いを分析した。

　分析の具体的方法は以下の通りである。

① 全米科学教育スタンダード，および，全米環境教育ガイドラインを精査し，それらに記載されている記述内容から，アメリカの中等後期教育段階の環境教育における環境倫理に関する内容がどのように規定されているかを分析する。具体的には，全米科学教育スタンダードについては，全米研究審議会（National Research Council）より発表された全米科学教育スタンダード[41]，および，その日本語版解説である長洲の『全米科学教育スタンダード』の「科学の内容スタンダード」[42]において，人間と環境とのかかわりに言及されている箇所の内容を分析する。また，全米環境教育ガイドラインについては，すでに荻原[43][44]の研究があるが，北米環境教育連盟により発表された全米環境教育ガイドライン，および，荻原の日本語要約とその解説を参照しつつ，人間と環境とのかかわりに言及されている箇所の

内容を分析する。

② AHA における環境倫理の視点を導入した環境教育プログラムを事例とし
て取り上げ，その分析を行う。具体的には，AHA も含めた BSCS 生物教
科書を活用して生物授業を行う教師のためのハンドブックである BSCS
Teachers' Handbook の第3版[45]，AHA 初版の生徒用教科書[46]，同じく
AHA 初版の教師用指導書[47]の生態学分野，および，生態学分野の指導方
法について言及されている箇所を中心として取り上げ，その中で人間と環
境とのかかわりに言及されている箇所の内容を分析する。

なお，第1節で述べたように，BSCS 生物教科書にはさまざまなバージョ
ンがあり，環境倫理の視点の取り上げ方もバージョンにより異なる。本論で
扱う AHA は，環境倫理の視点導入が最も顕著にみられるバージョンの初版
である。AHA の初版に近い年代に出版された BSCS 生物教科書の他のバー
ジョン，緑版 "Biology: An Ecological Approach" 第9版の生態学分野にお
いては，環境問題の解決のために要求される倫理的決定の具体例の1つとし
て環境倫理について触れられているが，AHA ほど詳しく取り上げていな
い[48]。同じく，他のバージョンである青版 "Biology : a molecular approach"
第8版については，環境倫理については明確な取扱いはなされていない[49]。
AHA 初版の4年後に出された "Biology : An Inquiry Approach"初版では，
環境倫理は，AHA と同様の扱いがなされている[50]。

1　アメリカの教育スタンダードにおける環境倫理の位置づけ

（1）全米科学教育スタンダードにみられる環境倫理の視点

1996年に全米研究審議会（National Research Council）より発表された全米
科学教育スタンダードでは，幼稚園から高等学校卒業までの間に児童・生徒
が自然科学に関して知っているべき，理解すべき，行えるべき内容を「科学
の内容スタンダード」として概説しており，その中では物理，生命，宇宙，
および，地球の科学的な内容のみならず，「科学と技術」，「個人的，社会的

観点から見た科学」,「科学の歴史と本質」まで含めた広い内容領域まで言及
されている[51]。この内容スタンダードの中等後期教育段階（第9～12学年）に
おける環境倫理の視点の導入を精査したところ，環境倫理に関する明確な記
載はみられなかった。しかし，内容スタンダードの「個人的，社会的観点か
ら見た科学」の内容領域における「内容スタンダードへの指針」において
は，「環境の質」に関する指針の中に，人間と環境とのかかわりに関する記
載がみられ，以下にその一部を示した。なお，以下は長洲の『全米科学教育
スタンダード』[52]の一部を引用したものである。

> 「多くの要因が環境の質に影響を与えている。生徒が探究しようとする要因に
> は，人口の増加，資源の利用，人口の分布，過剰消費，問題を解決するための技
> 術力，貧困，経済の役割，政治的見解や宗教的見解，人間が地球を見る様々な方
> 法が含まれる。」[53]

　ここでは，環境の質に影響を与える多様な要因が挙げられ，生徒の探究の
対象として明示されている。これらの要因に通底するのは，人間の行動及び
その所産とその背景にある価値観・環境観，であり，環境倫理という語句は
使われていないものの，環境に対する人間のかかわりに力点が置かれ，環境
倫理の視点が内包されている，と捉えることができる。

（2）全米環境教育ガイドラインにみられる環境倫理の視点

　全米環境教育ガイドラインは，1993年に北米環境教育連盟が発足させた
「環境教育における卓越性のための全米プロジェクト（The National Project
for Excellence in Environmental Education）」の事業の1つである。このプロ
ジェクトでは，全米科学教育スタンダードの教科スタンダードの内容，およ
び，制定経緯の研究がなされ，それをもとにして，「環境教育における卓越
性―学習者のためのガイドライン（幼～12学年）（Excellence in Environmental
Education: Guidelines for Learning（K-12））」，すなわち，全米環境教育ガイドラ
インが作成された[54]。全米環境教育ガイドラインは，荻原（2011, 1999）に

よれば，効果的で総合的な環境教育が構成されるよう，教育内容の全体的枠
組みを提供したもので，いわば全米環境教育ガイドラインの教育内容スタン
ダードであるといえる[55]。アメリカでは，各州が作成した環境教育の目標・
内容の指針において，構成・内容ともにこのガイドラインの影響が顕著にみ
られ，また，全米規模の環境教育カリキュラム団体である Project WILD，
PLT においても，このガイドラインとの内容の関連付けが行われてい
る[56]。このガイドラインでは，学校教育の中で達成すべき環境教育の内容を
定めており，「問題の設定と分析，および，解釈の技術」，「環境を構成する

表2-4　全米環境教育ガイドラインの「問題を理解し，処理する技術」領域
における環境倫理に関わる内容[57]

「環境問題を同定し，分析する技術」の内容 　a.　問題の分析 　b.　問題の持つ意味の整理 　　　学習者は，類似の環境問題などの知識を活用し，環境問題が人間や生態系に対し 　　て及ぼす影響を評価し，環境問題の持つ社会的，経済的，政治的，倫理的な意味を 　　討論する。（後略） 　c.　複数の解決案，行動計画の同定と評価 　d.　柔軟性と創造性と率直さを持って学ぶ
「意思決定と市民行動の技術」の内容 　a.　個人の意見の形成と評価 　　　学習者は，自分自身の環境問題への意見を明確に述べ，他と議論し，見直す。そ 　　の際に自分の意見と異なる様々な意見や情報についても十分吟味し，自分の意見と 　　自分の持つ環境への倫理観との整合性を考え，自分の意見の基礎となる自分の価値 　　観についても環境・経済など様々な観点からその妥当性について考えてみる。 　b.　市民行動の必要性の評価 　　　学習者は，市民行動の種類を同定し，行動の効果について推測する。市民が行動 　　を起こすべきかどうか問題の規模や結果，市民行動に代わり得る代替案などを考慮 　　しながら議論する。また，そこに個人として関与することが容認できるかどうか， 　　自分の価値観，技術などに照らして評価する。 　c.　行動の計画と実行 　d.　行動の結果の評価

（出典：荻原彰『アメリカの環境教育—歴史と現代的課題』，pp.136-138より筆者作成，なお，下線
は筆者による）

過程とシステムについての知識」,「環境問題を理解し,処理する技術」,「個人として,市民としての責任」の 4 つの領域により内容構成されている。このうちの,「環境問題を理解し,処理する技術」領域に,環境倫理に関する記載がみられた。具体的には,表2-4の下線部に示したように,「環境問題を理解し,処理する技術」領域の「環境問題を同定し,分類する技術」の「問題の持つ意味の整理」では,環境問題の持つ倫理的な意味を討論すること,同領域の「意思決定と市民行動の技術」の「個人の意見の形成と評価」では,他者の意見と自分の持つ環境への倫理観との整合性を考えること,「市民行動の必要性の評価」では,市民行動の必要性について自分の価値観などに照らして評価することが明示されている[58]。なお,表2-4は荻原（2011）の『アメリカの環境教育―歴史と現代的課題』の一部を引用したものである。

2　アメリカの BSCS 生物教科書にみられる環境倫理の教育内容

　環境倫理の視点が,AHA にどのように導入されているのかを探るため,BSCS Teachers' Handbook の第 3 版[59],AHA 初版の生徒用教科書[60],AHA 初版の教師用指導書[61]を調査し,その結果を以下に示した。

（1）BSCS Teachers' Handbook における環境倫理の位置づけ

　BSCS は,前述したように,1950年代にアメリカで始まった科学教育改革運動に端を発するカリキュラム開発プロジェクトにおいて,現在も活発な活動を続けている唯一のプロジェクトである。そして,BSCS Teachers' Handbook は,生物学を教える教師とその生物教師を指導する立場にある教師のためにつくられたハンドブックであり,教師が授業を行う上で,教師自身の生物学の知識の概念化を図り,生徒に生物学の探究方法を説明するための資源となるよう,生物学の近代的な観点や生物学の教授方法論等の内容で構成されている[62]。このハンドブックは,現在,第 4 版まで発行されているが,AHA の初版の発行と対応しているのは,1978年に発行された第 3 版と

なる。第3版では，1960年代から1970年代における自然科学の捉え方の変化が反映され，社会と人間の価値観に関する内容が加えられている。特に，第3版の第2章Ⅲ節「授業戦略とスタイル」には，「野外における教育戦略」の一つとして「環境学習としての野外」についての説明があり，その中の「野外体験と価値観」において，環境教育における環境倫理に関する視点が述べられている[63]。具体的には，Stotler による「生物カリキュラムは，例えば誠実さ，アイデアの共有，人道などのように学校の講義以外で身につける価値観によりつくられることはないのか。単なる生態学の学習以上のことをするために，授業で野外に出てはいけないのか」という問いかけがなされ，それに対してハンドブックでは「価値観に関していえば，野外体験は従来の学習を統合し，意思決定に焦点を当てる機会を提供する」というコメントが述べられている[64]。また，その上で，Cummings による「化学，人類学，社会学，心理学，倫理はすべて，人々の態度や価値観に影響を与えることにより，彼らの生活のすべての側面における行動変革を試みる環境教育に貢献するかもしれない。意思決定モデルは，行動に結びつく重要な過程に，経験に基づく学習と調査方法を統合する手順を与える」という主張を紹介している[65]。したがって，ハンドブックにおいては，野外体験等で身に付く価値観は生物の生態学の学習と統合され，それが生徒の意思決定のもととなり，その意思決定が行動変革へと結びつくことにより環境教育がなされることが示されている。

（2）BSCS 生物教科書「Biology: A Human Approach」における環境倫理の視点

AHA には，生徒が生物学を，個人的な，社会的な，そして，科学的リテラシーのように倫理的な要求に応用できるように，生物学と日常生活とを結びつけて学習できるカリキュラムが組まれている[66]。AHA はまた，1993年に BSCS により発行された "Developing Biological Literacy" に示された生

物学の6つの統一されたテーマ，および，1996年に発行された全米科学教育
スタンダードをもとにして内容構成されている。その中核的なテーマは，
「進化」，「ホメオスタシス」，「物質，生命体とエネルギー」，「遺伝」，「発
生」，「生態」の6つで，AHA はこれら6つのテーマからなる単元（編）で
構成されている。6つの単元は，それぞれ2～3章から構成されており，1
章は5Es と呼ばれる指導モデルにより構成されている[67]。

1）指導モデル5Es

　5Es は構成主義的学習論に基づく教授モデルであり，5つのE は，導入
（Engage），探究（Explore），説明（Explain），発展（Elaborate），評価（Evalu-
ate）の5つの学習段階を意味する[68]。「導入」段階では，生徒が，過去と現
在の学習をつなぎ合わせ，今後の活動を予想して現在の学習に考えの焦点を
合わせられる活動を実践する。「探究」段階では，生徒が，周囲の環境を探
究し，教材を操作し，彼らの現在の生物学の概念，過程，技能を見極め，発
展させる活動を実践する。「説明」段階では，生徒が，「探究」段階で得た概
念，技能を論述する活動を実践する。「発展」段階では，生徒が，生物学の
主要な概念を深く広く理解するために，さらに多くの情報を得，科学的な技
能を洗練する活動を実践する。そして「評価」段階では，生徒が，彼らの理
解と能力を評価し，生物学の鍵となる概念の理解と本質的な技能の発展を教
師が評価するための活動を実践する。以上，この5Es の教授モデルの実践に
より，生徒が学習前の知識と経験を使い，それをもとに生物学の概念，過
程，技能を構築し，学習による理解を常に評価することが可能となる[69]。

2）単元「生態：生命システムにおける相互作用と相互依存」

　前述した6つの単元の最後に位置付けられている第6編「生態：生命シス
テムにおける相互作用と相互依存」では，生態学の主要な概念的領域の問題
が中心に置かれ，人口，資源，環境と人間の相互関係の危機的状況，人口増

加のシステムの科学的理解，人間による環境改造，技術の使用により浮かび上がった倫理的問題などが扱われている[70]。環境倫理の視点の導入は，この，生態学分野の単元である第6編にみられる。

　この単元の目標は，「生命システムにおける相互作用と相互依存の概念と，生物圏における人間の影響の問題を探究すること」であり，具体的には生徒が以下の点を理解すべきことを掲げている。「生物の集団は生態系を形づくる非生物的環境と相互作用する」，「生態系は時を経て変わる」，「生態系は複雑であるが，それを分析することは可能である」，「生態系は人間の活動

表2-5　"BSCS BIOLOGY : An Human Approach, First Edition (1997)" 教科書の生態系分野の環境倫理的な内容が見いだされる章の構成[71]

15章　生物圏における生命間の相互依存 (Interdependence among Organisms in the Biosphere)	
小単元	5Es
私たちの周囲の世界の相互作用 (Interactions in the World around Us)	導入，探究
セントポール島のトナカイ (Reindeer on St. Paul Island)	探究
急速に (On the Double)	説明
相互作用の完全な瓶 (A Jar Full of Interactions)	説明，発展
生態系の変化 (Changing Ecosystems)	発展
Xの変革と世界的な相互依存 (Changing X and Global Interdependence)	評価
16章　複雑な世界でなされる決定 (Decision Making in a Complex World)	
小単元	
質問を呼び起こす (Calling the Question)	導入
太陽と生命（または死？）The Sun and Life (or Death?)	探究
我々はこれからどこへ向かうのか？（Where Do We from Here?）	説明
オゾン層：消失？（The Ozone Layer: A Disappearing Act?）	発展
豊かさの限界（The Limits of Abundance）	評価

（出典：AHA, p.321, p.343, pp.409-501, pp.533-534より筆者作成）

によって改造される」,「人口（個体群の大きさ）は環境収容力により影響される」,「人間の活動は意思決定の結果として生じる」の 6 点である[72]。特に,6 点目の「人間の活動は意思決定の結果として生じる」ことを理解するという目標は,前述した全米環境教育ガイドラインに示された,「学習者は,他者の意見と自分の持つ環境への倫理観との整合性を試み,自分の持つ価値観の妥当性を考え,市民行動の必要性については自分の価値観,技術などに照らし合わせて評価する」[73]という環境倫理の視点を含んだ「意思決定」の達成をさらに進展させ,「意思決定」の結果にまで着目した目標となっている。なお,単元の目標には,これら 6 点に加えて,「実験を計画・実行し,説明を評価し,公共政策と科学研究の間の関係を探究し続ける」ことも記されている[74]。そして,これらの目標を達成するために,表2-5に示したようなカリキュラムが組まれており,生態学分野の単元「生態：生命システムにおける相互作用と相互依存」は,15章,16章の 2 つの章に分かれている。

　15章「生物圏における生命間の相互依存」は,生物圏のさまざまな生態系の生物の相互作用を学ぶことを目標としている。15章は 6 つの小単元からなり,生徒は,導入となる「私たちの周囲の世界の相互作用」で校庭での野外活動,または,動画視聴にて相互作用の具体的事例を調査し,次の「セントポール島のトナカイ」で離島における実際のトナカイの集団の個体群成長について探究し,それを発展させて「急速に」において指数関数的に増加する個体群成長について説明し,「相互依存の完全な瓶」で水槽における水生生物の相互作用の研究をする際の生物同士の相互依存について説明し,さらに「生態系の変化」では時を経て変化する生態系についての発展的な学習を行い,最後に「X の変革と世界的な相互依存」において特定の生物 X が特定の生態系において他の生物とどのように相互作用し合うかを述べてそれを評価するという一連の活動を行う[75]。

　16章「複雑な世界でなされる決定」は,人間の過去の行動がもたらしたいくつかの結論を分析することにより,この複雑な世界における個人の意思決

定を研究し，未来に向けた人間のたどるべき道筋を計画することを目標としている。16章は5つの小単元からなり，生徒は，導入となる「質問を呼び起こす」で町評議会会議を分析することにより意思決定を行うプロセスを考え，「太陽と生命（または死？）」で太陽と生命の間の関係について調査研究し，「我々はこれからどこへ向かうのか？」で人間が生態系に及ぼす長期的な影響を説明し，「オゾン層：消失？」で私たちがオゾン層を破壊することなしに人間生活を持続させるための発展的な学習を行い，最後に「豊かさの限界」において地球の環境収容力とは何かについて議論し，意見を述べ合うことでそれを評価するという一連の活動を行う[76]。

　以上，AHAの生徒用教科書，および，教師用指導書の生態学分野の単元である第6編を精査した結果，環境倫理の視点を導入した学習指導を明確に設定しているのは，15章の導入となる小単元「私たちの周囲の世界の相互作用」であった[77]。次に，その小単元における環境倫理の視点の位置づけを具体的に解明する。

3）小単元「私たちの周囲の世界の相互作用」の学習内容

　小単元「私たちの周囲の世界の相互作用」は，15章の導入となる活動であると同時に，単元6「生態：生命システムにおける相互作用と相互依存」の導入でもある。この小単元の概念と筋道，実施の概要を表2-6に示した。

　この活動の目的は，生物圏におけるさまざまな生態系の相互作用，および，生物圏に与える人間の影響について生徒に気付かせることにある。教師用指導書には目的の達成のため，まず生徒に，人間と人間以外の生物を含むさまざまな生態系における相互作用に関するビデオを視聴させ，次に，自分自身の周囲にみられる生物の相互作用の具体例を探させ（このとき，天候が許せば，野外活動にて探させる），そして最後に，エッセイをもとにして生態系に影響を及ぼす人間の責任について考え，記録簿に記録させるという授業展開が示されている。教師用指導書にはまた，この活動の実施により，生物圏の

表2-6　小単元「私たちの周囲の世界の相互作用」の概念と筋道，実施[78]

概念と筋道	
活動	導入，調査「私たちの周囲の世界の相互作用」
構想	生態系の相互関係
研究としての科学	観察する，新しい状況に概念を適用する，観察から推論する
科学と人間性	生物圏における生態系への人間の影響
実施	
エッセイ	「早朝の映像」，「環境倫理とあなた」：オプショナル
時間	50分
チームサイズ／協力的な学習	チームサイズ：2，技術：視点の共有
戦略と道具	ビデオディスク，フィールドワーク，記録簿への記入
評価の機会	事前知識

（出典：AHA 初版の教師用指導書 pp.499-501より筆者作成）

　生態系に与える人間の影響に関する生徒の事前知識を教師が評価する機会を得られることも示されている[79]。

　教科書においては，本文の冒頭にて，十代の若者の朝起きてから登校するまでの典型的な一連の行動が示され，生徒に対して「このような一連の行動をイメージすることにより，自然界ではどのような相互作用がみられるか」という問いかけが行われている。その後本文には，生物の相互作用に気付くための「過程と手順」が示され，最後に，活動のまとめを行うための「分析」が示されている[80]。教科書，および，教師用指導書をもとにして，活動の具体的な流れを表2-7にまとめた。

　この小単元の中で，環境倫理の視点の導入がみられるのは，活動のまとめとなる「分析」の段階である。教科書本文の中では，環境倫理に関する明確な記述はみられないが，教師用指導書では，表2-7の「分析」の下線部にみられるように，生徒が「分析」の問いに対する考えを記述する際に，オプションとしてエッセイ「環境倫理とあなた（Environmental Ethics and You）」

表2-7　小単元「私たちの周囲の世界の相互作用」の過程と手順，および，分析[81]

過程と手順，および，分析	
教科書	教師用指導書
1．ビデオ「世界の周囲の想像（Images from around the World）」を見て，それの最初に出された質問について考えよう。通常抱かれるイメージは何だろう？	ステップ1 　生徒に「世界の周囲の想像」を視聴させよ。このビデオには多くの短編動画が含まれている（例えば，燃える森，過放牧された土地の牛，都市の道にいる人々，ごみ処理地，狩りをする人。生徒にこのビデオを見せる前に，ビデオにて出される質問について考えておくよう，また，短編動画どうしが互いにどのように関連しているか注意しておくよう促せ。
2．あなたのチームは，他のチームと合流し，質問への答えを議論せよ。	ステップ2 　議論を活発にさせるために，2チーム合同にし，視聴させたビデオで出された最初の質問について議論させる。このとき予期される生徒の答えは，「すべての動画は地球の特定の地域の状況を示し，多様な行動を見せる多様な生命体を示している」である。
3．配布されたタスクカードを読み，カードに示されたタスクを記録するための記録簿を机上に準備せよ。	ステップ3 　各チームにタスクカードを1枚ずつ配布し，記録簿を机上に準備するよう促せ。タスクカードの活用を通して，生物圏の相互作用の具体例を探ることに挑戦させよ。
4．教師の指示に従い，タスクカードに記された3つの関係性の事例を見て記録せよ。	ステップ4 　このステップを野外と屋内で行うこと。なぜなら，これは生態学の単元であり，天候が許せば野外活動の機会を利用できるからである。このステップを校庭，または，近隣の公園等の野外活動として行う場合は，クラスに安全な指示を出してから，カードに記されたタスクに関連した具体例を見つけるために野外に連れ出せ。生徒には，実物の採集ではなく，具体例の記録を行わせること。 　このステップを屋内の活動として行うときは，生徒がカードのタスクと関連する例を挙げ，記録できるようにするために，ビデオの短編を数回に渡って見せよ。 　屋外，または，屋内での実施の際に，生徒が事例を見つけるのに難儀している様子なら，はじめに1つ，具体例を簡単に述べる必要がある。例えば，昆虫を食べる鳥や朽ち木に育つキノコの例などを。また，観察事例に付け加えて，生徒自身の経験に基づく具体例を考えさせよ。 　このステップを通して，新しい環境に概念を適応させる生徒の能力を評価できる。
5．すべてのチームが終了したら，授業の残り時間で例をわかちあおう。	ステップ5 　すべてのチームの具体例の記録完了後，1チーム1回，クラスに具体例を発表させよ。次のような具体例が予想できる： ・他の生命体への人間の良い影響の例：鳥のエサ箱，鳥小屋，巣作りをするエリアのための林；隠れ家のための自然なエリ

ア の 回復 ； チョウ や ハチドリ の ために 設置 した 花 の 庭 の 設置

・非生物的環境への人間の良い影響の例：浸食コントロール区域をフェンスで仕切ること；不毛な土地への種まき；植樹

・他の人間への人間の良い影響の例：子どもをケアする両親，配達人あるいは郵便集配人をつくる，困窮している人々のために食料を集めて供給する；病人のために医療ケアを行う

・他の生命体への人間の悪い影響の例：野生生物の生息域を壊す建物の建設；汚水や排気の供給；レクレーションエリアの濫用，植物の生命を縮める

・非生物的環境への人間の悪い影響の例：汚水の供給；がらくた；毒と毒素の空気への流出

・他の人間への人間の悪い影響の例：人口密集地帯での病気の広まり；暴力を誘引する混雑した状況；多くの人々の飢餓を誘引する政治的な不安

・人間以外の生命体の，他の生命体への影響の例：コマツグミがいも虫を食べる；他の昆虫の死骸を運ぶアリ，草原地帯にいるジリスを食べるヘビ；鳥の巣作りの場所を提供する木々

・人間以外の生命体の，他の非生命体への影響の例：小さな沼に住む多くの魚によるアンモニアの放出，それが水の pH に影響する；ハチが翅や足に花粉をつけて運ぶこと

分析	
教科書	教師用指導書
記録簿に，あなたとクラスメイトが見つけた具体例，および，ビデオで見たイメージについての考えを記入せよ。教科書のオープニングストーリー「早朝の意見」を参考にし，以下の問いに対する考えを記入せよ。 1．世界にみられる関係性について示した例は何か？ 2．人間が生物圏に与える影響は，他の生物と比較して大きいか小さいか考えよ。 3．人間には，人間が生物圏に与える影響を自ら監視する責任があることについて考え，あなたの答えを述べよ。	生徒は，私たち人間には責任があると感じるかもしれないし，感じないかもしれない。生徒が正当だと理由づける答えをすべて容認せよ。この質問は，個人の文化が自身の環境に関する態度と価値観にどのように影響するかの気付きを広げる機会となる。文化の中で，概念と立場は人から人へと多様化する。<u>オプショナルエッセイの「環境倫理とあなた」は，生徒に，私たちの文化に存在する2つの対立する立場の短い記述を与える。</u>

（出典：AHA 初版の教科書と教師用指導書 pp.502-505 より筆者作成）

68

を参照することが示されている。次に，このエッセイの内容を分析した。

4）エッセイ「環境倫理とあなた」

　AHA の教科書は，前半が活動（activities），後半がエッセイ（essays）となっている。「活動」が概念学習の運用がなされるプログラムの中核であるのに対して，エッセイは，公式見解や概念の説明，歴史的洞察，文化的，社会的，技術的，そして倫理的観点の提供により科学の性質を明らかにする位置づけのものとなっている[82]。

　エッセイ「環境倫理とあなた」の内容は，環境倫理についての解説，人間中心主義的環境倫理（The Human-Centered Environmental Ethic），および，ディープ・エコロジー環境倫理（The Deep Ecology Environmental Ethic）の紹介となっている[83]。なお，このエッセイでは，人間中心主義の環境思想も環境倫理としており，「人間中心主義的環境倫理」という記述がなされている。また，ディープ・エコロジーとディープ・エコロジー環境倫理は同じ意味であると考えられる。

　人間中心主義的環境倫理とディープ・エコロジー環境倫理は教師用指導書においては，表2-7の下線部に示されたように，「私たちの文化に存在する2つの対立する立場」となっており，エッセイの中では，この2つの立場の倫理と生徒自身のもつ個人的な環境倫理との間に共通点，または，相違点があるかどうか，自身のもつ環境倫理に影響を与えている要因は何か，この2つの立場以外に知っている環境倫理はあるか，生徒に問うている。エッセイにおける環境倫理の解説を以下に抜粋し，明示した。

　　「環境倫理は，人間がどのように自然界とかかわり合うかを考える倫理的な一連の研究である。自然と人間との関係について人々が持っている倫理的な観点は，異なる価値観，信念，および態度にもとづいている。自然についての人々の価値観，信念，および態度は，彼らの文化に包括される価値観と態度を含めた種々の影響によって形づくられる。人々の自然に対する態度はまた，彼らの個人

的な経験，彼らが話した人，彼らが読んだ本によって影響を受ける。人々の価値
観は，彼らの環境に対する振る舞いに影響を与え，我々を取り巻く自然世界の有
り様に重要な影響を与える。」[84]

　前述したように，全米科学教育スタンダードの内容スタンダードでは，環
境の質に影響を及ぼす多様な要因を生徒が探究する対象として提示し，環境
倫理という語句は使われていないものの，環境に対する人間のかかわりに力
点が置かれ，環境倫理の視点が内包されている，と捉えることができた。こ
のエッセイでは，さらに進んで，環境倫理を明確に定義し，この人間の価値
観とそれに影響を受ける環境に対する振るまいが，自然世界の有り様に重大
な影響を及ぼす道筋が平易に解説されている。

　続いて，以下に示したような生徒への問いかけが行われている。

　　「以下に，特徴的な2つの倫理について簡単に説明する。ここで示す2つの観
　　点と，あなた自身のもつ環境倫理との間に共通点，相違点はみられるだろうか。
　　あなたの環境倫理に影響を与えている要因は，何だろう。あなたは他に，どのよ
　　うな環境倫理を知っているだろう。」[85]

　そして，人間中心主義の環境思想についての紹介が，以下のように具体的
にわかりやすく説明されている。

　　「人間中心主義を支持する人々は，人間が自然界を支配すべきとする立場をと
　　る。なぜなら人間は，他のすべての生命体とは根本的に異なるものであり，何ら
　　かの形でより優れ，自然と人間とは別の分離されたものだと考えているからだ。
　　この視点から，人類にとって実用性があるものを除いて，人間以外の生命体を価
　　値がないものと考える。この倫理を持つ人々は原則的に，地球が人類の経済成
　　長，そして，繁栄を促進させるために有効な自然資源の集合体であるとの考えを
　　もつ。また，地球は広大で，豊富な資源は限りなく人間に供給されると考えてい
　　る。人類の歴史は持続的に発展し，科学技術を通して人々はすべての課題（資源
　　枯渇や汚染の問題を含む）を解決し，発展を続けていると指摘する。」[86]

　さらに，ディープ・エコロジーについての紹介が，人間中心主義の環境思
想と対比させながら，以下のように，生命中心主義の環境思想としてわかり

やすく説明されている。

　　「ディープ・エコロジーは，生命中心主義である。この立場を支持する人々は，
　　地球上のすべての生命体は固有の価値を持ち，それが人類にとって実用的である
　　かどうかに関係はないと考える。この視点から，人間は基本的なニーズを満たす
　　ことを除き，地球の生物の繁栄と多様性を減ずる権利はないと考える。この立場
　　を支持する人々は，地球の資源には限りがあり，また，地球の資源はすべての生
　　命体のためのものであって，人間だけのためのものではないと考える。ディー
　　プ・エコロジーは，人間が自らの人口増加を制限することによってのみ，人間と
　　人間以外の生命の両方が繁栄し続けることができるとする立場をとる。地球への
　　人間の影響は度を越しているので，人間の影響は最小限にすべきであると考え
　　る。この視点から，人々はハイレベルな生活を求めるよりも，持続可能なライフ
　　スタイルを導くような経済的，技術的，そして，意識の変革をすべきであると考
　　える。」[87]

　このようにエッセイでは，人間中心主義の環境思想と環境主義のディー
プ・エコロジーの2つの立場の倫理と生徒自身のもつ個人的な環境倫理との
間に共通点，または，相違点があるかどうか，自身のもつ環境倫理に影響を
与えている要因は何か，この2つの立場以外に知っている環境倫理はある
か，生徒に問うているのである。

3　BSCS 生物教科書 A Human Approach における環境倫理に関する カリキュラムの特質

　以上の分析により，環境倫理の視点から，AHA にみられる生態学分野の
カリキュラムの特質を，以下に明らかにした。
　第一に，カリキュラムの内容は，全米科学教育スタンダードに基づくとと
もに，全米環境教育ガイドラインよりもさらに進んで環境倫理を明確に取り
入れている。具体的には，生態学分野のエッセイに記された環境倫理の解
説，すなわち，「人々の価値観は，彼らの環境に対する振る舞いに影響を与
え，我々を取り巻く自然世界の有り様に重要な影響を与える」や，「人間の

活動は意思決定の結果として生じることを理解する」という生態学分野の目
標規定は，環境倫理の扱いという点で，全米環境教育ガイドラインの内容よ
りもさらに進展している，といえよう。というのも，確かに，前述のよう
に，全米科学教育スタンダードの内容スタンダードでは，環境の質に影響を
及ぼす多様な要因を生徒が探究する対象として提示し，環境倫理という語句
は使われていないものの，環境に対する人間のあり方に力点が置かれ，環境
倫理の視点が内包されている，と捉えることができるし，全米環境教育ガイ
ドラインでは，環境問題の理解とそれへの対処やそれに関する意思決定につ
いて扱われてはいる。しかし，このエッセイでは，さらに進んで，環境倫理
を明確に定義し，この人間の価値観とそれに影響を受ける環境に対する振る
まいが，自然世界の有り様に重大な影響を及ぼす道筋が平易に解説されてい
るとともに，相対立する二つの環境倫理を比較可能にし，我々の文化に存在
する環境倫理の論点を明示しているからである。

　第二に，生態学分野の内容は，「生物圏における生命間の相互依存」，と
「複雑な世界でなされる決定」に大別され，5Es の段階に即したプロセスを
踏む学習内容となっており，そのカリキュラムの中に環境倫理の視点を含ん
だプログラムが導入されている。具体的には，前半の「生物圏における生命
間の相互依存」にて，地球上の生態系における生命どうしの相互作用に関す
る探究的な活動を通して，人間と環境との相互関係を学習する。環境倫理の
視点を含んだプログラムは，この前半の導入部にみられる。後半の「複雑な
世界でなされる決定」にて，オゾン層破壊や有害物質の生物濃縮などに関す
る探究的な活動を通して，人間の活動により引き起こされた環境問題を解決
するための個人の意思決定のプロセスを学習する。

　第三に，生態学分野においては「生命システムにおける相互作用と相互依
存の概念と生物圏における人間の影響の問題を探究すること」が目標として
掲げられ，この分野の導入部となる環境倫理の視点を含んだプログラムにお
いては，「生物圏における人間の影響について生徒に気付かせる」ことが単

元目標となっている。なお，生態学分野のプログラムは，生態系，環境問題の学習にとどまらず，実際に環境問題に対処する社会的能力の育成が図られ，価値観と生態学の学習との統合により環境問題に対する意思決定のプロセスを学ぶことを目標としている。

　第四に，環境倫理の視点を含んだプログラムにおいては，人間の環境への影響を探究する方法として環境倫理の自己認識を行う活動が導入され，また，環境倫理の自己認識を図るために，相互に対立する環境倫理思想・エッセイを比較・参照するアプローチがとられている。AHA の小単元の授業は，表2-7に示した具体例のように，探究的かつ協力的な活動を行う「過程と手順」とその活動をもとにして行う「分析」のプロセスを通して展開されるが，生態学分野の授業展開の特質として，環境倫理の視点を含んだエッセイを参照し，自身の考えをまとめる活動が導入されている。

　以上，本節では，明確な環境倫理の視点導入がみられるアメリカの高等学校生物教科書である BSCS の AHA において，環境倫理の視点育成が具体的にどのような方法で行われているのかを，カリキュラムのレベルを中心にして分析し，その特質を明らかにした。次章では，公教育から範囲を広げ，アメリカを中心とした民間レベルの環境教育にみられる環境倫理の視点導入のプログラム事例を調査し，その特質をまとめる。

第3章　欧米を中心とした
ディープ・エコロジー教育の特質

第1節　ディープ・エコロジー教育の発展

　第1節では，アメリカ・カナダ・オーストラリアを中心とした民間レベルのディープ・エコロジー教育のプログラム事例について調査し，その目的・意義・活動について明らかにする。

1　「全生命のつどい」ワークショップ形式の環境教育プロジェクト

（1）ディープ・エコロジー教育協会による環境教育プロジェクト

　コロラド州ボールダーに本拠地を置くディープ・エコロジー教育協会（IDEE: Institute for Deep Ecology Education）は，「全生命のつどい」ワークショップ形式の環境教育プロジェクトを行っている団体の一つである。このIDEE の教育プロジェクトはジョアンナ・メイシー（Macy, J.），ジョン・シード（Seed, J.），そしてビル・デヴァル（Devall, B.）のワークから発展したものであり，地域におけるワークショップや毎年のサマースクールで教育学者などを対象にディープ・エコロジーの理論と実践を教えている[1]。

　IDEE はまた，他の団体がディープ・エコロジーの視点を導入したカリキュラムやプログラムを行う際にコンサルタントとして協力し，教育者や活動家，他の組織などと連合してディープ・エコロジーの発展，環境の論議にディープ・エコロジーの見地を導入することに務めている[2]。

　カナダの教育学者キャサリン・ヒューム・マクミラン（Macmillan, C.H.）は，IDEE 主催のサマースクールに参加し，その時の報告を"Green Teach-

74

er"誌に掲載している[3]。サマースクールは1994年の8月に，カリフォルニア州のシェノア研修センターにおいて2週間行われたもので，その一日の流れは表3-1のようになっている。

　この日程の中には，参加者一人ひとりが一つの生物種を選んでお面をつくって行う「全生命のつどい」儀式や，シエラ研究所[4]所長（Director of the Sierra Institute）のエド・グルンビン（Grumbine, E.）による「水の通り道」を追跡する「エコロジー・ウォーク」（Ecology Walk）という活動などが含まれており，自然体験が充分にできる活動内容となっている。彼女はこのサマースクールでの体験によって，「教育者としての自己」に深い影響を及ぼす，力強く新しい「エコロジカルな自己」を取り戻すことができたと報告している[5]。

（2）「熱帯雨林情報センター」における環境教育プロジェクト

　「熱帯雨林情報センター」（Rainforest Information Centre）は，オーストラリアの熱帯雨林保護ボランティア団体によって1980年代初頭にニュー・サウ

表3-1　IDEE 主催のサマースクールの一日[6]

日程	活動の内容
起床 ｜ 朝食	散歩，統合的運動（太極拳やヨガ），瞑想など
｜ 昼食	班分けをして学習活動
｜ 自由時間	8グループ（10人で1グループ）に分かれて体験学習
｜ 夕食	選択科目に分かれて活動（体験学習）
｜ ｜ 就寝	講義（講義名：生命地域と緑の都市，アリスになる，自然のシステム理論など），ダンス，コンサート，キャンプファイヤーなど

（出典：Catherine, Hume, Macmillan, "Summer school in deep ecology"）

ス・ウェールズ州に設立されたもので，ジョン・シードが理事を務め，主に世界の熱帯雨林とそこに住む先住民族を保護する活動を行っている[7]。このセンターでは，さまざまな熱帯雨林保護プロジェクトを推進しており，そこでは「全生命のつどい」等のワークショップが行われている。プロジェクトの一つに豪国環境教育協会（The Australian Association for Environmental Education）による環境教育プロジェクトがあり，そこではディープ・エコロジーのワークショップが行われている[8]。

　具体的な事例としては，1998年の 9 月19-20日にオーストラリア，ニュー・サウス・ウェールズ州ニューイングランド大学で行われた第21回環境教育セミナーにおいて，エリザベス・ブラッグ（Bragg, E.）がディープ・エコロジー・ワークショップを開催している[9]。エリザベスは，ジョン・シードらと共に，オーストラリア，アメリカの各地で「全生命のつどい」ワーク

表3-2　エリザベスによるディープ・エコロジー教育の手法[10]

＜知恵の輪…お話の杖＞ 　グループをつくって輪になり，輪のまわりにある“もの”（例：石，木片など）について，各個人が自分の意見や気持ちを表現し合い，心情を語り合う。
＜信頼経験，敏感な気づき，リラクゼーション＞ 　二人一組になって，一人が目を閉じ，パートナーを信頼して自然の中へ導き歩かせてもらう（ペア・ウォーク）。その際，目を閉じたままで自然の手触り，におい，音を敏感に感じ取り，最後に地面の上に横になって地球との一体感を感じるようにする。
＜ペア・ウォーク，バディーズ，コー・カウンセリング＞ 　上記の「知恵の輪」か「ペア・ウォーク」を行い，その後バディ（二人組）がお互いにかわるがわる話を聞く（コー・カウンセリング）。聞き手は，話し手が自己表現できるように促す。
＜ロールプレイ＞ 　何人かのグループを二つに分け，一方が人間以外の何かの役になりきり，もう一方が人間役になって人間以外の何かの役の主張を聞く。
＜創造的発展＞ 　ロールプレイをさらに演劇として拡大した手法。環境に関係した一つの問題を設定し，ロールプレイのためにマスクをつくり，「知恵の輪」の活動でストーリー・テリングを行う。

（出典：熱帯雨林情報センター，http://www.rainforestinfo.org.au/）

ショップを開いているディープ・エコロジストであり，「全生命のつどい」
儀式をアレンジした独自のディープ・エコロジー・ワークを行っている。エ
リザベスのワークでは，ディープ・エコロジーにおける自分自身への深い問
いかけ，自己意識との対面，未来の探究，そして自身の認識に基づいた行動
を達成目標とし，大人から子どもまで全ての年齢を対象として表3-2に示し
た手法を実践している。

　エリザベスは，これらの手法を使えばディープ・エコロジーでいうところ
の「意識変革」に直面し，グループの結びつき（共同体としての認識の共有），
自然環境との密接なつながり，そして能力の拡大などの成果が得られると主
張し，学校，若い人たちのグループ，環境活動，教会の集会，大学生の集ま
り，そして一般の共同体が催すディープ・エコロジーの世界各地のワーク
ショップへと広めている。エリザベスらはさらに，地球のための教育を活発
に行う地域に根ざした共同体を「コミュニバーシティ」（Communiversity）と
呼び，人間と地球とが調和して生きるための「コミュニバーシティ」の発展
を，「熱帯雨林情報センター」において模索している[11]。エリザベスは以降
も，同センターにおいて「全生命のつどい」ワークショップマニュアルを作
成，公開し，地域におけるワークショップの実践を促進している[12]。

　このように，オーストラリアにおいても，ジョン・シードやエリザベスら
によってディープ・エコロジー教育が発展してきており，エリザベスの報告
にあるように，学校や一般の共同体でも行われている[13]。

（3）スウォースモア・カレッジにおける環境教育プロジェクト

　以上の事例以外にも「全生命のつどい」ワークショップ形式の環境教育を
実践した事例がある。それは，ニューイングランド州のベイツ大学教育学部
長ペーター・コルコラン（Corcoran, P.B.）とヨーロッパの情報センター・コ
ンサルタントのエリック・シーバース（Sievers, E.）の二人が，ペンシルベニ
ア州スウォースモア・カレッジにおいて行った環境教育プロジェクトの例で

ある[14]。彼らは，環境教育が現在，環境問題を打開するための新しい知的，情感的，そして精神的エネルギーを必要としており，そのエネルギー源となるのが哲学的な見通しであるとして，ディープ・エコロジー，保全生態学，生命地域主義，エコフェミニズム，社会批判的分析の5つの概念を環境教育に導入することを提案している。そして彼らは，この5つの概念をそれぞれに取り入れた環境教育の授業を，実際に大学の学生を対象に行った。

　ディープ・エコロジーの「全生命のつどい」ワークショップ形式の授業は，環境教育クラスの第3週目に，スウォースモアのクラム入江付近の牧草地にて行われた。コルコランらはその時の様子を次のように伝えている。

　　　「冷たい雨がクラム入江の草地に強く降りしきる中，私達のクラスはそこに集まった。ジョン・シードが尋ねても，誰も屋内に入ることを望まなかった。私達はお互いに近くに寄り添いながら，自分たちの潜在意識の大きさに驚かされた。私達は地面の上をぐるぐるまわってズルズル滑りながら，数十億年の過去にまで遡るという驚くべき生命の進化を演じた。それから，お互いに特定の生物になりきってその生物の苦しみ，愛，平和について代弁した。私達の星，地球で失われてしまった生命の数々に思いを馳せ，その消失を嘆く時，涙と雨の滴が混ざり合い，頬を伝った。」[15]

　これは「全生命のつどい」ワークの「進化の回想」，「嘆きの輪」，「全生命のつどい」儀式にあたる活動である。そして，この活動で学生達は心を開き，お互いに信頼し合えるような成熟した深い一体感を経験し，情緒的，概念的に大きく躍進したことが報告されている[16]。

　「全生命のつどい」ワークショップ形式の環境教育実践例は以上のとおりである。IDEE では教育者や活動家などのどちらかというと環境教育者を養成する立場の人達を，熱帯雨林情報センターでは子どもから大人まで，そしてスウォースモア・カレッジではその学生を，それぞれ実践の対象としている。いずれのプロジェクトも実践対象年齢は高めであり，初等・中等教育に本格的に導入した具体的な実践例は確認できなかったが，エリザベスの報告により，少なくともオーストラリアでは学校教育に導入され始めていること

が判明した。

2　エコリテラシー・プロジェクト

　フリッチョフ・カプラ（Capra, F.）と少数のエコロジーのパイオニア企業
は，1984年にカリフォルニア州バークレイにエルムウッド研究所を設立し
た。そこではエコロジカルなビジョンの育成，現代の社会，経済，環境，政
治の諸問題の研究を行っており，現在は特にエコロジー教育の研究に力を注
いでいる[17]。

　「エコリテラシー・プロジェクト」とは，エルムウッド研究所において開
発された，ディープ・エコロジーの視点を導入した環境教育プロジェクトで
ある。カプラは生命システム論をディープ・エコロジーによって体系化する
試みを行っており，エルムウッド研究所を「エコリテラシー・センター」と
し，州内のパブリック・スクールと共同して，ディープ・エコロジーのアプ
ローチを教育に適用する試みを行っている[18]。以下に，エコリテラシー・プ
ロジェクトの中軸となる生命システム論，その原理をもとに展開されるエコ
リテラシー・センターの活動，そして，エコリテラシー・センターと地域の
学校地区とで共同して行っているプロジェクトについて示した。

（1）生命システム論

　生命システム論とは，生命または生物の組織や器官，生態系などの有機組
織体をひとつのまとまりを持った全体として捉え，一見独立して見える有機
体も，独立しているのではなく，関係性と相互依存で成り立っていると考え
る概念である[19]。カプラは生命システムを次のように説明している。

　　「最も小さなバクテリアからさまざまな動植物，さらには人間に至るまで，あ
　らゆる有機組織体はひとつのまとまりを持った全体，つまりひとつの生命システ
　ムである。細胞は生命システムであり，人体のさまざまな組織や器官もまた生命
　システムである。（中略）しかし，システムは個々の有機体やその部分に留まる

ものではない。家族やコミュニティといった社会システムにも，相互に影響を及ぼし合うさまざまな有機体や生命を持たない物質からなる生態系にも，同様な全体性が見られる。」[20]

　ディープ・エコロジーの概念では，世界をバラバラなものの集合体として見るのではなく，相互につながり依存しあった網のようなものとして捉えている[21]。カプラはこのディープ・エコロジーの概念を導入して，生命システム論を科学的に体系化する試みを行っている。

（2）エコリテラシー・センターの活動

　エコリテラシー・センターでは，ディープ・エコロジーのアプローチを適用した教育「エコリテラシー・プロジェクト」，教育者への「エコリテラシー」の教授，学際的なシンポジウム，「エコリテラシー」の探究，これらの活動に関する論文・著書の出版などを行っている[22]。

　「エコリテラシー」とはカプラらが考案したエコロジー教育を意味し，「生命システム」（生態学を含む）の原理，および，「生態学用語」の理解と「実社会での学習」（Learning in the Real World）の実践などを含んでいる[23]。

　「実社会での学習」では，教科教育と地域社会とを密接に関連づけた学習を実践している。例えば「科学」の学習は，有機農業を行う際，自分自身の健康と豊かな土壌作りとを結びつけて考える力を育成する。「数学」の学習は，地域の生物種の固体群密度の算出を行う際，自分自身のライフスタイルと地域の固有種との関係を結びつけて考える力を育成する。「国語」は，土地の所有者と地域の生物種の保全について交渉する際，共同体として積極的な働きかけを行うための言語技術を育成する。「社会」の学習は，リサイクル，あるいは，食べ残したものの堆肥化をする際，自分自身の消費パターンと地域経済とを結びつけて考える力を育成する。そして，これらの全体が，持続可能な共同体を創造し，維持するためのライフスキルとなるのである。つまり，学校教育の各教科の知識・技術を地域社会の現状を学ぶ際に活用

し，また，それによって各教科における教育目標も達成し，さらには学校共同体を維持，育成していこうという環境教育であるといえる。学校全体のカリキュラムに，「実社会での学習」をベースにした環境教育がはめ込まれているのである[24]。

「生命システム」，および「自然の言語」の原理については，カプラにより，エコロジーの8法則として以下のようにまとめられている[25]。

①第一法則「相互依存」

生態系の全構成員は関係のネットワークによって結ばれ，そこにおけるすべての生命プロセスは互いに依存しあっている。

②第二法則「持続可能性」

生態系に含まれる各生物種の長期的な生存（持続可能性）は，有限の資源基盤に依存している。

③第三法則「生態系的循環」

生態系の構成員同士の相互依存は，物質とエネルギーを絶えず循環させることによって成り立つ。

④第四法則「エネルギーの流れ」

太陽エネルギーが緑色植物の光合成によって化学エネルギーに変換され，すべての生態学的循環の原動力となる。

⑤第五法則「パートナーシップ」

生態系の生命を持つ全構成員は，微妙な競争と協力の相互作用を行いながら，さまざまな形のパートナーシップに関わっている。

⑥第六法則「柔軟性とゆらぎ」

生態学的循環はめったに柔軟性を失うことはないが，その際さまざまな変数は相互依存的にゆらぐ。

⑦第七法則「多様性」

生態系の安定性は，自らの関係のネットワークの複雑さ，言い換えるとその生態系の多様性に決定的に依存している。

⑧第八法則「共進化」

　生態系の中の生物種の大半は，創造と相互適応の相互作用を通じて共進化
する。

　以上が，カプラが探究したシステム理論によるエコロジーの法則である。
エコリテラシーには，これらの法則を理解し，行動することが含まれている
のである。さらに，エコリテラシー・センターは次のような機能をもってい
る。プログラムの探究と発展，エコリテラシー・パイロットスクール，エコ
リテラシー連合のネットワーク，資源センターとクリアリングハウス，専門
家の育成，教材の開発，エコ・アクションプロジェクト，エコマネジメント
などである。そして，エルムウッド研究所と同じカリフォルニア州にあるミ
ルヴァレイ・スクール地区と共同して，ディープ・エコロジーのアプローチ
を適用した教育「エコリテラシー・プロジェクト」を行っている[26]。

（3）ミルヴァレイ・ミドルスクールにおける「エコリテラシー・プロジェクト」

　カリフォルニア州マン郡のミルヴァレイ学校区は，1993年からエコリテラ
シー・センターと共同してエコリテラシー・プロジェクトを実施している。
ミルヴァレイ学校地区は，学区の教育長であるジョン・ハーター（Harter,
J.）とカリキュラム・ディレクター（curriculum director）のバーバラ・ヤン
グ（Young, B.）によって運営されており，学校革新と改正のためにエコリテ
ラシーを促進することをプロジェクトの目的としている[27]。

　ミルヴァレイ学校区のミルヴァレイ・ミドルスクールにおけるエコリテラ
シー・プロジェクトでは，生態学者と教師が協力してエコロジー重視の学校
教育のカリキュラムをデザインする試み，および，学校を協力に基づいた学
習共同体に変える試みが行われている。学習共同体には，教師，校長，両
親，生徒，企業，そして地域共同体のメンバーが含まれており，これを相互
につながったひとつの関係のネットワークとして見て，子どもの学習を促進

させるために共に協力するのである。プロジェクトは地域独自の環境に密着させて行っており，活動はエコロジーの法則に則っている。生徒達は，自分のランチとなる食物を育て，自分たちの庭をデザインし，自分たちの属する共同体の活動を綿密に計画する，といった学習活動を行っている[28]。

　このようにしてカプラは，学校地区の中等学校においてディープ・エコロジー教育の実践を行っている。このエコリテラシー・センターのプロジェクトは，学校と共同して組織的にディープ・エコロジー教育を行い，また，それを中等教育に適用している代表的な事例である。

3　ディープ・エコロジーの野外体験学習への導入

　ディープ・エコロジーを野外体験学習に導入する議論，実践はアメリカ・カナダにおいていくつかみられる。次に示した，アメリカの山岳学習センターにおける体験学習プログラムは，ディープ・エコロジーを野外体験学習に導入した実践の代表的な事例である。

（1）「山岳学習センター」における野外体験学習プログラム

　この野外体験学習プログラムは「ブレーキング・スルー」（Breaking Through）と呼ばれ，ディープ・エコロジストであり，アメリカ合衆国コロラド州にある山岳学習センター（Way of the Mountain Learning Center）の所長でもあったドロレス・ラチャペル（LaChapelle, D.）とリック・メドリック（Medrick, R.）が考案し，10年間に渡って発展させてきた野外体験学習プログラムである[29]。ラチャペルは，1978年からディープ・エコロジーに基づいた野外体験学習のアプローチを実践しはじめ，これまで山岳学習センターを含む合衆国のいろいろな地域でワークショップを開いてきた[30]。1998年に山岳学習センターは閉館となったが，ラチャペル個人のワークショップはその後も引き続き行われてきた[31]。

　ラチャペルはアルネ・ネスの考えに賛同し，「多くの『もの』を求め得よ

うとするほど，結果として環境が破壊される。我々はもっと多くのことを認識する必要がある」としてディープ・エコロジーに基づいた野外体験学習アプローチの必要性を主張した。「ブレーキング・スルー」プログラムの目的は，野外体験を通して自分たちの住む「土地への愛」（Love of the Land）に気付くことである。つまり，ネイティブ・アメリカンが今までずっとそう認識してきたような，「土地そのものが人生であり，自分たちのすべてを助けている」，また，「生命の網の目の一部として自然にぴったりはまっている」ことへの気づきを教育目標としている[32]。

　プログラムの実施はコロラドの山々で行われている。活動内容の中心は，太極拳を取り入れたロッククライミング，および，ウォーター・ラフティング（いかだ漕ぎ）等である。太極拳を行うのは，それによって自然に対して感覚を研ぎ澄まし，自然との一体化を増長させ，さらには，あたかも山が私たちに「与えて」くれるかのように岩肌に足場を見出すことができるようになるからである。そして，一日の夕方には火の周りでネイティブ・アメリカンのようにドラムをたたきながら歌って踊り，最後に一日の出来事を詩で表現するという儀式的なプロセスを取り入れている。この儀式的活動が自分と土地をより深くつなげ，人間という狭い次元を超えて世界全体の中の自分を認識することを促進するのである[33]。

　ラチャペルは「ブレーキング・スルー」プログラムについて，「このプロセスを踏むことで，そこで見出された自然の中の自分の位置をより深く認識し，山や木や川，そしてこのような深い愛に，心から感謝するようになる。そして，自分の場所が自然から『与えられている』という感覚を認識できるようになる。」[34]と記している。

　このプログラムでは太極拳が自然と一体化する中心的な手法となっており，その実践のほとんどはコロラドの山で行われていた。ラチャペルは山岳学習センターを1998年に閉館する理由について，巨大複合企業が本の売買を統合制御し，インターネットが普及し，さらに自身が71歳という老齢である

ためである，とセンターの最後のニューズレター に記している。また，この
ニューズレターには，今後はコロラド州のアスペンに位置するアスペン環境
研究センターにおいてワークショップを引き続き行っていくことが明記され
ていた[35]。

　山岳学習センターは閉館し，ラチャペル自身も2007年に死去したが，ラ
チャペルの理念，実践はカナダの教育分野にも影響を与えており，アスペン
環境教育センターにおけるディープ・エコロジー・ワークの今後の展開が注
目される。次に取り上げる事例は，カナダにおけるディープ・エコロジーを
野外体験学習に導入する議論である。

（2）「ブレーキング・スルー」プログラムと野外体験学習

　カナダのクィーン大学教育学部の名誉教授であるバート・ホルウッド
(Horwood, B.) は，ラチャペルの実践に賛同し，「ブレーキング・スルー」プ
ログラムにおけるディープ・エコロジー教育の方法論と一般的な野外体験学
習との間の密接なかかわりを取り上げ，その適合について議論している[36]。
そして，「ブレーキング・スルー」プログラムと野外体験学習を統合した教
育プログラムを提案し，そのプログラムを規定する概念を表3-3に示した5
つの綱領にまとめた。

　ホルウッドは，これらのディープ・エコロジーの概念に基づいた教育プロ
グラムが，これまでの野外体験学習と良く適合すると主張している[37]。この
ような議論は，アメリカのノースカロライナ大学の教授，カーラ・A・ヘン
ダーソン (Henderson, K.A.) によってもなされている。ヘンダーソンは，
1990年に体育教育雑誌 "Journal of Physical Education, Recreation and
Dance" において，野外レクリエーション（および野外教育）とディープ・エ
コロジーの適合性について述べており，野外レクリエーションがディープ・
エコロジーにおける思考様式の変革を促す起動力となることを主張してい
る[38]。

表3-3　ホルウッドの考案した野外体験学習のもつ5つの綱領[39]

①「場所」（Place）

　　人がある場所（自然）を訪れるとき，最初はお客様のような部外者的な感覚を持つ
　が，その場所についての知識を深め，その環境に自分の居場所を「与えられる（見出
　せる）」ようになると，自分がその場所の一部であり，家族であるような感覚を体得
　することができる。

②「全体性」（Wholeness）

　　全体性とはつまり，包括的であることを意味する。それは，人間個人や地域全体，
　さらに，危険と安全，知力と精神，需要と供給，宗教と世俗の間のバランスを包括す
　ることを意味する。

③「一体化」（Identity）

　　アルネ・ネスの一体化の概念と同様である。人間は自分以外の人間，さらには他の
　生物との一体感を感じ始めるとき，自分自身を知り始めるのである。自然との一体化
　の方法としてラチャベルの太極拳を取り入れた「ブレーキング・スルー」プログラム
　が挙げられる。

④「誠実さ」（Integrity）

　　このようなプログラムを頭の中で支持するだけではなく，実際に行動に移すことが
　要求されている。

⑤「原生自然」（Wildness）

　　この綱領は，今までの4つの綱領すべてを包括させたものである。原始人のような
　生活を洗練された文明とみなし，原生自然のもっている素朴な質を見直すことが含ま
　れている。

（出典：Bert, Horwood, "Tasting the Berries: Deep Ecology and Experiential Education"）

（3）野外体験学習プログラムの提案

　先の野外体験学習の5つの綱領をまとめたホルウッドは，さらに5年後の1996年に，自然から疎遠になってしまっている若者を原生自然に触れさせることを目的とした野外体験学習プログラムを，カナダの教育雑誌 "Green Teacher" において発表している[40]。この論文によると，彼はすでにこのプログラムを1993年にオーストラリアの教育雑誌 "The Outdoor Educator" に発表していることが示されており[41]，プログラムの考案自体は1993年以前に行われていたことが推察される。

　プログラムの内容構成は，表3-4に示した4つの形態からなっている。ホ

86

表3-4 ホルウッドの考案した野外体験学習プログラム[12]

---

① 「地球とのつながり」（Earthlinks）

　　自分の日常生活と周囲の環境とを結び付けて考えられるような直接体験を通して，生徒に環境と日常生活との密接なつながりを認識させる。具体的な活動内容は，自身で家畜を殺してハムをつくる，ジャガイモ掘りをしてパンを焼く，水がどこから来てどこへ行くのか実感する，などである。

② 「物語」（Stories）

　　科学を，私達を取り巻く世界の「物語」として解釈することにより，人間を世界に深く結び付け，自然と調和できるような人間のあり方を実感する形態をとる。活動内容は，自然を鋭敏に観察し，物語的に解釈することである。

③ 「驚異」（Wonder）

　　「生命」というものへの驚異を実体験すること。自然の野生生物に囲まれて一人で時間を過ごし，静寂の中で周囲の生物と語りあう活動を行う。自然の中で一人になる時間は，生徒の年齢とレディネスに合わせる。

④ 「自己同化」（Personal Identification）

　　他の3つの形態から自然に流れ出てくるもの。生徒が「自分が世界の一部であり，世界が自分の一部であること」を深く認識することにより，生徒自身の行動のあり方を知る。

（出典：Bert, Horwood, "Why Disturb the World Outside?"）

ルウッドによれば，4つの形態はそれぞれ独立して存在するものではなく，互いに関連しあって初めて野外教育プログラムの目的を達成できるものである。すなわち，「地球とのつながり」のみでは搾取者を，科学の「物語」のみでは汚染者を，「驚異」のみでは神秘主義者をつくってしまう。さらに，「自己同化」は，他の3形態の助力なしでは獲得されない，のである[43]。

　以上見てきたように，ディープ・エコロジーは野外体験学習の分野にも導入されており，いずれの事例でも野外体験学習との適合性が認められている。確かに，ディープ・エコロジーによるところの自然との一体感は自然の中での体験から生まれてくるものであるので，野外体験学習への導入はディープ・エコロジーと合致している。また，野外体験学習を全面に出した議論をしていない事例においても，実際の活動内容はほとんどが自然の中での野外活動を含んでおり，ディープ・エコロジーの学習形態として野外体験

学習は中核的位置を占めている，といえる。

4　その他の提案例

（1）ホリスティック・エコセントリック環境教育プログラムの提案

　カナダのビクトリア大学において環境学習学生組合の委員会コーディネーター（Committee Coordinator），および，環境学習プログラムの学生代表を務めていたティム・ボストン（Boston, T.）は1994年，カナダの大学の環境教育プログラムは3つの問題点を抱えていると主張し，新しい環境教育プログラムを提案した[44]。3つの問題点とは，一つは資源保護の過度の強調，一つは支配的（科学的）世界観の優勢，そしてもう一つは環境主義的な活動内容をもった科目の欠如である。そしてその解決案として提案したのが，ディープ・エコロジー，および，陰陽道の概念を取り入れた，大学生を対象としたホリスティック教育プログラムである[45]。

　ホリスティック教育とは，序章第1節でも述べたが，カナダのトロント大学オンタリオ研究所の教育学者ジョン・ミラー（Miller, J.P.）が提唱し，80年代末にカナダ・アメリカを中心に始まった教育である。この教育は簡潔に言うと，「かかわり」に焦点を当てた教育であり，論理的思考と直観，心と身体，個人とコミュニティ，自我と自己などのかかわりを深く追及し，このかかわりをより適切なものに主体的に変容していく営みである[46]。ホリスティック教育は，本章第3節でも述べるが，その後の日本の教育にも導入され始めている。

　ボストンがカナダの大学教育に必要であると主張したのは，ディープ・エコロジーの生命圏平等主義と現在の科学的世界観の変革，陰陽道における陰と陽のバランスを保つこと，そしてこれらの概念を統合したホリスティック教育のプログラムである。陰陽道の陰と陽とは，それぞれ「陰」が女性的，柔軟，保守，敏感，共同を，「陽」が男性的，拡張，要求的，攻撃，競争を意味し，彼は西欧社会では「陽」の価値観が優勢となってしまっているため

表3-5　ホリスティック・エコセントリック環境教育プログラムの特徴[47)]

① 「個人の特性の尊重」（Respect for Individual Uniqueness）
　　生徒個人の固有の能力に注目し，それを伸ばすようにする。誤りを失敗ではなく成功のための情報源としてとらえさせる。
② 「協力的精神」（Cooperative Spirit）
　　競争よりも共同を強調し，グループ内の生徒同士で指導しあうことにより，グループの意思決定のプロセスを踏む。
③ 「所属感」（Sense of Belonging）
　　教師と生徒が共同しあい，一体感を感じることにより，プログラムの意義を考える。
④ 「居住領域を楽しむ」（Pleasing Habitat）
　　居住領域の明るさ，音響の質，気温，部屋の設計，窓の位置，家具のアレンジ，色，空間の使い方，ディスプレイなどのセッティングを良くすることで，教師と生徒の相互関係が向上する。
⑤ 「積極的期待」（Positive Expectations）
　　ホリスティック学習の焦点は，思考と直観，心と身体，さまざまな思考，個人と共同体，自己と大いなる自己などの相互関係性に基づいている。これらの関係を体験することで教師と生徒は，自身の認識と関係性を尊重し合い，西欧社会に欠損している「陰」の価値観（女性的，柔軟，保守的，敏感，共同性，直観，総合性を持ったもの）を培うことができる。

（出典：Tim, Boston, "Toward a Horistic Ecocentric Canadian Undergraduate Environmental Studies Programme"）

「陰」の価値観とバランスを保つような努力が必要であると説いている[48)]。そして，ディープ・エコロジーと陰陽道の概念を統合したホリスティック教育プログラムを，表3-5に示した点を特徴として提案した。

　ディープ・エコロジーでは自然との一体化による自己実現を，ホリスティック教育では自然とのかかわりを中心概念としてもっており，両者とも全体論的なつながりを重視するという点で，この二つの基本概念には共通する点が多い。

（2）初等教育におけるディープ・エコロジー的社会学習プログラムの提案

　カナダのアルヴァータ大学の名誉教授チャールズ・チャンバリン（Chamberlin, C.）は，初等教育におけるディープ・エコロジーの視点を導入した社

会学習プログラムについて議論している。彼は，ポール・ハンナ（Hanna,
P.）が1957年に主張した社会学習カリキュラム：「ホライズン・カリキュラ
ム」（Horizon Curriculum）に，ネル・ノッディング（Noddings, N.）の「ケア
リング」（caring）の倫理観を反映させたディープ・エコロジー的社会学習プ
ログラムの一つのモデルを提案した[49]。

　ポール・ハンナのホライズン・カリキュラムは，子どもたちが共同体のメ
ンバーの一員として自覚し，市民的な責任を持つことを目標としており，子
どもたちが基本的な人間活動を勉強し，家族という小さな共同体から始まっ
てもっと大きな共同体へと発展させて考えられるような内容をもっている。
また，ノッディングの考案した「ケアリング」の倫理は，配慮の広さを意味
し，段階的に配慮を，自分，周囲の人々，動植物，地球，世界へと広げ，成
熟させていくという概念を持っている。チャンバリンは，初等教育の社会科
学習における子どもの共同性，社会性の獲得が，ディープ・エコロジーと
「ケアリング」の倫理観を反映させた「ホライズン・カリキュラム」の拡張

表3-6　ケアリング（配慮）の拡大[50]

段階	課題	ケアリングの レベル	行動
K	管理人は我々の部屋を掃除すべきか？	自分自身， クラスメート	ボランティア
1	両親は私の昼食をつくるべきか？	家族- ボランティア	投票（議会），家族
2	私の共同体は何を団結すべきか？	隣人	ボランティア
3	誰が私の祖父・祖母を介護すべきか？	共同体	ボランティア
4	我々は地域の産物を買うべきか？	州（県）	宣伝，特産品とそれ 以外
5	我々は均斉のとれた代表を持つべきか？	国家	影響，会合， リーダー
6	我々は熱帯雨林を救うべきか？	半球	賃上げ，投票（議会）

（出典：Charles, Chamberlin, "Citizenship as the Practice of Deep Ecology"）

カリキュラムによって促進できると主張し，表3-6のようなモデルを考案した。

　彼は，子どもたちがこのような段階を踏み，各段階の共同体と一体化し，さらには種を超えて植物，動物へと，そして時間を超えて過去，現在，未来へとケアリングを拡大させていくことが，より精神的に成熟した「大いなる自己」への自己実現を助長することを主張している。そして具体的には，子どもたちが彼らの食糧を供給している農場の単一栽培について，彼らの使う紙のために伐採された森林の生態系について，彼らの生きている土地に住んでいた祖先や生物種について学ぶ必要性を説いている。そして，このような一体化が現在の物質主義的な人間のライフスタイルの変革，消費主義的社会の変革につながるとしている[51]。

　共同体のつながりを重要視する環境教育以外にも，このような社会学習カリキュラムとしてディープ・エコロジーを生かす提案事例もあり，ディープ・エコロジーの視点を導入する議論が，教育のさまざまな分野において行われている。

5　ディープ・エコロジーを導入した環境教育の特質

　以上，アメリカ・カナダを中心としたディープ・エコロジーの視点を導入した環境教育の実践・提案事例を挙げてきた。ここでは，それぞれの事例をその特質ごとに分類，比較し，その特質を横断的に解明することとする。

　表3-7に，ディープ・エコロジー教育の実践・提案事例の特徴別分類を示した。なお，それぞれの事例の特質は，相互に重なり合っている部分もあるが，重点を置かれている点を中心に分類した。「全生命のつどい」ワークショップ形式の環境教育プロジェクトは，ディープ・エコロジーにおける「自分自身への深い問いかけを通して自己と対面し，自己意識をよりエコロジカルに変革する」点を活動の目標としている。この目標を達成する手段として，自然の中で行うロールプレイや瞑想等を導入した儀式的な自己開放を

表3-7　ディープ・エコロジー教育の実践・提案事例の分類

類型	①自己開放型	②自然同化型	③概念援用型
目標	自己実現	自己実現	各学校の教育目標の中での自己実現
学習の原理	生命，生命体以外の自然物との同一視	生命，生命体以外の自然物との同一視	生命，生命体以外の自然物との同一視
学習形態	野外活動，体験学習，ワークショップ形式	野外活動，体験学習，ワークショップ形式	野外活動，体験学習
目標達成のための主たるワーク	ロールプレイ	太極拳	教科教育と連動した社会体験学習
主たる学習の場	環境学習センター	環境学習センター	学校（環境学習センターとの連携）
プログラム	「全生命のつどい」プロジェクト	「ブレーキング・スルー」プログラム，ホルウッドのプログラム	エコリテラシー・プロジェクト，ディープ・エコロジー的社会学習プログラム，ホリスティック・エコセントリック・プロジェクト
代表的施設	熱帯雨林情報センター	アスペン環境研究センター	エコリテラシー・センター
活動年代	1980年代〜	1980年代〜	1980年代〜

活動の中心として行う点が特徴的であるため，①「自己開放型」とした。

　「山岳学習センター」の体験学習プログラム「ブレーキング・スルー」は，ディープ・エコロジーにおける「自然と関わり，一体感を得ることによる自己実現」を活動の目標としている。この目標を達成する手段として，地域の山々でのロッククライミング等のアウトドア・スポーツ，太極拳を導入した自然同化型の活動が特徴的であるため，②「自然同化型」とした。たき火を囲んで行う儀式的なプロセスも取り入れているが，「全生命のつどい」

形式とは異なり，ロールプレイをプログラムの中心としては実施していない。また，ホルウッド考案の体験学習プログラムは，「ブレーキング・スルー」プログラムを発展させたものであるので，②に分類した。

　「エコリテラシー・プロジェクト」，「ディープ・エコロジー的社会学習プログラム」，「ホリスティック・エコセントリック」環境教育プロジェクトについては，共に各学校の教育目標達成のためにディープ・エコロジーにおける「自然と関わり，一体感を得ることによる自己実現」の概念を導入した環境教育を行っているため，③「概念援用型」とした。「エコリテラシー・プロジェクト」は「生命システム論」に，「ホリスティック・エコセントリック」環境教育プロジェクトは「ホリスティック教育」に，「ディープ・エコロジー的社会学習プログラム」は「ケアリングの倫理」にディープ・エコロジーを援用し，新たな環境教育プロジェクトを考案している。特に，「エコリテラシー・プロジェクト」は，現在ではミルヴァレイ学校地区全体に広がりを見せ，エコリテラシー・センターとミルヴァレイ学校地区内の複数の中等教育段階の学校が共同し，野外活動を含んだ環境教育プログラムを実施している[52]。

　次に，それぞれの実施形態に注目し，比較すると，地域の学校と共同して組織的にディープ・エコロジーの視点を導入した教育プロジェクトを実施している事例は③のみである一方，①，②は，地域の学習センター主催のワークショップという形でプロジェクトを実施し，地域の学校と連携する形態をとっている。したがって，それぞれのプロジェクトの対象年齢もその活動形態に伴ったものとなり，③では，対象となる学校の種別に合わせ，対象年齢を子どもにしぼったプロジェクトが主に，①，②では，子どものみならず大人も含めたプロジェクトが主になっている。

　さらに，ディープ・エコロジーの教育プロジェクトへの導入の強弱の点から比較すると，①，②は教育目標の中心にディープ・エコロジーを据えている一方で，③は教育目標の中心はあくまで各学校の教育理念であり，それに

援用する概念の一つとしてディープ・エコロジーの視点を導入している点が異なる。

　各形式のプロジェクト全体を通して，ディープ・エコロジーの視点を導入した環境教育の共通した特徴をまとめると，以下の4点が挙げられる。第一に，教育目標として，「自己実現」を目指している。第二に，教育目標を達成するために，自己と他の多様な生命，さらには生命以外の自然物を同一視し，人間が地球という一つの共同体の中の一員であることを実感できるような体験学習を導入している。第三に，体験学習は，①〜③の実践事例にみられるように，地域の自然の中で行う野外活動が中心となっている。第四に，ディープ・エコロジーの視点を導入した環境教育の展開は，当初，主として①，②にみられるような地域の環境学習センターにおける希望者向けワークショップの形式で実施される形態が主であったが，①，②とも，次第に③のように地域の学校と連携するようになり，目下，地域の学校と共同して環境教育プロジェクトを実施する形態へと移行しつつある。なお現在，①では特に「熱帯雨林情報センター」，②では特に「アスペン環境研究センター」，③では特に「エコリテラシー・センター」における教育活動の拡充が確認できる[53]。

第2節　他の環境教育プログラムとの比較

　第2節では，第1節で調査したディープ・エコロジー教育の代表的な実践事例である「全生命のつどい」，「エコリテラシー・プロジェクト」，「ブレーキング・スルー」のプログラムと同じく，アメリカで開発され，現在実践されている，ネイチャーゲーム，OBIS，PLTのプログラムとの比較を通し，その横断的・相対的な分析から，その3種のディープ・エコロジー教育の目標，学習内容，活動形態等の詳細な特質を解明する。

1 ネイチャーゲーム（Nature Game）

ネイチャーゲームは，1979年アメリカのナチュラリスト，ジョセフ・コーネル（Joseph, C.）によって発表された，五感を使って自然を直接体験する野外活動プログラムである[54]。彼の著書，"Sharing Nature with Children"（邦訳『ネイチャーゲーム1』[55]）は，15ケ国以上に翻訳され，世界中の環境教育機関，学校や各種団体で広く活用されている[56]。日本では（社）日本ネイチャーゲーム協会が設立され[57]，1990年からネイチャーゲーム指導員養成講座が開かれるようになり，現在ではその講座も全国的に広がりを見せている。また，ネイチャーゲームに関する著書が多く出版されており，ジョセフ・コーネルの著書『ネイチャーゲーム1～4』[58]も邦訳され，出版されている。現在，100種以上の活動があり，四季折々に子供と大人が手軽に自然とふれあうことができる活動として日本の学校や各種団体で活用されている[59]。

ネイチャーゲームの目的は「自然への気づき」である。「自然への気づき」とは，五感で自然を感じ，心と体で自然を直接体験することによって，自然と自分が一体であり，自分が自然の中の一部であることに気づくことである。「自然への気づき」は，様々な自然体験を通して自らの生き方（ライフスタイル）を創造していくための入り口になるのである[60]。

プログラムは自然への気づきを深めるために，雰囲気・参加者の心の状態に合わせて自然の「流れ」となるように構成される。ジョセフ・コーネルはこの自然の流れを「フローラーニング」（Flow Learning）と呼び，プログラムを次の4つの段階でなめらかに流れるように設定している。100種以上あるゲームはその特性を考慮して，動物のマークをあしらった4つの段階に分類されており，テーマや参加者の心の状態に合わせてゲームを選び，プログラムを作成できるようになっている[61]。

＊第一段階：熱意をよびおこす（カワウソのマーク）

　対象に夢中にならなければ，自然に対して有意義な体験をすることはできない。熱中するといっても，興奮して跳ね回るようなものではなく，ひとりひとりが静かでしかもピンと張り詰めたような注意力を持つことを意味する[62]。この段階の特性は，遊びの要素にあふれた活発な活動であり，そのイメージとしてカワウソのマークがつけられている。この段階に属するゲームには，「私は誰でしょう（2）」（自分の背中につけられた動物が何かを，周りの人たちに質問をしながらあてる活動），「はじめまして」（お互いに自然体験を紹介しあいながら仲間づくりをする活動），「木の葉のカルタとり」（木の葉でカルタをして楽しく遊びながら，いつの間にか，葉について色々なことを学ぶ活動）などが挙げられる[63]。

＊第二段階：感覚を研ぎ澄ます（カラスのマーク）

　どれだけ自然を学ぶことができるかは，どれだけ五感を使って精神を集中できるかにかかっている。ここでは，「熱中」を何か一つのことに「集中」させるように持っていく[64]。この段階の特性は，感受性を高め，注意を集中する活動であり，そのイメージとしてカラスのマークがつけられている。この段階に属するゲームには「サウンドマップ」（周囲の音に注意を向け，その音を表現することでより深く自然を感じる活動），「ミクロハイク」（虫メガネを使って地面に腹ばいになり，自分が小さくなったつもりでミクロの世界を探検する活動）などが挙げられる[65]。

＊第三段階：自然を直接体験する（クマのマーク）

　精神を集中させれば心の中はしだいに静かで落ち着いたものになる。そうすることによって，先入観にとらわれることなく，直接，自然を体験することができるのである。したがって，この段階は直接的自然体験のための段階である[66]。この段階の特性は，自然との一体感を感じる活動であり，そのイメージとしてクマのマークがつけられている。この段階に属するゲームには

「大地の窓」（落ち葉に全身をうずめ，目だけ出して森を見上げて大地と一体化する活動），「私の木」（森の中に一本だけある自分の木と友達になる活動），「カメラゲーム」（自然を瞬間的に見ることにより普段では気づかない美しさを味わう活動）などが挙げられる[67]。

＊第四段階：感動をわかちあう（イルカのマーク）

　直接的自然体験は，さらに深い自然への理解と「気づき」を生み出す。第四段階は，自然から得たインスピレーションを「わかちあう」（Sharing）段階であり，「わかちあう」ことによって自分が体験したことがより強く，よりはっきりしたものになるのである[68]。この段階の特性は，理想と共感をわかちあう活動であり，そのイメージとしてイルカのマークがつけられている。この段階に属するゲームには「サイレントウォーク」（森の中で言葉を使わずに，自分の感じたことをお互いに伝えあう活動），「魔法の黒い鍋」（架空の魔法の黒い鍋を順番にまわしながらお互いの自然体験を共有する活動）などが挙げられる[69]。

2　OBIS（野外生物指導ストラテジー：Outdoor Biology Instructional Strategies）

　OBIS は，カリフォルニア州バークレイ校にあるローレンスホール研究所という数学・科学教育に関する研究機関，および，博物館を兼ねた研究所で，1972年から80年の長年にわたるフィールドテストを経て開発され，1981年から市販され始めた環境教育教材である[70]。OBIS は，地域の現状や指導形態など，そのときどきの指導者の必要に応じて教材を選択し，手軽に利用できることをめざすモジュール方式と呼ばれる指導法を採用した教材である。日本でも1996年にその訳本が『OBIS　自然と遊び，自然から学ぶ　環境学習マニュアルⅠ～Ⅲ』として出版された。OBIS のモジュールは，多様なアメリカ合衆国の生態系に合わせて，全部で96種開発され，訳本にはそのう

ちの45種が取り上げられている[71]。

　OBISでは，生物と生物を取り巻く世界について子供たちの興味や関心を刺激するために，動植物と（非生物的）環境との相互作用を調査する形態を採用した。OBISは次のような生態系の概念を子供たちに理解させ，全体として生態系について学習させることを目的としている。生態系の概念とは，「食物連鎖」，「適応」，「物質循環」，「生活史」，「集団と社会」，「人間」である[72]。

　OBISは全体として，生態系の概念を子供たちに獲得させることをねらって，その指導概念と指導形態を表3-8のようにまとめている。それぞれの指

表3-8　OBISの指導概念と指導形態[73]

指導概念		指導形態
1.生物とその環境	2-2.生物分布	野外調査
1-1.　生物の多様性	2-2-1.生物分布	芝生・草地，校庭，森・
1-1-1.草むらの生物	2-2-2.散布	林，山林，公園，自宅
1-1-2.森林の生物	2-2-3.移動	周辺の空き地，小川，
1-1-3.池や湖沼の生物	2-3.　生物群集と生態系	池・湖沼，海浜，川・海
1-2.　生物の適応	2-3-1.生物群集	自然観察路
1-2-1.動物の適応	2-3-2.捕食者と被食者	工作
1-2-2.植物の適応	2-3-3.寄生	こどもの遊び
1-3.　動物のすみか	2-3-4.遷移	ゲーム・シミュレーション
1-3-1.草原，森林	2-3-5.食物連鎖	野外観察の諸技法の習得
1-3-2.池，湖沼，海浜	2-3-6.分解者(物質循環)	小グループの活動
1-4.　環境	2-3-7.生態系	10〜20人の集団活動
1-4-1.生物・非生物的	3.行動	キャンプにおける活動
環境	3-1.いろいろな動物の行動	環境に対する人為的影響の
1-4-2.環境変数	の型	調査
2.生物の集団とその構造	3-1-1.いろいろな動物	適応の概念の学習
2-1.　個体群	3-1-2.なわばり	動物の行動観察
2-1-1.個体群	3-1-3.情報交換	水生動物の行動観察
2-1-2.個体群の密度・	3-1-4.社会行動	夜間の活動
分散		冬季の活動

（出典：財団法人 科学教育研究会 編著，『OBIS 自然と遊び，自然から学ぶ　環境学習マニュアル』）

導概念と指導形態に応じてモジュールが用意されている。これらのモジュールは，見開き4ページの二つ折りのカードにまとめられており，必要な場合には，活動カード，準備カード，工作用の原図などが付属品としてついている。各モジュールは，「概要」，「活動の背景」，「チャレンジしよう」，「活動にあたって」，「活動」，「考えてみよう」，「応用問題」などの項目にまとめられている。このため，野外活動経験や生物学の知識のない指導者でも，一枚のモジュールで活動の内容を理解でき，指導することができるようになっている[74]。

　米国OBISの日本語版である『OBIS 自然と遊び，自然から学ぶ　環境学習マニュアル』は第Ⅰ巻「自然に親しむ」，第Ⅱ巻「ゲームで遊ぶ」，第Ⅲ巻「作って遊ぶ」の三巻があり，第Ⅰ巻では野外の動植物を観察し，自然に親しむような活動を，第Ⅱ巻ではゲームを主体とした活動を，第Ⅲ巻では模型などを作成する活動，生物を刺激したり採取したりして行動を調べる活動を，OBISのモジュールの中からそれぞれ15種ずつ取り上げ，編集している[75]。

　第Ⅰ巻のモジュールは，「地衣植物を探そう」，「つる植物の巻きつきかた」，「建物のまわりに生えている植物」，「丸太が腐って土になる」，「葉っぱを集めて分類しよう」，「草むらの虫たち」，「アリの行動を観察しよう」，「バッタの仲間は何種類みつかるだろう」等の15種である。

　第Ⅱ巻のモジュールは，「芝生を手入れしないとどうなる？」，「根を見て草の名前を当てよう」，「森の中でいちばんよく見られるのはどんな木？」，「生物の分布，目印探しゲーム」，「こっそりと水を飲みにきた獲物を捕まえる」，「ねえ，私に気がついて！」，「ダンゴムシとワラジムシ」等の15種である。

　第Ⅲ巻のモジュールは，「種子をばらまく」，「特殊な環境に生育する植物を作ってみよう」，「アメンボの行動を観察しよう」，「水に流されないためのくふう」，「光で水中生物を集めよう」，「水中の生物の動き」，「カが多すぎ

る」，「ふつうの水たまりから生物のいる池へ」等の15種である。

3　PLT（樹木学習プロジェクト：Project Learning Tree）

　PLT は，アメリカ合衆国の森林研究所が，西部13州の教育庁や森林管理
の担当者たちで構成されるアメリカ西部地域環境教育協議会に，環境教育プ
ロジェクトの開発を委託した1974年に始まった[76]。このプロジェクトは，幼
稚園から高校までの教師が，子供たちに森林との相互依存関係を理解させ，
森林資源を長期的に社会のために利用することができるような知識と態度と
技能を習得させるためのものである。PLT は，教材集 "Project Learning
Tree Activity Guide" として K-6（幼稚園から小学生），7-12（中学生から高校
生）の２種類が出版されているが，K-6のみ日本語訳され，1992年から日本
でも出版され始めた[77]。

　PLT は，教師と子供たちに，木の世界—詩と歌の世界，豊潤と再生の世
界，自然と文化の世界—への第一歩を提供すると同時に，人間が命あるもの
とないものとから成る世界と調和して生きていくために必要な，意識と知識
と能力を身に付けることを目的としている[78]。

　PLT のカリキュラムは，以下の７つの基本項目にしたがって構成されて
いる。

①環境の意識化：感性を磨き，自然を味わう。

②木々の多様な役割：森林資源の重要性を多様な側面から認識する。

③文化的情況としての理解：森林が過去，現在，そして未来において政治
　的，経済的，社会的出来事にどのような影響力を持っているか理解する。

④社会的な視点：さまざまな利害や関心を持った異なる集団が今日の森林を
　含めた環境問題にどのようなアプローチをしているかという視点から見
　る。

⑤自然の管理と生態系の相互依存：ある特定の管理の方法が，森林およびそ
　れと依存関係にある様々な生態にどのような影響を及ぼすのかを知的に予

測し，評価する知識や能力を身に付ける。

⑥生命維持システム：生命維持システムについての理解を深める。

⑦ライフスタイル：①〜⑥の基本項目に沿った知識，態度，能力を身に付ければ，各自が自分のライフスタイルを評価したり，修正できる。

　PLTのK-6版には，89種の活動が紹介されており，それぞれの活動は以上に述べた基本項目の複数をカバーできるようになっている。また，それぞれの活動は，教科，学年，基本概念，能力，ねらい，すすめ方，応用の順に，共通したフォーマットで紹介されている[79]。

4　ディープ・エコロジー教育と他の環境教育プログラムとの比較

　以上示した3つの環境教育プログラムと，第3章第1節にて明らかにした，ディープ・エコロジー教育についての目的，学習内容の領域，活動内容，対象年齢を調査し，両者の比較を行った。調査については，1994年の山田の調査方法を参考にすることとし，ネイチャーゲーム，OBIS，PLTの学習内容，および，学習形態については，山田の調査結果を参照した[80]。第3章第1節で明らかにしたように，ディープ・エコロジー教育については，教育事例によってその目的，学習内容，活動形態，対象年齢が多様化している。したがって，ここで比較の対象とするディープ・エコロジー教育は，調査の時点で実践が確認された，代表的な3種のプログラムである，「全生命のつどい」，「エコリテラシー・プロジェクト」，「ブレーキング・スルー」に限定することとする。なお，「全生命のつどい」は，ディープ・エコロジー教育協会，および，熱帯雨林情報センターの両者を含んでいる。

　教育の目的についての比較項目は，「生態学の知識の獲得」，「自然との一体化」，「意識変革（自己実現）[81]」，「ライフスタイルの変革」，「共同体としてのつながりの深化」，「環境問題の解決」の6項目を設定した。調査結果は表3-9に示した。まず，ディープ・エコロジー教育の3種で比較すると，「生態学の知識の獲得」以外では，あまり大きな違いはないことが明らかになっ

表3-9　プログラムの目的[82]

	ネイチャー ゲーム	OBIS	PLT	全生命の つどい	エコリテラ シー・プロ ジェクト	ブレーキン グ・スルー
生態学の知識の獲得	○	◎	◎	△	◎	△
自然との一体化	◎	○	○	◎	○	◎
意識変革（自己実現）	○	×		◎	○	◎
ライフスタイルの変革	△	×		◎	◎	○
共同体としてのつながり の深化	△	×		◎	◎	○
環境問題の解決	○	△	△	○	○	△

◎：目的の中軸をなす，○：目的に含まれる，△：あまり目的に含まれない，×：目的としない
（出典：山田裕史，『森を中心とした環境教育プログラムに関する研究』，および，山本容子，
『ディープ・エコロジー思想を導入した環境教育の特質』）

た。「エコリテラシー・プロジェクト」では，生態学の知識の獲得をその教育目的の中心としているが，「全生命のつどい」教育，および，「ブレーキング・スルー」プログラムでは，それよりも自然との一体化，意識変革を目的の主軸としている。さらに，他の3つの環境教育プログラムと比較すると，「自然との一体化」は共通しているが，意識変革（自己実現），ライフスタイルの変革，共同体としてのつながりの深化についてはディープ・エコロジー教育では主軸となっているのに対して，他の3つの環境教育プログラム，特にOBISでは目的の射程に入っていないことが明らかになった（表3-9）。

　学習内容についての比較項目は，山田の「生態系（ここでは生態系の概念とする）」，「伝統文化」，「日常生活」，「感性」，「歴史」，「芸術」，「社会」，「地球環境」の8項目[83]に「セラピー」，「思想」を加えた10項目を設定した。まず，ディープ・エコロジー教育の3種でその学習内容を比較すると，3種それぞれ特質が異なることが明らかになった。「全生命のつどい」教育と「ブレーキング・スルー」プログラムはどちらも「伝統文化」，「日常生活」，「感性」を扱う点で学習内容が共通している。しかし，「全生命のつどい」教育

表3-10　プログラムの学習内容[84)]

	ネイチャーゲーム	OBIS	PLT	全生命のつどい	エコリテラシー・プロジェクト	ブレーキング・スルー
生態系の概念	◎	◎	◎	×	◎	×
伝統文化	△	△	○	◎	×	◎
日常生活	△	○	○	○	◎	○
感性	◎	△	○	◎	△	◎
歴史	△	×	○	○	△	○
芸術	◎	×	○	◎	○	×
社会	△	△	○	△	◎	○
地球環境	×	◎	◎	○	○	△
セラピー	×	×	×	◎	×	△
思想	×	×	×	◎	△	◎

◎：充分に扱われている，○：扱われている，△：少し扱われている，×：ほとんど扱われていない
（出典：山田裕史，『森を中心とした環境教育プログラムに関する研究』，および，山本容子，『ディープ・エコロジー思想を導入した環境教育の特質』）

　では「芸術」，「地球環境」，「セラピー」なども中心的に扱うが，「ブレーキング・スルー」プログラムでは「日常生活」，「伝統文化」，「感性」が学習内容のほとんどを占めている点で異なる。「エコリテラシー・プロジェクト」に至っては，「生態系の概念」，「社会」，「日常生活」を学習の中心内容としている点で，他の2種のディープ・エコロジー教育の学習内容と大きく異なり，むしろ PLT，OBIS などと学習内容が共通していることが明らかになった。また，「全生命のつどい」教育，および，「ブレーキング・スルー」プログラムは感性を扱う点が「ネイチャーゲーム」との共通点であった（表3-10）。
　活動形態についての比較項目は，山田の「ゲーム」，「採集」，「観察」，「調査」，「実験」，「講義」，「創造的活動」の7項目[85)]に「身体的運動」，「儀式」，「ワークショップ」を加えた10項目を設定した。調査結果は表3-11に示した通りである。まず，ディープ・エコロジー教育の3種で比較したところ，学

表3-11　プログラムの活動形態[86]

	ネイチャーゲーム	OBIS	PLT	全生命のつどい	エコリテラシー・プロジェクト	ブレーキング・スルー
ゲーム	◎	○	○	◎	×	×
採集	○	◎	○	×	○	×
観察	○	◎	○	○	○	◎
調査	×	◎	○	×	◎	×
実験	×	◎	○	×	◎	×
講義	×	△	◎	○	◎	×
創造的活動	×	◎	○	△	◎	○
身体的運動	×	×	×	◎	×	◎
儀式	×	×	×	◎	×	◎
ワークショップ	×	×	×	◎	×	◎

◎：充分に扱われている，○：扱われている，△：少し扱われている，×：ほとんど扱われていない
（出典：山田裕史，『森を中心とした環境教育プログラムに関する研究』，および，山本容子，
『ディープ・エコロジー思想を導入した環境教育の特質』）

習内容の結果と同様に「全生命のつどい」教育と「ブレーキング・スルー」
プログラムは共通しているが，「エコリテラシー・プロジェクト」とは大き
く異なっていることが明らかになった。「エコリテラシー・プロジェクト」
では「調査」，「実験」，「講義」，「創造的活動」が活動形態の主軸をなしてい
るが，「全生命のつどい」教育，および，「ブレーキング・スルー」プログラ
ムでは「身体的運動」，「儀式」，「ワークショップ」（「身体的運動」，「儀式」を
含む）がその主軸をなしており，共通する点は「観察」，「創造的活動」で
あった（表3-11）。

　活動形態から見ても，「エコリテラシー・プロジェクト」はOBIS，PLT
と共通する点が多い。しかし，「全生命のつどい」教育と「ブレーキング・
スルー」プログラムにも学習形態の違いはみられる。「ブレーキング・ス
ルー」プログラムにおける「身体的運動」はロッククライミング，太極拳な

表3-12　プログラムの対象年齢

	ネイチャーゲーム	OBIS	PLT	全生命のつどい	エコリテラシー・プロジェクト	ブレーキング・スルー
社会人教育	△	×	×	◎	×	◎
大学教育	△	×	×	○	×	?
中等教育	◎	◎	◎	○	◎	?
初等教育	◎	◎	◎	△	?	?

◎：充分に対象としている，○：対象としている，△：あまり対象としていない，×：対象としていない，?：明確でない

どであるが，「全生命のつどい」教育における「身体的運動」は呼吸法や誘導瞑想に合わせて身体を動かすことであり，この点で異なっている。そして，ネイチャーゲームは目的と学習内容においてはディープ・エコロジー教育との共通点がみられたが，活動形態では共通点がほとんどないことが明確になった。ディープ・エコロジー教育のうち，「エコリテラシー・プロジェクト」以外は「儀式」を活動の中心としているが，ネイチャーゲームでは「ゲーム」を活動の中心としている点で両者は，大きく異なっている。

　最後に，プログラムの対象年齢の比較であるが，項目を「社会人教育」，「大学教育」，「中等教育」，「初等教育」の4つに設定した。ここでもまた，ディープ・エコロジー教育の3種において，「エコリテラシー・プロジェクト」と他の2種の対象年齢が異なった。「エコリテラシー・プロジェクト」では「中等教育」を対象としているが，「全生命のつどい」教育，「ブレーキング・スルー」プログラムでは大学教育以上を対象としている。「ブレーキング・スルー」プログラムは対象年齢が明らかではなかったが，太極拳，ロッククライミングなどの活動内容などから判断して対象年齢が高いことが推定できた。ネイチャーゲーム，OBIS，PLTの3種の環境教育プログラムはどれも初等・中等教育を対象としており，「エコリテラシー・プロジェクト」とは共通するが，他の2種のプログラムとは共通しない（表3-12）。

　比較の結果から明らかになったことを以下に示す。なお，本章第1節にて既にディープ・エコロジー教育の実践・提案事例の分類を実施しているため，ここではそれを踏まえて，ディープ・エコロジー教育の自己開放型の代表事例である「全生命のつどい」，自然同化型の代表事例である「ブレーキング・スルー」，概念援用型の代表事例である「エコリテラシー・プロジェクト」の3つのプログラムについて，同じくアメリカを中心として発展している環境教育プログラムであるネイチャーゲーム，OBIS，PLTのプログラムとの比較を通して相対的に分析し，その特質をより鮮明化することとした。

　まず，1点目として，ディープ・エコロジー教育のプログラム，「全生命のつどい」，「エコリテラシー・プロジェクト」，「ブレーキング・スルー」とアメリカの代表的な環境教育プログラム，ネイチャーゲーム，OBIS，PLTの共通点として，プログラムの目的に「自然との一体化」が含まれる点が明らかになった。他方で，ディープ・エコロジー教育の目的の主軸となる「自己実現」は，ネイチャーゲーム，OBIS，PLT，特にOBISでは目的の射程に入っていないことが示された。

　2点目として，「エコリテラシー・プロジェクト」はOBIS，PLTとの共通点が多いことが明らかになった。これは，他の2種のディープ・エコロジー教育とは異なり，「エコリテラシー・プロジェクト」ではその理論的背景を生命システム論に置いていることに起因する。フリッチョフ・カプラが探究したのは，ディープ・エコロジーを生命システム論で解釈することであり，その教育の目標とするものは「自己実現」だけではなく，ホリスティックな共同体形成も含まれる。したがって，「エコリテラシー・プロジェクト」の学習内容，活動形態もその目標に沿ったものになり，学習内容は「生態系の概念」，「社会」，「日常生活」，活動形態は「実験」，「調査」，「創造的活動」が中心となってプログラムが実践されており，この点がOBIS，PLTとの共通点として挙げられる。さらに，このプログラムの特徴として，他の

２種のディープ・エコロジー教育とは異なり，始めから学校教育（特に中等教育）への導入を考えて開発されている点が挙げられる。

　３点目として，「全生命のつどい」と「ブレーキング・スルー」のプログラムは，共通する点が多いことが，改めて明確になった。第３章第１節の表3-7においても自己開放型と自然同化型の共通点は学習形態[87]や主たる学習の場等で見いだせるが，ここではさらに，プログラムの目的，学習内容，活動形態に関する詳細な共通点が明らかになった。具体的には，プログラムの目的を，「自然との一体化」，「意識変革（自己実現）」，「ライフスタイルの変革」とし，学習内容では「感性」や「伝統文化」，「思想」を扱い，活動形態として「身体的運動」や「儀式」が主となる点である。第１章第３節の「ディープ・エコロジーの広まり」で述べたように，「全生命のつどい」の儀式形態を取り入れた手法は，「ブレーキング・スルー」プログラムを考案したドロレス・ラチャペルらの思想から知見を得て開発されたものである。したがって，両者には活動内容や活動形態，対象年齢において共通する点が多いのである。そして，両者とも，ワークショップ形式をとり，最初は社会人対象のワークとして出発し，プロジェクトの発展とともに徐々にその対象年齢を下げている点も共通する。

　４点目として，共通点の多い「全生命のつどい」と「ブレーキング・スルー」であるが，その両者の相違点が明らかになった。「全生命のつどい」では，学習内容における「セラピー」の占める割合が大きく，扱う内容に関しては地球規模の環境問題を意識しているが，「ブレーキング・スルー」では，学習内容における「身体的運動」の占める割合が大きく，扱う内容に関しては地域や日常生活に目を向けており，この点が異なる。特に，「全生命のつどい」で，「ロールプレイ」や「ゲーム」などを活動形態としている点は，ネイチャーゲームとも共通しており，実際に，「全生命のつどい」で扱われるゲームには「人間カメラ」などネイチャーゲームの「カメラゲーム」[88]と共通するゲームがある。一方，「ブレーキング・スルー」で行われて

いる瞑想（「儀式」活動の中の）と共通した活動は，PLT のアクティビティの一つにもみられる。それは，PLT の「アクティビティ88：イメージの世界」[89]である。しかし，PLT では誘導瞑想でネイティブ・アメリカンの生活をイメージするが，「ブレーキング・スルー」ではネイティブ・アメリカンの儀式形態を導入し，日常生活を瞑想するという違いがある。「全生命のつどい」においても，誘導瞑想の活動はみられるが，それは本章第1節に示した生命の進化の旅を誘導回想する「進化の回想」における瞑想であり[90]，日常生活を瞑想する「ブレーキング・スルー」のそれとは異なる。

第3節　ディープ・エコロジー教育の日本への影響

　第3節では，ディープ・エコロジー教育と共に，アメリカ・カナダで発展し，近年，日本にも導入され，環境倫理の視点を重視しているホリスティック教育についてその主要な特徴をまとめ，ホリスティック教育とディープ・エコロジー教育とのつながりについて述べる。

1　ホリスティック教育

　ホリスティック教育とは，カナダの教育学者ジョン・ミラー（Millar, J.）が提唱し，1980年代末からアメリカ・カナダを中心に始まった教育である[91]。彼はホリスティック教育について次のように述べている。

　　「ホリスティック教育は“かかわり”に焦点を当てた教育である。すなわち，論理的思考と直観との“かかわり”，心と身体との“かかわり”，知のさまざまな分野の“かかわり”，個人とコミュニティとの“かかわり”，そして自我と自己との“かかわり”など。ホリスティック教育においては，学習者はこれらの“かかわり”を深く追及し，この“かかわり”に目覚めるとともに，その“かかわり”をより適切なものに変容していくために必要な力を得る。」[92]

　ジョン・ミラーはカナダのトロント大学オンタリオ研究所において，この

ホリスティック教育の研究，普及に努めており，『ホリスティック・カリキュラム』，『ホリスティック・ラーニング』，『ホリスティック・ティーチャー』などの著書を発行している。上田啓子はホリスティック教育について，「従来の教育の枠組みやそれを支える世界観を根本から問直すものであり，いわゆるテーマ学習の新しいアイテムではない」と解説しており，また，「ホリスティックな世界観では，すべてのものは何らかの仕方で繋がり，支え合い，影響し合う存在であり，ひとつだけを切り離して考えることはできない」と述べている[93]。このようにホリスティック教育はディープ・エコロジーと同じく，「かかわり」すなわち「関連性」を重視し，これまでの科学技術的な西欧的世界観を問い直し，それを意識変革へとつなげていくことを教育の中心に据えている。

　ホリスティック教育では，人間の変容と成長を促すために，その学習法・教授法としてダンスやボディ・ワーク，芸術活動，イメージ・ワーク，セラピー的手法，物語の創作や語り，瞑想，グループ・ワークやボランティア活動といった多種多様なアプローチを用いている[94]。これらの学習法・教授法から見てもディープ・エコロジー教育の手法と相通ずるものが多く，ホリスティック教育の文脈にディープ・エコロジーがよく適合することが明確である。ホリスティック教育ではすべての“かかわり”とその変容に焦点を当てており，ディープ・エコロジー教育では人間が自然環境という大きな網の目の中の一部であると気づき，よりエコロジカルな認識へと意識変革することを中心概念としているものの，その根本概念と手法は両者で共通している。

　ミラーはまた，1996年に増補新版となった彼の著書『ホリスティック・カリキュラム』の中に付け加えられた「地球とのつながり」という新しい一章の中で，「環境とつながる教育」と題して環境教育について述べている[95]。彼は，現在の環境教育は学校のカリキュラムの中に一般的に取り入れられているが，その中心となっているのは環境への問題解決的なアプローチや，リサイクルなどの技術的な解決法による物事の処理である，としてこれを問題

視している。そして，今必要な環境教育は，聖なるものへの感覚と，私達が
いかに深く，母なる地球の自然のプロセスの中に抱かれているかということ
を中心に据えた教育であると主張している[96]。ミラーは，環境教育のあり方
について，デヴィット・オール（Orr, D.W.）による教育を考え直すための6
つの原則の中に見出している。6つの原則を下に記す。

〈デヴィット・オールによる教育を考え直すための6つの原則〉[97]
第一原則：すべての教育は環境とつながる教育である。
第二原則：教育の目標は教材をマスターすることではなく人間としての自分
　　　　　を知ること。
第三原則：知識にはそれを使う責任が伴う。
第四原則：知識は非常に包括的な背景から見なければならず，また，それが
　　　　　地域にどのような影響を与えるかを見なければならない。
第五原則：信頼に値する実例が必要。
第六原則：私達が学ぶ方法は私達が学ぶ内容と同じくらい重要だ。

　日本ホリスティック教育協会は，1997年に親や市民，教師・研究者などが
一緒になって，日本におけるこれからの教育や子育て，自己のかかわり方や
生き方を探し求め，実践してゆくことを目的に設立した公的な団体である。
日本ホリスティック教育協会は，子供たちの健やかな成長と家族や地域・日
本・地球の将来を考え，個々の思想や価値観に対するこだわりを超えた，で
きるかぎり柔軟かつ実践的な教育を創造・支援するためのネットワークとし
ての役割を探究している。主として人間と人間，自然と人間における自立共
生・共生共存を目指し，「つながり」，「バランス」，「包括性」を意識した教
育・学習内容を積極的に取り上げ，子供たちや私達自身の主体変容をも引き
起こすトランス・フォーメーション型の教育・学習方法を重視してゆくとい
うコンセプトを持っている[98]。

　この日本ホリスティック教育協会の季刊誌では，ホリスティック教育の理念やジョン・ミラーの手記，日本のホリスティック教育家の実践報告や手記などが紹介されており，その中にはディープ・エコロジーについて論じたトピックスもある。例えば，創刊1号では「ケアリング」を特集しており，第3章第1節で紹介したチャールズ・チャンバリンの社会学習プログラムの事例で参照されているネル・ノッディングの手記「ケアリングと生きる力」が紹介されている。また，創刊2号では「地球感覚－からだで感じるガイア」を特集し，日本のディープ・エコロジストの星川淳や後に紹介する，高校教諭の久田蓼の手記も紹介されている。このように，日本においてもディープ・エコロジーとホリスティック教育は深く関わりあっており，ホリスティック教育の文脈でディープ・エコロジーが議論され，導入され始めている。ホリスティック教育協会は，持続可能な開発のための教育へのホリスティックなアプローチを実践しており，書籍や講演会，ワークショップ，研究大会などで，その活動理念や教育実践について紹介している[99]。

2　「ウェッブ・オブ・ライフ」とディープ・エコロジー教育

　高校教諭の久田蓼は，定時制高校で国語を教えるかたわら，日本のディープ・エコロジー市民グループである「ウェッブ・オブ・ライフ」の一員としてディープ・エコロジーを日本に紹介し，普及する活動を行っている。彼は，ディープ・エコロジーとは「人間と人間以外のすべての生き物に深いいたわりの気持ちを持つこと」であり，教師と生徒の信頼関係がしっかりとした教育現場であれば，ディープ・エコロジー・ワークを学校の理科の授業に導入することはそれほど難しいことではない[100]，と提言している。彼はまた，授業やホームルーム活動の中にディープ・エコロジーのワークショップを導入することが，必ずしもディープ・エコロジーなのではなく，人間や人間以外の存在に対して深いいたわりの心を持つことがディープ・エコロジーであると主張している。そして，学校教育現場ではまず，教師と生徒の結び

つきが重要であるとし，生徒と教師の間にフィードバックループを形成するための授業案を作成し，国語の授業において積極的にその実践に務めている。フィードバックループを形成するとは，すなわち，教育現場において教師から生徒へ，生徒から教師へ繰り返し問いが返ってくるような，教師と生徒の意思の疎通が充分に図れている状態を言う[101]。国語の授業における具体的な実践としては，毎年繰り返し宮沢賢治の作品や石牟礼道子の『苦海浄土』（水俣・東京展を取り上げて）などのエコロジカルな作品を読むことにし，年5回の定期試験では常に簡単な作文を書かせて，その作文を読んだら必ずコメントをつけて返却する，ということを繰り返している。試験では，正解を求めるのではなく，生徒が思ったこと感じたことを素直に書いてもらうようにしている。さらに，生徒同士でそれをシェアするために，生徒の自由な主張やエッセイを載せる学校新聞を発行し，人々の繋がりを深めている。そして，久田はいつか，公教育の場でもディープ・エコロジー・ワークを行いたいと考えており，他の教師にも広めたいという意志を持っている[102]。このように，久田は「全生命のつどい」ワークで得た気づきやアイデア，およびディープ・エコロジーの基本概念を日本の教育現場に適合した形に変えて行う試みを行っており，アメリカのワークをそのままでは日本の教育に導入しないという点が着目に値する。

　また，日本の市民グループ「ウェッブ・オブ・ライフ」の活動の中にも，ディープ・エコロジー教育に関わった事例がある。「ウェッブ・オブ・ライフ」の1997年のニューズレターには大学生のディープ・エコロジー・ワークの報告が記載されている。このワークは1997年の冬に行われたもので，エコリーグという青年環境団体が主催した「ユースエコロジーギャザリング'97」で10人ほどの大学生と2時間半の短いワークを行った時の模様が報告されている。ワークでは，「自分と自然の声に深く耳を傾けること」をテーマに，身体をほぐし，歩き回り，慈愛の誘導瞑想，谷川俊太郎の詩「みみをすます」の朗読などを行っていた。そして，そのあと野外に出て自然物の一つを

選び，それをじっくり五感で味わったのちそれと一体になる活動を行っていた。さらに，二人一組になり，言葉を使わないで絵を描き，みんなでシェアリングし，最後にディープ・エコロジーの理論を簡単に紹介してワークを終える，という流れで行われた[103]。大学生主催のワークということで教育とは少し異なるが，ワークの指導は「ウェッブ・オブ・ライフ」会員の仙田典子らが行っており[104]，若者が日本でディープ・エコロジー・ワークを体験する場は，「ウェッブ・オブ・ライフ」のワークが主であったと思われる。

3　環境倫理の枠組みから見た環境教育におけるディープ・エコロジーの議論

　近年，日本の環境倫理学の分野にて，環境教育におけるディープ・エコロジー導入の議論が行われている。井上有一は，論文「エコロジーの三つの原理に関する考察－環境持続性，社会的公正，存在の豊かさ－」の中で，環境教育を三つの原理として位置付け，三原理の一つである「存在の豊かさ」の実現の文脈にディープ・エコロジーを位置づけている[105]。三つの原理とは，「1. 環境持続性」，「2. 社会的公正」，「3. 存在の豊かさ」の三項目であり，これらは基本的には国際 NGO（非政府組織）条約から抽出したものである。「3. 存在の豊かさ」の実現とは，個々の人間が，自ら潜在的に持つ一つの存在としての可能性を自ら望む方向に探究しこれを実現していくことができるという状況の現出を意味する。基本的には自己と他者との本質的な関わりの問題であり，ここでの「他者」とはいわゆる人間存在だけでなく，非人間存在，さらに非生命までを含み得る[106]。これはつまり，ディープ・エコロジーの「自己実現」の概念に相当する。ただし，井上は，ディープ・エコロジーの「全生命のつどい」ワークショップにみられるような手法については次のように批判している。

　　「自然とのつながりに関して存在の豊かさが環境教育のテーマに取り上げられ

る際，一つのアプローチとして，ロールプレイや伝統的儀式などの手法を取り入れたワークショップという形式が用いられることが多いが，この手法では，エコロジカルな自己や存在の豊かさを探究していくなかで一体性や連続性が重視されるあまり，個としての独立性，自律性が失われるという危険がある。豊かな自己の探究，存在の豊かさの実現というものは，あくまで個人的な不断の日常的営為なのであり，特殊な非日常的空間で他者の指示のもとに実現するものではないということである。」[107]

　また，環境倫理学の理論的枠組みの研究を実践している鬼頭秀一は，一橋大学で行われたシンポジウム"環境教育の過去・現在・未来"において，環境倫理学の枠組みの中でディープ・エコロジーを再評価し，環境教育に導入してゆくことを提案している[108]。鬼頭は，上述した井上有一の「三つの原理」，ガタリの『三つのエコロジー』[109]，そして加藤尚武の『環境倫理学のすすめ』における「環境倫理学の三つの領域」をまとめて「環境倫理学における領域と要素の３×３マトリックス」表を作成し，ディープ・エコロジーを「存在の豊かさ」の要素の「人間‐自然」関係と位置づけた。そして，この３×３マトリックスから見えてくるものとして，日本の環境倫理学，環境教育における環境持続性・生産科学的倫理観への偏り（ディープ・エコロジーに対する激しい批判を含む）の問題性，人間の歴史性の再認識と位置付け，人間の社会性の再認識（環境的正義），ディープ・エコロジーのより広い視野からの再評価などを挙げている。そして，ディープ・エコロジーの問題提起の重要性は「存在の豊かさ」にあり，人間のあり方という視点からディープ・エコロジーを見直すことを述べている。さらに，３×３マトリックスの枠組みより見えてくる教育の視点として，環境教育の総合性，学際性，「学校」の解体などを挙げ，環境教育を地域の社会的・歴史的文脈で見ること，「学び」の意味とプロセスを再考することの重要性を主張している[110]。

第4章　日本の高校生における環境倫理意識

──生態学的環境を中心として──

第1節　環境倫理意識調査の内容と分析方法

1　環境倫理意識調査の内容

（1）環境倫理意識調査の尺度

　環境倫理意識の実態を探るため，「環境観」，「ディープ・エコロジー」の2つの尺度を用いて調査内容を設定した。

　序章で述べたように，環境倫理は，環境破壊が進み，環境問題が深刻化する中で，人間と自然との関わり方を問うものである。そこで，環境問題をどのように捉え，理解しているかを問う「認識・知識」，環境問題の解決に対する「意識・態度」，および，実践的行動を問う「行動様式」，人間の観点や利害を中心として自然をみようとする人間中心主義的な立場の自然観[1]を問う「人間中心主義的自然観」，および，「人間中心主義的な科学技術と環境問題の認識」の計5つのカテゴリーを含む尺度を設定し，尺度名を「環境観」とした。確かに，「環境観」は，環境とは何かに対する答えであるとすれば，5つのカテゴリーの中には，たとえば「行動様式」のように，「環境観」には含め得ないカテゴリーもあるが，ここでは，上記，5つのカテゴリーを包括的に表現する尺度名として「環境観」を用いている。

　「ディープ・エコロジー」については，第1章第3節にて明らかにしたディープ・エコロジーの基本概念の中でも中軸をなす概念であり，また，第3章第1節にて明らかにした，アメリカ・カナダ・オーストラリアを中心と

116

したディープ・エコロジーの視点を導入した環境教育の実践事例にみられる主要な特質であり，なおかつ，生態学的環境を中心とした概念に該当する「多様性と共生の原理」，「生命圏平等主義」，「自己実現」の３点に焦点を絞った。というのも，本研究においては，高校の理科教育の枠での自然環境問題に対する生徒の意識に主眼を置くため，広義の社会的環境まで含めた環境全般まで尺度を広げず，生態学的環境を中心とした尺度を設定したためである。また，先の「環境観」において設定した「人間中心主義的自然観」，および，「人間中心主義的な科学技術と環境問題の認識」は，「シャロー・エコロジー」[2)]のカテゴリーに属し，第１章第３節にて示したように，「ディープ・エコロジー」に対して，先進国の人々の健康と繁栄のみに中心目標を置く内容を含む。

　以上を踏まえて，「環境観」については，環境問題に対する「認識・知識」，「意識・態度」，「行動様式」，「人間中心主義的自然観」，「人間中心主義

表4-1　「ディープ・エコロジー」

多様性と共生の原理	多様性は，生物の絶滅危機を低下させ，新たな生命が出現する機会を増大させ，生命をより豊かなものにしていく。適者生存の概念も，共生・協同してゆく能力として解釈する。
生命圏平等主義〜原則として〜	生物圏におけるあらゆる生命には，生を送り繁栄する平等の権利があり，この権利を人間にかぎると人間中心主義に陥ることになり，人間みずからにも悪影響を及ぼす。ただし，人間が生きていく上で生じる他の生命体の若干の殺戮・開発・抑圧は必然である。
自己実現	ディープ・エコロジーにおける「自己実現」とは，人間のみならず人間を超えて人間以外の存在とも一体感を持てるようになるとき，人間は精神的な成熟・成長をすることを意味する。人間以外の存在とはすなわち，他の生命体（微生物，動物，植物などすべての生命体），更には生態系全体（一般的には「自然」）を含み，これらの有機的全体性を「大いなる自己」とし，自分自身を「大いなる自己の中の自己」と捉えることで，自己が広がり，深みを増す。

的な科学技術と環境問題の認識」の５点,「ディープ・エコロジー」につい
ては,「多様性と共生の原理」,「生命圏平等主義」,「自己実現」の３点, 合
計８点について, それぞれ質問項目のカテゴリーを設定し, 評価すること
した。

「ディープ・エコロジー」の「多様性と共生の原理」,「生命圏平等主義」,
「自己実現」の３つの概念については, ディープ・エコロジーの原本となっ
ているネスの1973年の論文[3], 1997年に日本語で出版されたネスの著書
『ディープ・エコロジーとは何か』[4], ビル・デヴァルとジョージセッション
ズの「ディープ・エコロジーの８つの綱領」[5]をもとに, 本研究におけるそ
れぞれの概念の定義を明確化し, 表4-1に示した。

（２）環境倫理意識, および, 自然体験についての質問紙

以上の尺度をもとに, 42項目からなる質問紙を作成し（表4-2, 巻末資料１:
質問紙Ⅰ[6]）, 実施した。

質問紙Ⅰの「環境観」の各カテゴリーは, 主として, 環境問題の視点から
みた生態学的環境に対する生徒の意識, 態度等を探る内容となっており, そ
れに対して「ディープ・エコロジー」の各カテゴリーは, 生態学的環境に対
する生徒の価値観を探る内容となっている。したがって, 環境倫理意識の中
でも, より精神の内面性に焦点を当てた価値観を含む「ディープ・エコロ
ジー」の概念に対する意識に関する詳細な知見を得るため, 質問紙Ⅰと合わ
せて, 生徒の自然体験や自然に関する関心, かかわり方についての多肢選
択・自由記述式の質問紙による調査を行った（巻末資料２:質問紙Ⅱ）。質問
紙Ⅱでは, 自然体験の有無, 自然体験の好き嫌い, 自然との一体化体験, 自
然への感動・興味, そして自然の捉え方等,「自然とのかかわり」に関する
質問項目を設定し, 生徒の「ディープ・エコロジー」の概念に対する意識
（質問紙Ⅰ）を定位する要因を探ることとした。具体的には, 多肢選択式の質
問内容は,「チョウやトンボ, バッタなどをつかまえたこと」等の９種類の

表4-2 環境倫理意識の尺度と質問項目のカテゴリー

尺度	項目のカテゴリー	項目数	アンケートの項目番号
環境観	環境問題に対する認識・知識	6	（1）〜（6）
	環境問題に対する意識・態度	8	（7）〜（14）
	行動様式	7	（15）〜（21）
	人間中心主義的自然観	4	（22）〜（25）
	人間中心主義的な科学技術と環境問題の認識	3	（26）〜（28）
ディープ・エコロジー	多様性と共生の原理	4	（29）〜（32）
	生命圏平等主義	5	（33）〜（37）
	自己実現	5	（38）〜（42）

自然体験について問うもの[7]，「自然の中で遊んだり過ごしたりすることは好きですか」という自然体験の好き嫌いを問うもの，「自然の中で自分が自然の一部であり，自分が自然に溶け込んでいるようだと感じたことがありますか」という自然との一体化体験の有無を問うもの，「自然の中で感動したり，興味を持ったことがありますか」という自然への感動・興味を問うもの，「あなたにとっての自然とはどのような存在ですか」，「あなたはどのような自然が良いと思うか」という自然の捉え方を問うものを設定した。なお，質問紙Ⅱの問1「自然体験」の質問項目は，平成17年度独立行政法人国立オリンピック記念青少年総合センターにより報告された『青少年の自然体験活動等に関する実態調査』[8]と同様の質問項目を用いた。さらに，自然体験の好き嫌い，自然との一体化体験，自然への感動・興味に関しては，その時の状況や心情，意識などを自由記述してもらうようにした。

2　環境倫理意識調査の方法と結果の分析方法

2011年1月に，群馬県立C高等学校の生徒（2年生4クラス129名：女子92

名，男子37名）を対象に，巻末資料１，２の質問紙を用いて調査を行った。群馬県立Ｃ高等学校は，市街地に位置する男女共学の全日制総合学科高校であり，第５章で開発した環境教育プログラムⅢの実施校と同じ高等学校である。

　質問紙Ⅰの「環境倫理意識（自然に対する考え方）」の各項目については，「そう思う」，「どちらかといえばそう思う」，「どちらかといえばそう思わない」，「そう思わない」の４件法で回答を求め，カテゴリーごと，および，項目ごとにその結果を分析した。なお，質問項目については，生徒の知識・意識をより正しく知るために，例えば，項目（1）「環境問題は，深刻な問題だと思う」のように回答が肯定的であるほど環境倫理意識が高いとするタイプと，項目（12）「自然破壊をさらに引き起こす原因となろうとも，今の生活がもっと便利になればいいと思う」のように回答が否定的であるほど環境倫理意識が高いものとする逆転項目タイプの二通りを作成した。また，質問紙Ⅱの「自然体験（自然とのかかわり）」の各項目については，回答数の割合，記述内容をまとめ，その分析を行った。実施した分析は，以下の３点にまとめられる。

・高校生の環境倫理意識の実態を明らかにするために，質問紙Ⅰの各カテゴリー，および，各質問項目の肯定的な回答と否定的な回答の偏りを，ｔ検定，および，直接確率計算（両側検定）の結果をもとに分析し，「環境観」，「ディープ・エコロジー」の２つの尺度の各カテゴリーの特徴を抽出した。

・質問紙Ⅰの生徒の環境倫理意識における，特に，「ディープ・エコロジー」の概念に対する意識を定位する要因を探るため，質問紙Ⅱの多肢選択式の各質問項目の回答数の割合を算出し，生徒の自然体験，自然への感動・興味，そして自然の捉え方に関する環境倫理的観点からみた特徴を抽出した。また，分析は自由記述の回答も含めて行った。

・高校生の環境主義的自然観と生徒の自然体験や自然に対する関心，かか

わり方との関連をみるために，質問紙Ⅰの「ディープ・エコロジー」の尺度に属する「多様性と共生の原理」，「生命圏平等主義」，「自己実現」の3つのカテゴリーの回答と質問紙Ⅱの「自然とのかかわり」に関する質問項目の回答との相関関係を調べ，分析した。

第2節　環境倫理意識調査の結果と分析

1　環境倫理意識（自然に対する考え方）の調査結果

　質問紙Ⅰの各カテゴリーに対して，t検定を行い，その結果を表4-3に示した。「そう思う」，「どちらかといえばそう思う」，「どちらかといえばそう思わない」，「そう思わない」を，それぞれ4点3点2点1点の間隔尺度に読み替え（逆転項目は，その逆の1点2点3点4点），得られた測定値から回答者ごとに各カテゴリーの平均値を求め，設定した1点から4点の中間値である2.5点との平均の有意差の分析を行った。平均値が2.5より有意に高ければ，肯定的に回答していて，2.5より有意に低ければ否定的に回答していると判断した。

　次に，質問紙Ⅰの各カテゴリーに属する各項目に対して，直接確率計算（両側検定）を行い，その結果を表4-4，表4-5，表4-6に示した。各項目の肯定的な回答と否定的な回答の偏りを検討するために，「そう思う」，「どちらかといえばそう思う」を肯定的な回答，「どちらかといえばそう思わない」，「そう思わない」を否定的な回答としてまとめ，直接確率計算（両側検定）を行った。表の網掛けは，直接確率計算の結果，有意に多い回答を示している。以下に，カテゴリーごと，および，項目ごとの結果を示した。

（1）カテゴリーごとの結果

　表4-3より，中間値との間に有意差がみられたのは，「環境問題に対する意

識・態度」,「人間中心主義的自然観」,「人間中心主義的な科学技術と環境問
題の認識」,「多様性と共生の原理」,「生命圏平等主義」,「自己実現」の6つ
のカテゴリーであった。その中で，肯定的に回答しているのは,「環境問題
に対する意識・態度」,「多様性と共生の原理」,「生命圏平等主義」,「自己実
現」の4つのカテゴリーで，否定的に回答しているのは,「人間中心主義的
自然観」,「人間中心主義的な科学技術と環境問題の認識」の2つのカテゴ
リーであった。他方，有意差がみられなかったのは,「環境問題に対する認
識・知識」,「行動様式」の2つのカテゴリーであった。

（2）環境認識・知識

「環境問題に対する認識・知識」のカテゴリーでは，環境問題に対する認
識についての項目（1）と（2）に肯定的な回答の生徒が有意に多く，それ
に対して，環境問題に対する知識についての項目（3）〜（6）に否定的な
回答の生徒が有意に多い結果となった（表4-4）。多くの生徒が，地球温暖

表4-3　質問紙Ⅰのt検定の結果（カテゴリーごと）

尺度	項目のカテゴリー	項目数	アンケートの項目番号	平均点	t
環境観	環境問題に対する認識・知識	6	（1）〜（6）	2.42	1.61
	環境問題に対する意識・態度	8	（7）〜（14）	3.04	14.13**
	行動様式	7	（15）〜（21）	2.50	0.06
	人間中心主義的自然観	4	（22）〜（25）	2.17	9.73**
	人間中心主義的な科学技術と環境問題の認識	3	（26）〜（28）	2.38	2.83**
ディープ・エコロジー	多様性と共生の原理	4	（29）〜（32）	3.18	15.60**
	生命圏平等主義	5	（33）〜（37）	3.00	11.10**
	自己実現	5	（38）〜（42）	2.76	5.71**

$**p < .01$

表4-4　質問紙Ⅰの直接確率計算の結果
（環境認識・知識，環境意識・態度，行動様式）

尺度	カテゴリー	No	項目	そう思う	どちらかといえばそう思う	どちらかといえばそう思わない	そう思わない
環境観	認識・知識	1	環境問題は，深刻な問題だと思う**	92	33	1	3
		2	環境問題について，興味・関心がある**	18	65	41	5
		3	地球温暖化について，その原因やしくみを説明できる**	4	37	58	30
		4	オゾン層の破壊について，その原因やしくみを説明できる**	6	32	51	40
		5	砂漠化について，その原因やしくみを説明できる**	2	22	58	47
		6	水質汚染について，その原因やしくみを説明できる**	5	42	45	37
	意識・態度	7	自然破壊（森林伐採など）や環境汚染（川や海の汚染など）のニュースを見たり聞いたりすると，胸が痛む*	24	53	41	11
		8	大気汚染や地球温暖化などの大きな環境問題を考えると，人間一人の努力なんて無力であると思う（逆転項目）n.s.	19	43	37	30
		9	地球上の空気や水がどんどん汚れている責任の一部は自分にもある**	38	68	19	4
		10	環境問題の解決のためには，まず自分自身の生活のあり方を変える必要がある**	40	64	23	2
		11	自分たちの住む地域の自然に目を向けることは，自然保護につながる**	35	72	20	2
		12	自然破壊をさらに引き起こす原因となろうとも，今の生活がもっと便利になればいいと思う（逆転項目）**	3	28	60	38
		13	このまま自然破壊が進むと，人間ばかりか，他の動物達の未来も絶望的だ**	73	44	6	6
		14	自分の子ども達のためにも，豊かな自然を残したい**	59	54	9	7

	15	常日頃から環境保護を考えた生活を心掛けている*	5	45	64	15
行動様式	16	食べ物は残さないようにしている**	29	62	25	13
	17	水や電気やガスは使っていないときは，こまめに節約している+	12	64	41	12
	18	必要以上にゴミを出さない生活を心掛けている[n.s.]	9	48	57	15
	19	環境問題や自然破壊について友人と話すことがある**	5	20	49	55
	20	燃えるゴミ，燃えないゴミ，空き缶，新聞紙，ペットボトルなどゴミはきちんと分別している**	32	53	34	10
	21	家族や友人が電気のつけっぱなしや水の流しっぱなしをしているときは注意する*	29	49	37	14

※　$n=129$, **$p<.01$, *$p<.05$, +$p<.10$, [n.s.] 有意差なし。網掛けは，有意に多い回答（人数）が得られた方の，肯定的，または，否定的な回答。

化，オゾン層の破壊，砂漠化，水質汚染の原因やしくみについて説明できないことが示された。したがって，表4-3のカテゴリーごとの結果では「環境問題に対する認識・知識」に有意差がみられなかったが，項目ごとの結果により，環境問題に対する認識については多くの生徒が肯定的であり，環境問題が深刻な問題であることを認識し，環境問題に興味・関心を持っている一方で，環境問題に対する自身の知識が少ないと実感している生徒が多いことが示された。

（3）環境意識・態度

「環境問題に対する意識・態度」のカテゴリーでは，6つの項目において，肯定的な回答の生徒が有意に多かった（表4-4）。ただし，項目（12）「自然破壊をさらに引き起こす原因となろうとも，今の生活がもっと便利になればいいと思う」は，逆転項目であるため，これも含めた7項目において，環境意識・態度に肯定的な生徒が多いことが示された。他方，否定的な回答が有意に多い項目はなかった。したがって，表4-3のカテゴリーごとの結果にも示された通り，多くの生徒において環境問題に対する意識が高いことが示

された。

（４） 行動様式

　「行動様式」のカテゴリーでは，食べ物を残さない，ゴミを分別する，家族や友人に水や電気の節約を呼びかけることを示した３つの項目（16），（20），（21）において，肯定的な回答の生徒が有意に多かった（表4-4）。他方，常日頃から環境保護を考えた生活を心掛ける，環境問題について友人と話す，ことを示した２つの項目（15），（19）において，肯定的な回答の生徒は有意に少なかった。また，自身の節約については，肯定的な回答がやや多いという有意傾向がみられたが，ゴミを出さない生活の心掛けについての有意差はみられなかった（表4-4）。したがって，表4-3のカテゴリーごとの結果では「行動様式」に有意差はみられなかったが，項目内容（行動様式の内容）によって，生徒が環境保護のために実践できているものとできていないものがあることが示された。

（５） 人間中心主義的自然観

　「人間中心主義的自然観」のカテゴリーでは，表4-5に示したように，項目（23）「環境保護は，人間の健康と繁栄のために行われるべきものだ」の１項目について，肯定的な回答の生徒が有意に多かった（項目（22）「人間が生きていく上で他の生物を殺すのは，しかたのないことだがそれは必要最小限にとどめるべき」は逆転項目のため，人間中心主義的自然観に否定的）。項目（23）にみられるように，環境保護は人間の健康と繁栄のために行われるべきとする人間中心主義的な環境保護に肯定的な回答の生徒が有意に多い一方で，項目（22）の環境主義的な自然観に肯定的，項目（25）「環境問題が悪化しても，自分の生活は特に困らないだろう」の人間中心主義的な自然観に否定的な回答の生徒が有意に多いという結果が示された。

　したがって，表4-3のカテゴリーごとの結果では，人間中心主義的な自然

表4-5　質問紙Ⅰの直接確率計算の結果
（人間中心主義的自然観，人間中心主義的な科学技術と環境問題の認識）

尺度	カテゴリー	No	項目	そう思う	どちらかといえばそう思う	どちらかといえばそう思わない	そう思わない
環境観	自然観	22	人間が生きていく上で他の生物を殺すのはしかたのないことだがそれは必要最小限にとどめるべきである（逆転項目）**	46	66	15	2
		23	環境保護は，人間の健康と繁栄のために行われるべきものだ**	23	59	41	6
		24	貧困の危機にある国では，環境保護より土地の開発が優先されても仕方がない n.s.	8	49	57	15
		25	環境問題が悪化しても，自分の生活は特に困らないだろう**	2	20	50	57
	科学技術	26	科学技術の発展は自然を犠牲にしている（逆転項目）**	30	56	31	12
		27	科学技術の発展のために，多少の環境問題が生じることは仕方のないことだ n.s.	6	50	54	19
		28	科学技術がもっと進歩すれば，将来的には環境問題は解決するだろう +	16	59	39	15

※　$n=129$，$**p<.01$，$*p<.05$，$+p<.10$，n.s. 有意差なし。網掛けは，有意に多い回答（人数）が得られた方の，肯定的，または，否定的な回答。

観に否定的であることが示されたが，設問内容によっては，人間中心主義的な自然観に肯定的な場合もあり，生徒が人間中心主義的な自然観に必ずしも否定的であるとは断定できないことが示された。

（6）人間中心主義的な科学技術と環境問題の認識

　「人間中心主義的な科学技術と環境問題の認識」のカテゴリーでは，項目(26)「科学技術の発展は自然を犠牲にしている」において，科学技術の発展が自然を犠牲にしていることに肯定的な（逆転項目であるので，人間中心主義的

な科学技術の発展に否定的な）回答の生徒が有意に多かった。しかし，科学技術の発展のための多少の環境問題の発生に関する意識について示した項目(27)「科学技術の発展のために，多少の環境問題が生じることは仕方のないことだ」には有意差がみられず，科学技術の進歩による環境問題の解決について示した項目 (28)「科学技術がもっと進歩すれば，将来的には環境問題は解決するだろう」には，肯定的な回答がやや多いという有意傾向が示された（表4-5）。したがって，表4-3のカテゴリーごとの結果では，人間中心主義的な科学技術の発展に否定的であることが示されたが，設問内容によってはやや肯定的な場合もあり，生徒が人間中心主義的な科学技術の発展に必ずしも否定的であるとは断定できないことが示された。

（7）多様性と共生の原理

「多様性と共生の原理」のカテゴリーでは，すべての項目において，肯定的な回答の生徒が有意に多かった（項目 (31)「人間の活動のために，野生動物が絶滅していくのは仕方のないことである」については，逆転項目であるので，否定的な回答が多いほど「多様性と共生の原理」に肯定的であることとなる，表4-6)。したがって，表4-3のカテゴリーごとの結果にも示された通り，多くの生徒が「多様性と共生の原理」に肯定的であることが示された。

（8）生命圏平等主義

「生命圏平等主義」のカテゴリーでは，すべての項目において，肯定的な回答の生徒が有意に多かった（項目 (34)，(35)，(36)については，逆転項目であるので，否定的な回答が多いほど「生命圏平等主義」に肯定的であることとなる，表4-6)。したがって，表4-3のカテゴリーごとの結果にも示された通り，多くの生徒が「生命圏平等主義」に肯定的であることが示された。

表4-6　質問紙Iの直接確率計算の結果
（多様性と共生の原理，生命圏平等主義，自己実現）

尺度	カテゴリー	No	項目	そう思う	どちらかといえばそう思う	どちらかといえばそう思わない	そう思わない
ディープ・エコロジー	多様性と共生の原理	29	地球上に多種多様な生物がいることは，それだけで価値があることである**	39	67	16	7
		30	人間は自然の中で，自然に支えられて生きている**	60	51	15	3
		31	人間の活動のために，野生動物が絶滅していくのは仕方のないことである（逆転項目）**	5	26	52	46
		32	環境保護は人間だけでなく，他の生物のためにも必要である**	59	48	21	1
	生命圏平等主義	33	地球上のすべての動植物は，みな人間の命と同じ尊さを持っている**	72	40	14	3
		34	人間は地球の支配者であり，あらゆる他の生物の頂点に立っている（逆転項目）*	15	37	46	31
		35	虫や草や木も，生きて繁栄する一定の権利があると思うが，それは人間ほどのものではない（逆転項目）**	5	39	56	29
		36	害虫や雑草はなくなってもいい（逆転項目）*	18	33	40	38
		37	植物も動物も，人間と同等に生き，繁栄する権利を持っている**	54	56	17	2
	自己実現	38	自然に親しむことで，人間の心が豊かに成長すると思う**	52	59	17	1
		39	自分の心を豊かにするために日頃から自然に接したいという気持ちがある**	23	64	36	6
		40	自分の心を豊かに成長させるために，実際に日頃から積極的に自然に接している**	10	37	68	14
		41	人間は自然の一部であり，地球上に住む全ての生物は家族のようなものである^{n.s.}	17	49	50	13
		42	人間が自然に親しんで喜びや楽しみを感じることは，周囲の自然にも良い影響を与える**	27	63	36	3

※　$n=129$，**$p<.01$，*$p<.05$，+$p<.10$，n.s. 有意差なし。網掛けは，有意に多い回答（人数）が得られた方の，肯定的，または，否定的な回答。

（9）自己実現

「自己実現」のカテゴリーでは，3つの項目において，肯定的な回答の生徒が有意に多かった。「自己実現」の内容を示した項目（38），（39），（42）（「自然に親しむことで，人間の心が豊かに成長すると思う」など）に肯定的な生徒が多いものの，「自己実現」の実践を示した内容である項目（40）「自分の心を豊かに成長させるために，実際に日頃から積極的に自然に接している」に肯定的な生徒は有意に少なかった（表4-6）。したがって，表4-3のカテゴリーごとの結果では，「自己実現」に肯定的であることが示されたが，実際に日頃から自然に接する生徒は少ないという特徴が示された。

2　自然とのかかわりの調査結果

　質問紙Ⅱ（資料2）の生徒の「自然体験（自然とのかかわり）」に関する質問項目毎の回答結果を以下に示し，その傾向を分析した。なお，この項の本文における，[　　　]内の記述は，生徒の自由記述の一部，または全体を原文表記のまま掲載したものである。

（1）生徒の自然体験

　図4-1に，生徒の自然体験について示した。この項目については，調査対象の生徒の自然体験の実態をより明確に把握するために，平成17年度独立行政法人国立オリンピック記念青少年総合センターにより報告された『青少年の自然体験活動等に関する実態調査』[9]と同様の質問項目を用いた。図中の数値はパーセンテージである。なお，自然体験項目については，「チョウやトンボ，バッタなどをつかまえたこと」→「虫」，「海や川で貝をとったり，魚を釣ったりしたこと」→「釣り」，「大きな木に登ったこと」→「木登り」，「ロープウェイやリフトを使わずに高い山に登ったこと」→「登山」，「太陽が昇るところや沈むところを見たこと」→「太陽」，「夜空いっぱいに輝く星をゆっくり見たこと」→「星空」，「野鳥を見たり，鳴く声を聞いたこと」→

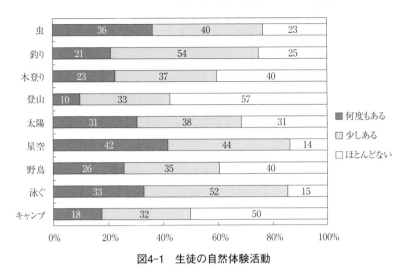

図4-1　生徒の自然体験活動

「野鳥」,「海や川で泳いだこと」→「泳ぐ」,「キャンプをしたこと」→「キャンプ」と省略形で示した。

　以上の 9 つの「自然体験」について,「何度もある」,「少しある」を合計した数値が約80％以上を示したのは,「夜空いっぱいに輝く星を見た」,および,「海や川で泳いだ」体験であった。「夜空いっぱいに輝く星を見た」体験は主として高校生の時期に,「海や川で泳いだ」体験は,主として小学生の時期に体験していた。そして,約75％の生徒が主として小学生の時期に体験しているのが「チョウやトンボ,バッタなどをつかまえた」,および,「海や川で貝をとったり,魚を釣ったりした」採集体験であった。「太陽が昇るところや沈むところを見た」体験は,約70％の生徒が主として中学生の時期に体験していた。「大きな木に登った」,「野鳥を見たり,鳴く声を聞いた」体験については,約60％の生徒が主として小学生の時期に体験していた。他方,50％以上の生徒が,体験したことが「ほとんどない」と答えたのは,「ロープウェイやリフトを使わずに高い山に登った」,および,「キャンプをした」体験であった。

（2）自然とのかかわり方

「**自然の中で遊んだり過ごしたりすることは好きか**」についての多肢選択式問題の回答の結果は，以下の通りであった。

【好き…27％，どちらかといえば好き…41％，どちらともいえない…21％，どちらかといえば嫌い…8％，嫌い…3％】

自然の中で遊ぶことについては，「好き」，「どちらかといえば好き」を合わせると68％（129人中の88人）を示し，過半数の生徒が自然の中で遊ぶことを好意的に感じていることが示された。他方，「嫌い」，「どちらかといえば嫌い」を合わせると11％（14人）のみであった。

次に，「好き」「どちらかといえば好き」を選んだ生徒の理由（自由記述）をカテゴリー分けした。「好き」，「どちらかといえば好き」を選んだ88人の中では，［自然の中で遊ぶと色々な発見があり，楽しいから］，［のびのびしていて楽しいから］など，好きな理由として「楽しい」を挙げた生徒が34人と最も多かった。次いで，［自然に触れられて気持ちいいから］など「気持ちいい」を挙げた生徒は27人だった。さらに，［星空がとにかく好き］など，海，山，星などの「自然が好き」を挙げた生徒，［空気がきれいだから］など「きれい」を挙げた生徒は，それぞれ，12人，10人であった。その他，［体力つくから］，［毎年行くから］などの理由を挙げた生徒もみられた。

次に，「嫌い」，「どちらかといえば嫌い」，「どちらともいえない」を選んだ生徒41人の理由（自由記述）をカテゴリー分けした。［虫が苦手だから］，［あまり森とかにいたくないから，虫が嫌いなので］など「虫が嫌い」を挙げた生徒が19人と最も多かった。次いで，［汚れる］，［日焼けする］，［自然災害がある］など，自然の中で遊ぶと「害がある」からが5人，［家の中が好きだから］，自然にあまり「関心がない」からという理由を挙げている生徒が3人ずついた。その他を選んだ7人の理由としては，自然の中で［遊んだことがない］，［気分で遊ぶから］，［嫌いではないけど好きではない］などの理由がみられた。理由を記入していない生徒が4人みられた。

（3）自然との一体化体験

　「自然の中で，自分が自然の一部であり，自然に溶け込んでいるようだと感じたことはあるか」についての多肢選択式問題の回答の結果は，以下の通りであった。

　【たくさんある…4％，多少ある…16％，わからない…61％，ない…19％】

　自然との一体化体験については，「たくさんある」，「多少ある」を合わせると20％（26人）であった。他方，「わからない」と答えた生徒が61％（79人）に達し，「ない」と合わせると80％（103人）となり，大多数の生徒が自然との一体感を感じた経験がないことが示された。

　「たくさんある」，「多少ある」を選んだ生徒26人の理由（自由記述）をカテゴリー分けした。［雲が流れるのをずっと見てる時］，［山で寝転がっているとき］，［人工的な音がなくて，風と鳥の音だけが辺りに響いていたとき］，［山の辺りの公園の芝生の上で寝転んで，緑の美しい自然に囲まれ，きれいで美味しい空気を吸ってサワサワ揺れる木々の音や風を感じていたとき］など，「自然の中で佇んでいた際」に一体感を感じた生徒が14人と最も多かった。次いで，［川で遊んでいるとき］や［散歩しているとき］など，「自然の中での活動中」に一体感を感じた生徒が6人であった。その他，［なんとなく］などと記述した生徒が6人であった。

（4）自然への感動・興味

　「自然の中で感動したり，興味を持ったことはあるか」についての多肢選択式問題の回答の結果は，以下の通りであった。

　【たくさんある…9％，何回かある…47％，一度はある…25％，一度もない…19％】

　自然への感動・興味については，「たくさんある」，「何回かある」，「一度はある」を合わせると81％（105人）に達しており，多数の生徒が自然に対して感動したり，興味を抱いたことがあることが示された。他方，感動・興味

を抱いたことが一度もない生徒は19%（24人）に留まった。

　「たくさんある」，「何回かある」，「一度はある」を選んだ生徒の理由（自由記述）をカテゴリー分けし，その結果を以下に示した。自然への感動・興味について，「たくさんある」，「何回かある」，「一度はある」を選んだ生徒の記述としては，［夜，星がすごくキレイに見えたこと。星座を見つけたこと］，［流星群を見たときに，もっと長く線が見えないのかなと思った］，［山奥で見た夜空］など，夜空の星を見た体験における自然への感動・興味を挙げた生徒の割合が最も多く，22人であった。次いで，［小さい頃に，自然公園で虫をたくさんみつけたり，走り回ったりしたときとか，川にいる生き物を見つけたとき］，［中学校の時，ちょっとした山にのぼったときにカワイイ野生のリスがいて感動した！］，［鳥たちの親子をみて…助け合い］など，「動物」への感動・興味を挙げた生徒が17人みられた。さらに，［とても大きな木を見たとき］など「樹木・草本」に関する自然体験について13人，［きれいに広がっている一面の風景］など自然の「景色」に感動した体験について11人，［山に行くと木，岩，土，虫，動物，植物，微生物などの命があります。その命を大切にしたいという思いがあります］など周囲の「自然全般」を感じた自然体験について９人，［最近では修学旅行で朝，海をみたとき］など「海・川」での体験について７人，「空気の気持ちよさ」など「気持ちよさ」を感じた体験について４人，［家の近くの土手で太陽が沈む瞬間を見たとき］など「太陽」の日の出・日の入りを見た体験について３人の生徒から挙げられていた。その他10人の生徒において，［雪解け水が土の上を通ってそのまま人が飲めるくらいのきれいな水になること］，［山登りをした時に自然ってすごいなあと思った］，［どのような長い年月で自然が形成されたのかとか］などの記述がみられ，感動・興味を持った自然体験が生徒によって多様であることが示された。理由を記入していない生徒は９人みられた。

（5）自然とはどのような存在か

　「あなたにとって“自然”とはどのような存在（ところ）か」についての多肢選択式問題の回答の結果，生徒が最も多く選択したのは，「心に安らぎを与えてくれる，心地よいところ」であり，81人（過半数の63%）みられた。次いで「直接関係はないけど，大切にしていかなければならないところ」を選ぶ生徒が24人（19%），「いろいろな動植物がいて，楽しく，感動を与えてくれるところ」が18人（14%）みられた。他方，人間にとっての利用価値としての自然を示した「人間の生活に必要な資源を発掘できるところ」，および，人間と対立した存在を示す「人間に危害を与える有害なところ」を選択する生徒は1人ずつであった。「その他」を選んだのは4人おり，［心に安らぎを与えてくれる，心地よいところ］と［直接関係はないけど，大切にしていかなければならないところ］の両方を合わせた存在という意見がみられた。

（6）どのような自然が好きか

　「あなたはどのような自然が良いと思うか」についての多肢選択式問題の回答の結果，「すぐ遊びに行けるような近くの河原や，木の実を拾いに行ける近くの林，草地」の割合が一番高く，70人（生徒の約半数となる54%）がこの項目を選択していた。次いで，高かったのが「田んぼや畑，果樹園，牧場など，人間と他の動植物が共存している場所」で，33人（26%）を示した。上記2つの選択肢の内容がともに，「人間と自然とが共存する場所」を示していることから，合わせて103人（80%）の生徒が人間と自然とが共存する状態の自然が良いと思っていることが示された。他方，「人間が足を踏み入れないような原生自然で，色々な動植物がいる自然（ジャングル）」を選択した生徒が15人（12%）みられた。また，人間による管理の度合いが高い「きちんと整えられた，花や木がきれいに並んでいる公園」を選択した生徒が5人（4%）みられた。「その他」を選んだのは6人おり，上記の選択肢すべ

134

てが良いという意見が数名みられた。

3　環境主義的自然観と自然体験との関連性

　高校生の環境主義的自然観と自然体験との関連をみるために，質問紙Ⅰの「ディープ・エコロジー」の各カテゴリーの回答と質問紙Ⅱの問1「自然体験」，問2，3，5「自然とのかかわり方」の回答との相関関係を調べ，その結果を表4-7，表4-8に示した。質問紙Ⅰの「ディープ・エコロジー」の各項目の回答の「そう思う」，「どちらかといえばそう思う」，「どちらかといえばそう思わない」，「そう思わない」をそれぞれ4点3点2点1点の間隔尺度に読み替えたもの（逆転項目は，その逆の1点2点3点4点）をカテゴリーごとに合計して合計点を算出した。そして，質問紙Ⅱの問1「自然体験」の各項目の回答の「何度もある」，「少しある」，「ほとんどない」をそれぞれ3点2点1点とし，「自然とのかかわり方」の問2「自然は好きか？」の回答の「嫌い」，「どちらかといえば嫌い」，「どちらとも言えない」，「どちらかといえば好き」，「好き」を1点2点3点4点5点とし，問3「自然との一体感を感じたか？」の回答の「たくさんある」，「多少ある」，「わからない」，「ない」を4点3点2点1点とし，問5「自然に感動したか？」の回答の「一度もない」，「一度はある」，「何回かある」，「たくさんある」の回答を1点2点3点4点とし，質問紙Ⅰのカテゴリーごとの合計点との相関を調べた。

（1）「ディープ・エコロジー」と「自然体験」との相関

　表4-7に，質問紙Ⅰの「ディープ・エコロジー」と質問紙Ⅱの問1「自然体験」との相関の結果を示した。「ディープ・エコロジー」の「多様性と共生の原理」のカテゴリーと問1「自然体験」との間で相関がみられたのは1項目のみであり，「虫」の体験との間で弱い相関がみられた。次に，「生命圏平等主義」のカテゴリーと「自然体験」との間では，相関がみられたものはなかった。そして，「自己実現」のカテゴリーと「自然体験」との間で弱い

表4-7　「ディープ・エコロジー」と「自然体験」との相関

カテゴリー	虫	釣り	木登り	登山	太陽	星空	野鳥	泳ぐ	キャンプ
多様性と共生の原理	0.20*	0.14	0.05	− 0.13	0.04	0.12	0.19*	0.14	− 0.04
生命圏平等主義	0.16	0.12	0.03	− 0.19*	0.11	0.06	0.09	0.08	− 0.01
自己実現	0.24**	0.22*	0.22*	0.11	0.12	0.17	0.40**	0.10	0.14

※　1％の有意水準で相関があると示され，なおかつ，相関が0.20以上のものを枠で囲んだ。
　　$n=124$（無記入の回答を有する5名の生徒を除いた人数），$**p < .01$, $*p < .05$

相関がみられたのは4項目あり，「虫」，「釣り」，「木登り」，「野鳥」の体験との間で弱い相関がみられた。

　以上の結果をまとめると，「ディープ・エコロジー」のカテゴリーの中では特に，「自己実現」と複数の自然体験との間に弱い相関がみられることが示された。

（2）「ディープ・エコロジー」と「自然とのかかわり方」との相関

　表4-8に，質問紙Ⅰの「ディープ・エコロジー」と質問紙Ⅱの問2，3，5「自然とのかかわり方」との相関の結果を示した。「ディープ・エコロジー」の「多様性と共生の原理」と「自然とのかかわり方」との間で相関がみられたのは2項目あり，問2「自然の中で遊んだり過ごしたりするのは好きか（表4-8では"好きか"と省略形で示した）」，および，問5「自然の中で感動したり興味をもったことはあるか（表4-8では"感動"と省略形で示した）」との間で弱い相関がみられ，問3「自然の中で，自分が自然の一部であり，自然に溶け込んでいるようだと感じたことはあるか（表4-8では"一体感"と省略形で示した）」との間では相関はみられなかった。次に，「ディープ・エコロジー」の「生命圏平等主義」のカテゴリーにおいては，「自然とのかかわり方」の3項目すべてとの間で弱い相関がみられた。さらに，「ディープ・エコロジー」の「自己実現」のカテゴリーにおいては，「自然とのかかわり

表4-8 「ディープ・エコロジー」と「自然体験」との相関

カテゴリー	好きか	一体感	感動
多様性と共生の原理	0.20*	0.11	0.33**
生命圏平等主義	0.27**	0.20**	0.25**
自己実現	0.43**	0.45**	0.35**

※　1％の有意水準で相関があると示され，なおかつ，相関関係が0.20以上のものを枠で囲んだ。
　　n=124（無記入の回答を有する5名の生徒を除いた人数），$**p < .01$, $*p < .05$

方」の3項目すべてとの間で相関がみられ，問2「好きか」，および，問3「一体感」との間では中程度の相関，問5「感動」との間では弱い相関がみられた。

　以上の結果をまとめると，「ディープ・エコロジー」と「自然とのかかわり方」の間に弱～中程度の相関がみられることが示された。

4　高校生の環境倫理意識の特徴

　高校生の環境倫理意識・態度の実態，および，自然体験との関係について，明らかになったことを以下に示した。

　1点目は，「環境観」の環境問題に対する意識が高く，「ディープ・エコロジー」の概念に対する肯定感が強い生徒が多い一方で，「環境観」の環境問題に対する知識，および，環境問題の解決に向けた行動が身に付いている生徒が少ない点である。具体的には，「環境観」については，質問紙Ⅰの調査の結果より，ゴミの分別，水や電気の節約の呼びかけには積極的なものの，環境問題に関する知識が定着しておらず，環境保護について友人と話すことは少なく，常日頃から環境保護を考えた生活を心掛けているとはいえない生徒が多いことが明らかになった。また，「ディープ・エコロジー」の概念については，肯定的な生徒が多いが，実際に日頃から自然に接する機会がある生徒は少ないことが明らかになった。

　2点目は，自然の中で興味・関心を持ち，遊び，過ごすことが好きな生徒

が多いが，自然の中で自然との一体感を感じた経験がある生徒は少ない点である。具体的には，質問紙Ⅱの問2〜8「自然とのかかわり方」の調査結果において，自然の中で遊んだり過ごしたりすることが好き，および，自然の中で感動したり，興味を持ったことがある生徒の割合が多いことが示されたが，自然の中で自然との一体感を感じたことがある生徒の割合は低いことが明らかになった。「自然との一体化による自己実現」については，自由記述により，「自然の中で佇んだ際」，および，「自然の中での活動中」に自然との一体感を感じた経験がある生徒がいることがわかったが，「自己実現」まで達した経験であったかどうか，質問紙の記述だけでは判定できなかった。なお，国立オリンピック記念青少年総合センターにより報告された『青少年の自然体験活動等に関する実態調査』[10]と同様の質問項目を用いた質問紙Ⅱの問1「自然体験」に関して，全国の子どもの実態調査結果と本研究の対象生徒の実態調査結果を比較すると，同センターが平成10年度に実施した調査結果と本調査の結果が類似していることが明らかになった。同センターが7年後の平成17年度に実施した結果をみると，どの項目も平成10年度実施の結果より自然体験の割合が減少していることから，本調査の対象生徒については，市街地在住ではあるが，全国の子どもより，自然体験がやや多い状況であることが示された。

　3点目は，自然とのかかわりが密接な生徒ほど，「ディープ・エコロジー」の概念に肯定的である点である。具体的には，質問紙Ⅱの問2，3，5「自然とのかかわり方」と質問紙Ⅰ「ディープ・エコロジー」の認識の深さとの関連において，ほとんどの項目で弱〜中程度の相関が示され，「自然とのかかわり方」が密接である生徒ほど，環境主義的な環境倫理意識が高いことが明らかになった。特に，質問紙Ⅱの問3「自然の中で自分が自然の一部であり，自然に溶け込んでいるようだと感じたことがあるか（一体感）」の質問内容は，表4-1に示した「ディープ・エコロジー」の「自己実現」の達成過程の一部となる「人間のみならず人間を超えて人間以外の存在とも一体感を持

てるようになる」経験を問うた内容である。自然との一体感を経験した生徒の割合は20％に留まったが，質問紙Ⅰの「自己実現」カテゴリーとの中程度の相関を示していることから，生徒の「自己実現」意識の高さは，自然との一体感を感じた経験と関連していることが示された。

　以上，本章では，高校生に対する実態調査結果により，調査対象にした高校生の環境倫理意識の特徴として，①環境問題に対する意識が高く，「ディープ・エコロジー」の概念に対する肯定感が強い生徒が多い一方で，環境問題に対する知識，および，環境問題の解決に向けた行動が身に付いている生徒が少ない点，②自然の中で興味・関心を持ち，遊び，過ごすことが好きな生徒が多いが，自然の中で自然との一体感を感じた経験，および，日頃から自然に接する機会がある生徒は少ない点，③自然とのかかわりが密接な生徒ほど，「ディープ・エコロジー」の概念に肯定的である点が明らかになった。次の第5，6章では，本章の調査結果を踏まえて環境教育プログラム開発を行う。なお，本章の調査は，次章からのプログラム開発・実践以降に行ったものであるが，環境教育プログラム開発の前にも本章と同様の意識調査を行っており，本章の調査結果と類似する結果が示されていた。これら，本章の調査以前の意識調査の結果の一部は，第6章のプログラム実践とその結果に記している。本章の調査結果は，複数回行った同様の調査結果の中でも最新のものである。

第5章　ディープ・エコロジーの視点を導入した環境教育プログラムの開発

第1節　ディープ・エコロジーの導入視点とプログラムの目標

　本章では，第1章，第2章，第3章で明らかになったディープ・エコロジーの基本概念，および，ディープ・エコロジー教育の特質をもとにして，日本の高校教育で行う環境教育プログラムを開発する。なお，第4章の結果分析にも示した通り，環境倫理意識調査の結果分析は，第5章，第6章のプログラム開発，実施以降に行ったものである。しかし，以下，本章に示したプログラムⅠ，Ⅱ，Ⅲの開発前にも第4章と同様の意識調査を行っており，調査結果，および，分析の一部を第6章に示した。したがって，本章は，第4章と同様の高校生の環境倫理意識の実態を踏まえた，プログラム開発となる。

1　ディープ・エコロジーの導入視点

　ディープ・エコロジーの概念は根本的には日本古来の自然との接し方に一脈通じるものである[1]。しかし，第3章第1節にて示したように，アメリカ・カナダで発展しているディープ・エコロジー教育の中には，ネイティブ・アメリカンの伝統儀式手法をとるもの，太極拳の手法をとるもの，宗教的色彩の濃いもの等々もあり，そのままでは日本の学校教育における環境教育に直接導入しがたい側面があることも否定できない。そこで，日本の環境教育プログラムへディープ・エコロジーの視点を導入する際には，日本の環境教育の現状を踏まえ，ディープ・エコロジーの基本概念とされているもの

に焦点を絞る必要がある。したがって，ディープ・エコロジーの導入視点は，第1章第3節に示した，ディープ・エコロジーの原本となっているネスの1973年の論文[2]，1997年に日本語で出版されたネスの著書『ディープ・エコロジーとは何か』[3]，ビル・デヴァルとジョージ・セッションズの「ディープ・エコロジーの8つの綱領」[4]，および，第3章第3節にて示した，日本におけるディープ・エコロジー教育の議論[5]などから中核となる視点を抽出することとし，表5-1に示した。

表5-1　ディープ・エコロジーの導入視点

①	相互連関的・全フィールド	生命体は個々ばらばらな存在ではなく，生物圏という大きな網の目の結び目の一つであり，そこに存在するすべての生命が互いに関係し合って生きている。
②	多様性と共生の原理	多様性は，生物の絶滅危機を低下させ，新たな生命が出現する機会を増大させ，生命をより豊かなものにしていく。適者生存の概念も，共生・協同してゆく能力として解釈する。
③	生命圏平等主義〜原則として〜	生物圏におけるあらゆる生命には，生を送り繁栄する平等の権利があり，この権利を人間にかぎると人間中心主義に陥ることになり，人間みずからにも悪影響を及ぼす。なぜなら，人間は他の生命体と親しむことによって深い喜びと満足を享受するからである。ただし，人間が生きていく上で生じる他の生命体の若干の殺戮・開発・抑圧は必然である。
④	自己実現	ディープ・エコロジーにおける「自己実現」とは，人間のみならず人間を超えて人間以外の存在とも一体感を持てるようになるとき，人間は精神的な成熟・成長をすることを意味する。人間以外の存在とはすなわち，他の生命体（微生物，動物，植物などすべての生命体），更には生態系全体（一般的には「自然」）を含み，これらの有機的全体性を「大いなる自己」とし，自分自身を「大いなる自己の中の自己」と捉えることで，自己が広がり，深みを増す。
⑤	エコソフィー	人間一人ひとりが持つエコロジカルな調和と均衡の哲学。個人の心の中に，自然に対する真実の敬意と調和する世界観を形成することが「エコソフィー」の知的営みであり，ディープ・エコロジーの原理や綱領を受け入れる各人の哲学的基盤となる。

　それぞれの視点とその必要性の根拠は以下の通りである。まず，本プログラムにおいて，中心的に導入するディープ・エコロジーの視点は表5-1の④「自己実現」である。「自己実現」は日本の環境教育には見られない概念であるが，ディープ・エコロジーの中軸をなす概念である。第3章第1節において明らかにした，アメリカ・カナダ・オーストラリアにおけるディープ・エコロジーを導入した環境教育の主要な特質としても，「自己実現」を教育目標とする点が挙げられる。また，第4章の日本の高校生の環境倫理意識調査，および，第6章の日本の高校生への環境教育プログラム実施前のプレテスト，多肢選択式・自由記述式アンケートの結果，生徒たちは「自己実現」に対して肯定感を有するものの，実際に「自己実現」へとつながる，自然との一体感を実感した経験が少ないことが示されている。したがって，本プログラムにおいて，この「自己実現」の視点を第一に導入することとした。そして，④「自己実現」を導入する上で切り離せない概念が①「相互連関的・全フィールド」，②「多様性と共生の原理」，および，③「生命圏平等主義」である。「生命の多様性」とそれを支える「共生」の原理を知り，人間や他のあらゆる生命が，生命どうしの込み入った関係性（全フィールド）の中で生きていることを理解し，生命の固有の価値を認め，その平等性を実感することによって「自己実現」がなされるからである。また，逆に，人間を超えて人間以外の存在とも一体感を持てるように「自己実現」するとき，生物の多様性と共生，固有の価値の理解，相互連関した世界の中で生きていることの実感，そして，生命の平等性の実感が得られる，と捉えられている[6]。これは，第3章第1節に示したアメリカ・カナダ・オーストラリアにおけるディープ・エコロジーを導入した環境教育においても重視され，教育目標である「自己実現」の達成のための手段として，自己と他の多様な生命，さらには生命以外の自然物を同一視し（②「多様性と共生の原理」，および，③「生命圏平等主義」の概念に相当），人間が地球という一つの共同体の中の一員であることを実感できる（①「相互連関的・全フィールド」の概念に相当）体験学習

が導入されている。さらに，自己実現の結果として身に付くのが，⑤「エコソフィー」，すなわち，人間個人がそれぞれ持つエコロジカルな調和と均衡の哲学である[7]。したがって，ディープ・エコロジーの視点を導入した環境教育の要件としては，少なくとも，以上の5つの視点が中核となる。

いうまでもなく，ディープ・エコロジーを特徴づける視点はこれだけではない。例えば，ネスのディープ・エコロジーの概念の一つである「反階級の姿勢」，「汚染と資源枯渇に対する戦い」や「地方の自律と脱中心化」があるが，本プログラムでは導入していない。本プログラムでは，高等学校の生物教育の枠内での試みであるために，社会的・政治的な問題までには範囲を広げず，自然とかかわることによって生じる生徒の精神的な成熟・成長（第3章第3節のジョン・ミラーのホリスティック教育[8]と一脈通じる），生態系や共生，多様性などの学習を通じて自然界を見ること（第3章第1節のフリッチョフ・カプラの「エコリテラシー」の概念[9]と一脈通じる），「エコソフィー」の確立に焦点を当てているからである。

2　プログラムの目標

以上の視点を導入すると，これらの視点に対応してプログラムの目標が，表5-2のように設定される。

目標①における生物多様性と共生の理解は，ネスの「多様性と共生の原理」，および，「相互連関的・全フィールド」の理解を意味する。すなわち，人間は生態系という生命の複雑な関係性の中で他の生命と「共生」し，「協同」して生きていることを理解し，生命形態の多様性はそれだけで価値ある

表5-2　プログラムの目標

目標①	生物多様性と共生，および，生態系の概念の理解
目標②	原則としての生命圏平等主義的な自然観の獲得
目標③	自然との一体化による自己実現への到達

ものであると認識することを目標とする。また，このことを理解・認識するためには生態系に関する基本的な概念の獲得が前提となり，自然と触れあう野外体験が有効になってくる。

　目標②では，地球上の網の目のような生態系を構成している人間を含むすべての生命の幸福・繁栄はそれ自体で価値があり，人間は原則として他の生命を殺傷し，多様性を減ずる権利はないという自然観を身に付けることを目標とする。そしてさらに，自然の中で，人間以外の生命の尊さ・平等さを実感することにより，人間の命の尊さ・平等さに深く感じ入ることも含んでいる。

　目標③「自然との一体化による自己実現への到達」は，ディープ・エコロジーの中心命題であり，目標①・②の達成をも包括するものである。自然とのかかわりの中で「自然の声」，「地球の声」を聴くことのできる感受性を取り戻し，自分自身の精神の内面にある自然観・世界観を問い直すような「自分探しの旅」をし，人間は自然に支えられて生きていること，人間と自然はそもそも一体であることを認識する[10]。そして，その体験の中で生徒が自分自身の人格と独自性を成長・成熟させてゆくことを目標とする。

　また，「エコソフィー」に関しては，本プログラムのように限られた時間（数時間）で確立させるものではなく，十分時間をかけて成熟させてゆくものであると捉えるのが一般的である。ゆえに，「エコソフィー」を本プログラムでは目標の中心として設定せず，目標③「自然との一体化による自己実現への到達」のいわば潜在目標として扱うことにした。

第 2 節　プログラム開発の視点とプログラムの構成

　実施校の学習状況，および，自然環境を考慮しながら，第 3 章第 1 節のアメリカ・カナダ・オーストラリアのディープ・エコロジー教育実践例，第 3 章第 2 節のアメリカの環境教育プログラム（ネイチャーゲーム[11]，OBIS[12]，

PLT[13]），第3章第3節の日本のディープ・エコロジー教育実践事例[14]を手
がかりに，先に設定した目標に従って，高等学校の特に生物授業で実施する
環境教育プログラムⅠ，Ⅱ，Ⅲを作成した。

1　プログラムⅠの開発の視点とプログラムの構成

（1）プログラムⅠの位置付け

　プログラムⅠは1998年に開発したプログラムである。本プログラムは，目
標①「生物多様性と共生，および，生態系の概念の理解」を設定しているこ
とから，高校生物においては，生態学（共生を含む）について学習する生態
学分野，および，生物の多様性の学習内容を含む「進化と系統」分野に位置
付けられる。

　まず，プログラムⅠの生態学分野の高校生物における位置付けとその内容
構成について示す。なお，プログラムⅠ開発当時の高校生物は，1989年に改
訂された学習指導要領により設定された「生物ⅠA」，「生物ⅠB」，「生物
Ⅱ」の3科目であった。また，高校生物の内容構成については，プログラム
Ⅰ実施校で当時使用していた『生物ⅠB』（以下，『　』を付した科目名は教科書
を示す）の教科書[15]を参照した。『生物ⅠB』は表5-3に示した内容構成をとっ
ており，生態学分野はⅤ章「生物の集団」に位置付けられていた。各単元の
学習内容は表5-4に示したとおりである。プログラムⅠの生態学分野の内容
は，『生物ⅠB』ではⅤ章「生物の集団」で単元「A. 生物の集団とその変
動」を学習した後の単元「B. 生態系と物質循環」，または，単元「C. 自然界
の平衡と環境の保全」に位置付けられる（表5-3下線部）。

　次に，プログラムⅠの進化と系統の分野の高校生物（「生物Ⅱ」）における
位置付けとその内容構成について見てみる。『生物Ⅱ』[16]は表5-4に示した内
容構成をとっており，「進化と系統」分野は第2部「生物の進化と系統」に
位置付けられている。そして，生物の多様性はこの第2部の第2章に位置付
けられている（表5-4下線部）。

表5-3　『生物ⅠB』の内容構成

章	単元
Ⅰ：生物体の構造と機能	A. 細胞 B. 細胞の増殖
Ⅱ：代謝とエネルギー	A. 代謝と酵素 B. 異化の過程 C. 同化の過程
Ⅲ：生命の連続性	A. 生殖 B. 発生 C. 遺伝と変異
Ⅳ：生物の反応と調節	A. 刺激の受容と動物の行動 B. 内部環境とその恒常性 C. 植物の反応と調節
Ⅴ：生物の集団	A. 生物の集団とその変動 **B. 生態系と物質循環** **C. 自然界の平衡と環境の保全**

表5-4　『生物Ⅱ』の内容構成

項目	章
第1部：分子からみた生命現象	第1章　生物を特色づけるタンパク質 第2章　生体を防御するタンパク質 第3章　遺伝を担う核酸
第2部：生物の進化と系統	第1章　生物の進化 **第2章　生物の多様性**
第3部：課題研究	第1章　課題研究とその進め方 第2章　実験研究 第3章　調査研究

　したがって，プログラムⅠの生物学的内容は，『生物Ⅱ』では第2部の第2章「生物の多様性」に位置付けることができる。

表5-5　プログラムⅠ実施校・生徒の概要

プログラム実施校	茨城県立A高等学校（A高校と略記）
対象学科	全日制普通科
対象学年	3年生
人数	29名（男子10人，女子19人）
科目	選択生物（生物Ⅱ：啓林館）
履修状況	生物ⅠB（三省堂）を履修済み

（2）プログラムⅠ実施校の概要・生徒の学習状況

　プログラムⅠ実施校，および，試行対象生徒の概要を表5-5にまとめた。

　対象の生徒は高校2年次に既に「生物ⅠB」を履修しており，生態系の内容を含んだ単元を学習済みであった。なお，選択生物は3年生の1・2学期にわたる選択授業であり，生徒は生物・物理・古典から選択することになっていた。選択生物の履修生徒は3年6組から13人，7組から16人という2クラス複合で構成されていた。この2クラスの生徒は，高校2年次に『生物ⅠB』のⅤ章「生物の集団」を学習しており，食物連鎖，生態系，植物群落の遷移等は学習済みであった。

　プログラム実施前にA高校に予備調査に行き，校庭や実験室を下見してフィールドを決定した。また，予備調査の際には，夏休み中で自主学習に来ていた3年生7人（男子5人，女子2人：いずれも選択生物を履修していない生徒であった）を対象に，生態学の知識の現状について質問紙調査した。「食物連鎖」については全員知っていて，その言葉の説明もできたが，「生態系」，「なわばり」，「環境問題」については言葉を知っている程度，「植物群落」，「遷移」，「生物多様性」については聞いたこともない，という結果であった。これより，生徒の生態学の知識は中学の既習事項である「食物連鎖」の概念が中心となっていたと考えられる。

　A高校の「選択生物」の授業では，『生物Ⅱ』の教科書（啓林館）の流れを

特に追う必要はなかったため，本プログラムの教科書での位置付けは，『生物Ⅱ』の第2部第3章の「生物の多様性」とした。

（3）野外体験学習の導入

　目標③における「自然との一体化」は，自然の中で自然と触れ合うことによって獲得されるものである。したがって，本プログラムには野外体験活動を多く取り入れた。まず，野外体験活動の中にゲーム的な要素を取り入れ，自然と楽しくかかわりあえるような雰囲気づくりをした。ゲーム的な要素の導入にあたっては，第3章第2節で紹介した環境教育プログラムの，ネイチャーゲーム，OBIS，PLT 等のアクティビティを参考にし，小プログラム（50分授業の1時間）の一部，または全体に取り入れることとした。

　また，目標①「生物多様性と共生，および生態系の概念の理解」の達成のため，調査・実験的な野外体験学習を導入した。調査・実験的な活動としては，簡単な生態学の調査を取り入れることとし，生態学実験の手法，フィールドガイド，OBIS のアクティビティ等を参考にして小プログラムを作成した。

　そして，目標③における「自己実現」の達成のため，第3章にて調査したディープ・エコロジー教育活動の一部や瞑想的な手法を導入した。ディープ・エコロジー教育活動は，「自然との一体感」，および目標②「生命圏平等主義」の達成に即した内容を含むものを選出した。瞑想的な手法は，野外体験活動だけでなく屋内の活動にも導入することとした。

　野外体験活動の導入は，以上の観点と実施校での試行を考慮して行った。実施校での野外教育における活動範囲は学校の敷地内という制約があったため，野外体験的活動のフィールドは校庭内の草地・樹木のある場所に決定した。さらに，生徒の野外体験活動の補助・補強として，「ネイチャーゲーム」等の環境教育プログラムの教材などを参考にしたカードやワークシートを作成・利用した。

　校庭内の草地・樹木のある場所（フィールド）についてはプログラムの実施前に入念な予備調査を行った。プログラムⅠでは昆虫の分類調査を行うこととしたため，校庭内のいくつかの場所（草地・樹木の下・建物のヘリなど）で昆虫の捕獲調査を行った。また，草地においては植物の植生調査を行い，樹木の調査も行った。フィールドは，校庭の端の草刈りが行われていない放置された草地中心とした場所に決定した。

　他方，フィールドにて身近に観察できないような「生態系」，「共生」（特に海外，海中，希少生物の場合）については，映像教材を用いてそれを補助することとした。映像教材は，生物の「共生」をわかりやすく具体的に示し，映像が優れたものを選出した。また，屋内において瞑想的手法を導入する際の活動の補助・補強としてOHP機材を使用することとした。

（4）プログラムⅠの構成

　上述したプログラムⅠの目標，および，開発の視点を基に，環境教育プログラムⅠの内容，および，構成を決定し，表5-6に示した。プログラムⅠは10時間にわたる構成となったが，最初の第1時はプレテスト，および，自然体験についてのアンケート調査の実施，第2時は生徒の自然に対する熱意・関心を高めるための軽いエクササイズとしてのネイチャーゲームの「私は誰でしょう（2）」[17]の実施，第10時はポストテスト，および，本プログラムについてのアンケート調査の実施に当てたため，ディープ・エコロジーの視点を導入した授業に相当するのは第3〜9時である。第3時の「エコストーリー・インタビュー」では生徒がお互いの自然体験を語り合うことによって自分自身の自然とのかかわりをふり返り，第4時の「生物の多様性・生態系」では生態学の主要概念を再確認するため，地球上の生命の多様性，生命形態の多様性の価値について学び，第5時の「校庭の生態系」では身近な生物である昆虫の多様性と昆虫が生息する草地・樹木付近の生態系を実感し，第6時の「サウンドマップ」[18]では五感を開いて自然の奏でる音を聴き，音

表5-6　ディープ・エコロジーを導入した環境教育プログラムの全体の構成

中心目標	内容
	第1時　プレテスト＆自然体験についての アンケート
熱意・関心を高める	第2時　「私はだれでしょう（2）」
自然とのかかわりの認識，目標①	第3時　エコストーリー・インタビュー
目標①	第4時　生物の多様性，生態系
目標①	第5時　校庭の生態系～昆虫の多様性～
目標②，③	第6時　サウンドマップ
目標②	第7時　ディープ・エコロジー・ワーク： 進化の記憶
目標①	第8時　ビデオ視聴「共生」
目標②，③	第9時　ディープ・エコロジー・ワーク： 地球とのチャネリング
	第10時　ポストテスト＆アンケート

の地図を創ることによって自然と一体化し，第7時の「進化の記憶」では宇宙の始まりから生命が誕生・進化していく歴史をストーリー・テリングによって回想することにより生命圏平等主義の概念を身に付け，第8時の「ビデオ視聴・共生」では共生，特に身近では見られないような世界のさまざまな地域の生物の共生について学び，最後に，第9時の「地球とのチャネリング」で，自然にあるものを一つ選び一定時間意識的に一体化することによって自然との一体感を感じ，自己実現を獲得する，という一連のプログラムを作成した。ちなみに，「エコストーリー・インタビュー」，「生物の多様性・生態系」，「進化の記憶」，「ビデオ視聴・共生」は屋内（実験室）で行い，「校庭の生態系」，「サウンドマップ」，「地球とのチャネリング」は野外（校庭の一画にある草地）で行うこととした。次に，第3～9時の各授業についてその詳細を述べることとする。

1）第3時　「エコストーリー・インタビュー」

　「エコストーリー・インタビュー」は，生徒一人一人がインタビュー・カードを持ち，生徒どうしがお互いに自然体験をインタビューし合うことによって，自然と人間とのかかわりを感じ，自然と自分自身とのかかわりの歴史を思い出し，実感し，さらにそうした体験を生徒同士が共有するという活動である。この活動は，自然と人間・自分自身のかかわり，特に，目標①の「相互連関的・全フィールド」を認識させるため，プログラムの初期段階である第3時に設定した。

　「エコストーリー・インタビュー」のアクティビティは，ディープ・エコロジーの「全生命のつどい」ワークの中の一つである「エコストーリーを語る」[19]とネイチャーゲームのアクティビティの一つである「はじめまして」[20]を参考にして作成した。

　「エコストーリーを語る」はディープ・エコロジーの「全生命のつどい」ワークショップの中の一つのエクササイズで，ワークショップ参加者が3～4人の小グループに分かれ，決められた時間（5～15分）を使って，自然界の実在を強烈に味わった特別な体験や，この世界に起きていることについて強く痛みを実感した体験を語る（そのどちらかでもいい）。一人が話している間は，他の参加者は意見をさしはさまずに，その話を全身全霊を傾けて聞く。このエクササイズは，一人ひとりがお互いの話をじゅうぶん聞くことができるので，ワークショップの幕開けに適しているのである[21]。

　「はじめまして」はネイチャーゲームのアクティビティの一つで，自然体験についての質問が書かれているカードを一人一枚持ち，決められた時間内に近くの人と二人一組になり，お互いに一つずつ質問し合い，終わったら相手を変えて同様にインタビューし合うゲームである。このアクティビティは，お互いに自然体験を紹介しあいながら仲間づくりをすることをねらいとしている[22]。

　形式としては，「はじめまして」ゲームの手法を用い，インタビューの設

問項目は、「はじめまして」ゲームの内容の一部、および、「エコストーリーを語る」の内容の一部に、自作の質問内容を加えて作成した。「はじめまして」ゲームから取り入れた内容は、設問1「何か生き物を育てたことはありますか？」、設問3「今まで行ったことのある自然でもう一度いきたいなと思うところはありますか？」の2つである。設問2「自然（山、海、川）の中で動物に出会ったことはありますか？」は「はじめまして」ゲームの「森の中で動物に出会ったことはありますか？」をアレンジして用いた。設問5「自然破壊のニュースを聞いて胸が痛んだことはありますか？」、および、設問6「絶滅した動植物を一つ教えて下さい」は、「エコストーリーを語る」の「この世界に起きていることについて強く痛みを実感した体験を語る」を含んでいる。また、設問7「みんなに紹介したい自然体験はありますか？」は、「エコストーリーを語る」の「自然界の実在を強烈に味わった特別な体験」を含む。残りの設問4・8は自作のものである。設問4「自分が自然の中に溶け込んでいるなと思ったことはありますか？」は、自然と一体化した経験があるかどうか問うものである。設問8は将来の自分と自然とのかかわりを考える意味も含む。以上、8つの設問からなるが、全体として、自分自身の自然とのかかわりを再確認すること、そして、見知ってはいるものの普段はあまり深く話すことはない状況の生徒同士[23]がお互いの自然体験について語りあい、仲間づくりができるようになることを考慮して作成した。生徒全員がほぼ全ての質問についてインタビューを終えたところで、お互いの顔が良く見えるような位置に集合し、それぞれの質問についてどんなものがあったか、インタビューした相手の興味深い体験、是非紹介したい自分自身の自然体験などについて紹介し合うこととした。

2）第4時「生物の多様性、生態系」

　第4時の授業内容は、前半は生物の多様性の理解、後半は第5時の校庭の身近な生態系の調査の準備とした。前半の学習は、生物の多様性についてそ

の要点をまとめたプリントを作成して生徒に配布し，筆者が説明した。まず，生物多様性の概念，次に，生物多様性が生態系に与える恩恵，そして，生物多様性が現在，存続の危機に立たされていることについて説明した。

　第4時の後半は，次の第5時の授業に関する説明と準備を行った。第5時の授業は，第4時の前半で説明した「生物の多様性，生態系」について，生徒にとって身近な生態系である校庭において実感させるための調査観察実験となる。そのため，第4時の授業の後半は，次の授業に先駆けて知っておいてもらいたいことの説明や準備などを行う時間を設けた。具体的には，次の第5時に校庭の昆虫の分類調査を行うに当たり，まず，昆虫の分類方法の説明を行った。分類方法については，「種とは何か」，「系統分類」，「分類の階層」，「同定」の順で，簡潔に説明した。本プログラムの分類調査は，あくまで生物の多様性を見る調査であり，分類も厳密に行うものではないので，分類の説明があまり難しく複雑にならないように簡潔に行うこととした。

　そして，具体的な分類方法として，生態学における昆虫の個体群調査などに使用する「わな法」と「すくいとり法」[24]を用いることとし，分類方法をまとめたプリントを作成し，生徒に配布した。「わな法」は地表付近にいる昆虫をトラップ（落とし穴）に誘い込むことによって捕獲し，調査する方法であり，本プログラムではトラップの場所を，樹木の下（落ち葉が多いところ），草地，建物のへりの3カ所に設定して行うこととした。トラップは数日間しかけておく必要があり，今回のプログラムの日程では時間を省略するため，トラップはあらかじめ調査の2日前（第4時間目の授業後）にしかけておくこととした。したがって，本時の授業では調査で使用するトラップを，時間があれば生徒全員に作成させ，時間がなければプログラム実施者が演示しながら行うこととした。「わな法」で使用するトラップはいろいろなものがあるが，今回はトラップに掛けた昆虫を傷つけないようにするため，大野式のトラップ[25]を用いた。次に，生徒に，「すくいとり法」についての説明をした。「すくいとり法」は，草地にいる昆虫を虫取り網ですくいとるよう

にして採集する方法である。「わな法」のような事前の準備は特にないが，
フィールドとなる草地は事前に調査した。「すくいとり法」で採集した昆虫
の観察法は，OBIS の環境学習マニュアル「モジュール I － 8 ：バッタの仲
間は何種類，見つかるだろう」[26]を参考にした。

　さらに，校庭の昆虫の調査で昆虫の多様性をより実感するために，A 高
校の校庭で，「すくいとり法」，「わな法」で採集できる昆虫について，ワー
クシートを使って，各班で話し合わせ，採集場所ごとに，どのような昆虫が
何種類採集できるかの予想を立てさせることとした。

3) 第 5 時「校庭の生態系～昆虫の多様性～」

　第 5 時の授業内容は，生態学的手法を用いた昆虫の分類調査を設定した。
第 4 時で説明した生物の多様性を身近な生物で実感すること，生態系の概念
についてより深く理解することを目的としたものである。また，生物多様性
を実感すると同時に，調査するために捕獲した昆虫を傷つけないように観察
することで，原則としての生命圏平等主義の自然観を身に付けることをもね
らいとした。したがって，本時の導入部において，生徒への注意事項を説明
する際，本時の活動は昆虫の多様性を見るための昆虫採集であること，昆虫
も他の生物と深いつながりを持つ生態系の中の重要な一員であるため昆虫を
傷つけないように観察することを強調することとした。

　昆虫を採集する各ポイントを各班すべて異なる場所・方法に設定すること
により，校庭という限られた空間でも，多様性が実感できる調査結果が得ら
れるよう工夫した。各ポイントで採集，観察できる昆虫の種類と数について
は，本時の一週間前に予備調査をした。また，採集した昆虫を傷つけないで
観察するために，採集後，すぐにチャックつきビニールに入れる方法を採用
した[27]。分類の際に用いる分類表は，あらかじめ 2 種類，準備した。生徒全
員に配布する，簡易な分類表と，各班に 2 組みずつ配布する，やや詳しい分
類表である。簡易な分類表は昆虫図鑑[28]を参考にして作成し，詳しい分類表

154

は昆虫図鑑[29]の一部を印刷して配布した。そして，さらに詳しい分類をする場合を考えて，昆虫図鑑を数冊[30]準備した。また，観察にあたっては，実施校から虫眼鏡を各班数個ずつ借りて行うこととした。そして，生物の多様性をより実感させる授業展開とするため，調査の最後に各班で採集した昆虫をビニール袋に入れたまま並べさせ，全員に全班の調査結果を共有させることとし，ワークシートの記入項目も，全班の調査結果を記入できる形式にした。

4）第6時「サウンドマップ」

第6時の授業では，ネイチャーゲームの「サウンドマップ」[31]を行うこととした。本時の活動は，校庭のフィールド（第5時の昆虫採集においてすくいとり法を行った草地の付近）で，音の地図を作る活動である。生徒に，周囲の自然の奏でる音を自分のイメージした記号やサインで表現させる（音の地図を描く）ことにより，身近な自然との深い一体感を感じさせ，さらには自己実現を実感させることを目的とした。

ネイチャーゲームの「サウンドマップ」は，周囲の音に注意を向け，その音をカードに図や記号等で表現することでより深く自然を感じることをねらいとしたアクティビティで，「フローラーニング」の第二段階（感覚を研ぎ澄ます）に位置づけられるものである[32]。

第6時の授業は，各自が音の地図をそれぞれ描いた後，代表的な作品を生徒全員に紹介する，音を描いた時の気持ちを数人に発表させる，全員の作品を展覧会のように並べて鑑賞させるなどの「わかちあい」の時間を充分とれるような授業展開とした。また，各自好きな音に○，嫌いな音に×，初めて聴いた音にハナマルをつけるなど，時間の関係で感想を聞けなかった生徒の気持ちも確認できるような手法をとった。

5）第7時「進化の記憶」

　第7時の授業は，ディープ・エコロジー・ワーク「全生命のつどい」の「進化の回想」のアクティビティの一つである「進化の記憶」をアレンジしたものである[33)]。「進化の記憶」では，宇宙のはじまりから生命出現まで，生命出現から現在までの進化の過程をストーリー・テリングで誘導瞑想する（回想させる）。「進化の回想」は，細胞生命の進化を，人間の進化の旅に焦点を合わせたさまざまな誘導瞑想を行いながら，知性と想像力を使って意識的に回想する一連のアクティビティからなる。「進化の回想」のアクティビティには，「進化の記憶」の他に，「ガイアとしての私たちの半生」，「ガイアの瞑想」，「ゆりかご」，「エコブレス」などがある。その中でも室内においても実施でき，より生物学的な内容を持つ「進化の記憶」を選び，実践することとした。第7時の授業では，「進化の記憶」のアクティビティに用いられるストーリーを，ほぼそのまま活用した。「全生命のつどい」の「進化の記憶」は2部構成をとり，最初のパートはビックバンから地球上で有機生命が発生するまでの宇宙の物語であり，朗読者はゆっくり間をおきながら読み，宇宙のはじまりまで遡る回想の旅を誘導する。このパートでは参加者は，意識をはっきりさせたままリラックスして座り，朗読を聞くのが一般的である。2番目のパートは，単細胞生物から今日の人間に見られる複雑な形態と発現にいたる有機生命の進化を身体運動でたどり，つづいて，人間進化の次なるステップを瞑想により模索する活動となる。「全生命のつどい」ワークにおいてこの瞑想は，言葉を超えた気づきのレベルを経験することを助け，身体の細胞の中には未知の記憶と英知が眠っているのだという強い感覚を呼び覚ます活動と捉えられている[34)]。

　本時の誘導瞑想では，「進化の記憶」における進化の旅のストーリーをすべて朗読する形式を取ることとした。単細胞生物から今日の人間に進化していく過程を朗読することにより，現存する多様な生物は，みな最初は同じ小さな単細胞生物であり，人間も同じ単細胞生物であったこと，そういった意

味で生命はみな平等であることを生徒に瞑想させながら実感させることをね
らいとしたためである。進化の記憶のイメージを補助する教材として，宇宙
のはじまりから生命の進化の過程を描いたイラスト[35]をOHPにして，朗読
する際に上映することとした[36]。瞑想の最後には，生徒に，現在・将来の人
間のあり方，現在・将来の自分自身のあり方についての問いかけを行い，本
時の活動の感想とともに人間の将来に関する自分の意見を，感想用紙に書い
てもらうようにした。

6）第8時　ビデオ視聴「共生」

　第8時の授業では，生物の「共生」についてのビデオ視聴による学習を設
定した。生物の「共生」は身近にも観察できる生物どうしの関係であるが，
根気強く時間をかけて観察しなければ，その実体を見ることは難しい。ま
た，世界の様々な場所における生物どうしの「共生」は，授業においては動
画で学習するのがわかりやすく，有効である。したがって，本時は「共生」
についてのVTRを視聴することとした。

　本時に用いるVTRはデヴィット・アッテンボローの「生命の試練」シ
リーズの中の『共生』である[37]。このVTRでは，世界の様々な生物の「共
生」の決定的瞬間やその生物の天敵とのかかわりなどが非常に細かく物語的
に展開されていて，映像も優れている。「共生」の例として出てくるのは，
イソギンチャクとヤドカリ，そしてヤドカリの天敵であるタコ，エビとハ
ゼ，そしてエビの天敵，アリとアブラムシ，そしてアリの天敵，ゾウガメと
ハチドリなどである。どの映像も「共生」している生物どうしを主観的に見
られるように編集してあり，生徒が興味・関心を抱きやすく，感情移入でき
るように工夫した流れとなっている。この動画を20分程見せた後，その映像
で出てきた生物や生物どうしの「共生」についての補足説明をすることとし
た。そして，映像で出てきたアリとアブラムシの共生関係は海外だけで見ら
れるものではなく，校庭内でも見られるものであることを生徒に説明するこ

ととした。

7）第9時「地球とのチャネリング」

　第9時の授業の活動内容は，ディープ・エコロジー・ワークをアレンジしたものである。このワークを選んだ理由は，欧米で盛んに実施されているディープ・エコロジー・ワークの1つである「全生命のつどい」[38]を日本のディープ・エコロジー市民団体員がアレンジしたものであり，日本の環境教育に導入しても生徒の抵抗感が少ないと考えられたからである。また，この第9時の授業は，プログラムⅠの一連の流れの最後に当たり，意識的に自然と一体化することによって自身の自己実現を図るという，第5章第1節に示した目標③「自然との一体化による自己実現への到達」達成のための重要な活動を含んでいる。また，自然との一体化を試みるに当たり，他の生命と自己の生命が同様に尊いものであると実感するという目標②「原則としての生命圏平等主義的な自然観の獲得」達成のための重要な活動でもある。よって，第9時の授業の指導展開を巻末資料3に示した。この授業は，第6時「サウンドマップ」を実施したときと同じフィールドで行うこととした。

　本時の活動は，日本のディープ・エコロジー市民団体である「ウェッブ・オブ・ライフ」の季刊誌に掲載されていたワーク「地球のチャネラーになる」[39]を参考にしたものである。このワークは，野外で周囲を見回し，直感的に気になるもの，興味を引かれるものに意識を集中し，それとの一体化を試みる活動である。一体化の際は，その対象に触れてみたり，匂いをかいだり，目を閉じてイメージしてみるなどの手法をとり，次の段階としてその一体化した対象を絵やダンスで表現したりする。本時の授業の前半では，このワークと同様の方法で一体化を生徒に実践させ，後半では，一体化した対象を表現する方法としてワークシート（巻末資料4）に記入させる手法をとることとした。

　ワークシートには，「あなたが選んだものは何ですか」，「色，形，大きさ

はどうですか」,「それはどんな手触りですか」など,生徒が選んだ「もの」に一体化するための手順も明記し,その流れに沿って行動することにより,一体化が実践できるよう内容を工夫した。そして,生徒自身が選んだ「もの」(一体化の対象物)になりきり,一体化をイメージするような瞑想的な時間を設け,その後,ワークシートにその時の気分や感想を書き込む時間を設けた。また,ワークシートには,一体化した対象を生徒に表現させるため,「もの」になりきって人間に何かひとこと言う,という項目も設けた。最後に,このような意識的な一体化を行った後,生徒を集合させて,一体化したときの気分,感想などを発表させ,その一体化した時の感覚をわかち合う時間を設けた。

2　プログラムⅡの開発の視点とプログラムの構成

(1) プログラムⅡの位置付け

プログラムⅡは,2005年(平成17年)に開発したプログラムである。プログラムⅡもプログラムⅠと同様,目標①で「生物多様性と共生,および生態系の概念の理解」を設定しており,これは高校生物では,「生物Ⅱ」の科目の生態学(共生を含む)について学習する「生態学」分野,および,生物の多様性の学習内容を含む「進化と系統」分野に位置付けられる。

以下に,プログラムⅡの生態学分野の高校生物における位置づけとその内容構成について示す。なお,プログラムⅡ開発当時の高校生物は,1999年に改訂された学習指導要領により設定された「生物Ⅰ」,「生物Ⅱ」の2科目である。また,「理科総合B」科目においても,その内容に生物分野が含まれている。この計3科目の中で,生態学分野の学習内容が重点的に詳しく扱われているのは「生物Ⅱ」である。高校生物の内容構成については,当時,後述するプログラムⅡ実施校で使用していた『生物Ⅱ』の教科書[40]を参照した。『生物Ⅱ』は表5-7に示した内容構成をとっており,生態学分野は,第4編「生物の集団」に位置付けられていた(表5-7下線部)。

表5-7　『生物Ⅱ』の内容構成

項目	章
第 1 編：生命活動を支える物質	1　タンパク質の構造とはたらき 2　代謝とタンパク質 3　生物の機能とタンパク質のはたらき
第 2 編：遺伝情報とその発現	1　遺伝子の本体とはたらき 2　遺伝子の発現 3　遺伝子発現の調節 4　バイオテクノロジー
第 3 編：生物の多様性	1　生物の進化 2　生物の分類と系統
第 4 編：生物の集団	1　個体群の構造と維持 **2　生物群集と生態系** **3　生態系とその平衡** **4　生態系と人間**
第 5 編：課題研究	1　課題研究へのとり組み 2　実験室内での研究活動 3　自然環境についての調査活動

表5-8　プログラム実施校・生徒の概要

プログラム実施校	群馬県立 B 高等学校（B 高校と略記）
対象学科	全日制普通科
対象学年	3 年生
人数	24名（理系コースの女子）
科目	生物Ⅱ（必修）
履修状況	生物Ⅰを履修済み

（2）プログラムⅡ実施校の概要と生徒の学習状況

　プログラムⅡの実施校，および，試行対象生徒の概要を表5-8にまとめた。

　プログラムⅡの試行対象としたB高校は，山間部周辺ののどかな自然に囲まれた女子高校である。対象の生徒は，高校 2 年次に既に「生物Ⅰ」を履

修しているが,「生物Ⅰ」には生態系の内容を含んだ単元はないため,食物連鎖などの生態系に関する既習事項は,中学校理科の学習事項までであった。

　生徒と自然とのかかわりに関しては,学校,および,自宅が山間部周辺に位置しているため,生徒は幼い頃から意識せずに,豊かな自然の中で自然を肌で感じつつ育ってきている状況であった[41]。また,生徒は好奇心旺盛で,学ぶことへの意欲も高く,課題等に対する姿勢も積極的であった。

　B高校の理系コースは,将来の進路として看護医療系の大学,短大,専門学校への進学を考えている生徒が多かった。したがって,進学後も「タンパク質の機能とはたらき」,「遺伝情報の発現」などの分子生物学分野の学習を深める可能性が高い生徒が多かったため,「生物Ⅱ」の授業では,表5-7の第1編,第2編を重点的に学習させていた。他方,第3編,第4編の生物の多様性,生態学分野の学習には十分時間がかけられない状況であった。このような状況であったので,プログラムⅡの教科書での位置づけは,『生物Ⅱ』の第4編「生物の集団」に位置づけられるが,その試行実践は実施校の学習状況と生徒の実態に合わせた形で行われるように具体化した。『生物Ⅱ』の教科書の流れに合わせると,生態学分野の学習時期は冬季に当たるが,プログラムⅡはプログラムⅠと同様,自然との一体感を感じる野外体験学習を中心的に導入するため,冬季に入る前の10月中旬に実施することとした。この時期はまだ,生徒は遺伝分野の学習を行っているが,10月中旬はB高校の2学期の中間テスト直後であり,かつ,2学年が修学旅行中であるため,3学年の「生物Ⅱ」の授業において課題研究のような形の特別授業を組み込みやすく,季節的に温暖であるため,実施時期として選んだ。

（3）探究学習の導入

　プログラムⅡは,プログラムⅠの試行により表出した課題と実施校の実態(後の第6章第2節に明記)を考慮し,作成した。プログラムⅡにおいてもプログラムⅠと同様,目標③「自然との一体化による自己実現への到達」の達

成の手法として，野外体験活動を導入することとした。野外体験活動の場として，プログラム実施の数ヶ月前の春に，「生物 II」の授業「陽生，陰生植物の調査」を実施した草地を選び，予備調査を行った。

　そして，前述したような生徒の特質を生かすため，野外体験活動と併せて，自発的に物事を探究し，考え，生徒間でその考えを述べ合うなどの活動を含む探究学習を盛り込んだプログラムを開発することとした。具体的には，目標①「生物多様性と共生，および，生態系の概念の理解」の達成，および，生徒が環境教育プログラムに主体的に取り組む意欲の喚起のため，「地球温暖化」に関する探究学習の導入を計画した。なお，目標①の達成のために導入する探究学習に関しては，筆者はプログラム I の実施後，B 高校において，数年にわたり試行錯誤を繰り返してきた。1998年（平成10年）に開発・試行したプログラム I には，自然体験の語り合い，生態学の調査，瞑想的な手法等，複数の体験・探究学習を盛り込み，A 高校にて実施したが，生徒にとって活動の目的がわかりづらい活動も含まれていたことが反省点の 1 つとして挙げられた[42]。その反省点を踏まえ，2000年（平成12年）に開発・試行したプログラムでは，高等学校「生物 II」の「課題研究」として無理なく実施できるプログラムとなるよう，体験・探究学習の内容を精選・改良し，「植物の生命活動」についてグループで取り組む探究学習を導入し，実施した。この平成12年の実施で，環境教育プログラムを「課題研究」として教科の授業に位置づけ，探究学習をグループで取り組む形にしたことは，高校生物の授業に，より即した形態のプログラムの開発につながった。しかし，その一方で，探究学習の内容が「植物生理」にやや偏り，目標①の達成が十分になされないという課題が生じた[43]。よって，2005年（平成17年）のプログラム II ではこの課題をクリアするために，探究学習の内容を目標①の学習内容を含んだ「地球温暖化」へと変更し，入試を控えた 3 年生の負担にならない時期を選び，より短期間で実施できるプログラムとした。そのため，B 高校の実態に，より合致したプログラムとなった2005年のプログラム

162

を, プログラムⅡとして本稿にまとめた。なお, プログラムⅡの「探究学習」では, 生徒が生態系, および, 環境問題について, 自主的に学ぶことができるよう, 環境省から無料配布された環境学習に役立つ CD-ROM「解決！地球温暖化！」[44]を活用した。また, 通常授業の年間計画の中に, 「課題研究」としてイレギュラーな形でプログラムⅡを導入するため, 本プログラムの実施目的と内容について, 生徒に簡潔に事前説明した。

(4) プログラムⅡの全体構成

第5章第1節にて設定したプログラムの目標, および, 開発の視点を基にして, また, A高校の状況を踏まえてプログラムⅡの開発を行い, その全体構成を表5-9に示した。

プログラムⅡは, 上述したように2学年の修学旅行期間（4日間）に合わせ, なおかつ「生物Ⅱ」の通常授業の学習進度をできるだけ妨げずに内容構成したため4時間構成となったが, 最初の第1時の前半はプレテスト, および, 自然体験についてのアンケート調査の実施, 最後の第4時はポストテスト, および, プログラムⅡについてのアンケート調査の実施に当てたため, プログラムの内容に相当するのは, 第1時の後半〜第3時である。第1時の後半「VTR視聴：流氷は生命のゆりかご」では, 南極のアザラシの生態を

表5-9 プログラムⅡの全体の構成

中心目標	内容
興味・関心の喚起, 目標①	第1時 プレテスト, 自然体験についてのアンケート, VTR視聴「流氷は生命のゆりかご」
主体的な取り組みの促進	第2時 探究学習「解決！地球温暖化」（CD-ROM）
目標②, ③	第3時 ディープ・エコロジー・ワーク： 身近な植物との一体化体験
	第4時 ポストテスト＆アンケート

中心として，南極における多様な生命の共生，地球温暖化が南極，さらには地球全体の生態系に与える影響について学び，第2時の「探究学習：解決！地球温暖化（CD-ROM）」では，地球温暖化を中心とした環境問題の解決方法について探究し，第3時の「自然との一体化体験」では，プログラムⅠの「地球とのチャネリング」と同様に，身近な自然との一体感を感じ，自己実現を獲得する，という一連のプログラムを作成した。ちなみに，「ビデオ視聴：流氷は生命のゆりかご」，「探究学習：解決！地球温暖化（CD-ROM）」は屋内で行い（それぞれ，視聴覚室，パソコン室），「身近な植物との一体化体験」は野外（校庭の一画にある草地）で行うこととした。次に，第1時～第3時の各授業についてその詳細を述べた。

1）第1時「ビデオ視聴～流氷は生命のゆりかご～」

　プログラムⅡの導入としてプログラムへの意欲を高め，目標①「生物多様性と共生，および生態系の概念の理解」を達成するため，第1時に視聴覚教材を用いた授業を導入した。視聴覚教材の活用には，身近に観察できないような「生態系」，「共生」（特に海外，海中，希少生物の場合）について知ることができ，生物の生態と環境問題とのかかわりについて考えるきっかけにすることができるという利点がある。このような観点を考慮し，視聴覚教材として，テレビ朝日「素敵な宇宙船地球号」における「流氷は生命のゆりかご」[45]という題材の映像教材を選出した。これは，南極のアザラシの赤ちゃんの成長・生態を追いながら，地球温暖化のアザラシへの影響を学べる内容のものである。アザラシの赤ちゃんに生徒の心を引き付け，その赤ちゃんにも地球温暖化の影響が忍び寄っているという事実を強く印象付け，アザラシという他の生命の立場に立って，環境問題をより強く意識できるのではないかというねらいで題材を選んだ。

2）第2時「探究学習『解決！地球温暖化』(CD-ROM)」

第2時の探究学習の授業では，生徒が生態系，および，環境問題について，自主的に学ぶことができるよう，環境省から無料配布された，環境学習に役立つCD-ROM『解決！地球温暖化』[46]を活用することとした。この授業の目標は，プログラムⅡに対する「主体的な取り組みの促進」である。導入となる第1時のビデオ視聴でクローズアップされていた「地球温暖化」について，第2時にて，生徒が自ら探究し，人間を含めた地球全体の生命体を含む生態系への地球温暖化の影響を学び，地球環境問題の解決を考えることで，次の第3時，人間以外の生命体との一体感を感じる授業に意欲的に取り組むことができるよう設定した。

第2時の授業は，パソコン室で実施することとした。パソコン室では，生徒が1人1台コンピュータを使用でき，また，CD-ROM『解決！地球温暖化』も人数分配布できる。CD-ROM『解決！地球温暖化』は，環境省と駐日英国大使館が共同で作成したもので，地球温暖化問題をわかりやすく学べる内容となっている。CD-ROMでは，環境省の温暖化防止PRキャラクターの「コマメちゃん」と英国大使館の環境問題PRキャラクター「ブリテンちゃん」にナビゲートされながら，地球温暖化のしくみ，影響，イギリス，および，日本における解決への取り組み，自分にもできる解決への取り組みなどのテーマを学習し，探究することができる。各テーマの学習はワークシートに添って進められるようにした。まず，各自でCD-ROMを参照させながら，ワークシートに記された各テーマの内容について学習した事を記録させ，まとめさせる。次に，各班（4〜5人で1班）で話し合わせ，特に重要と感じたテーマを選ばせ，そのテーマについて，Webページの検索機能を活用して，班ごとにさらに探究させる。そして，授業時間の最後に，選んだテーマ，探究内容，それに対して感じたことを簡潔に発表させることとした。

3）第3時「身近な植物との一体化体験」

　第3時に設定した授業「身近な植物との一体化体験」は，プログラムⅠの第9時「地球とのチャネリング」と同様に，ディープ・エコロジー・ワーク「地球のチャネラーになる」[47]を高等学校で実施しやすい形にアレンジしたものである。プログラムⅠでは，野外活動として，「校庭の生態系」，「サウンドマップ」，「地球とのチャネリング」の3つの授業を実施したが，プログラムの実施時間に制限があること，この3つの授業の中で，環境倫理の視点を最も明確に含んだ授業であること，目標②「原則としての生命圏平等主義的な自然観の獲得」，および，目標③「自然との一体化による自己実現への到達」の達成が見込まれること，の条件を満たす授業が「地球とのチャネリング」であったため，プログラムⅡの野外体験活動として「地球とのチャネリング」を導入することとした。なお，授業名を「地球とのチャネリング」から「身近な植物との一体化体験」に変えた理由は，活動内容をよりわかりやすくするためであることと，一体化の対象を絞り込んだことによる。プログラムⅠでは，一体化の対象を，植物，動物，土，石など，周囲の気になった「もの」すべてという広範囲の設定で一体化体験を実施したが，生徒にとって，土，石などの非生命体では一体化のイメージがつかみづらく，また，虫などの小動物は動いてしまうために集中できないという課題があった。そのため，本プログラムが生徒にとって初めての一体化体験となるであろうことを考慮し，一定時間静かに落ち着いて一体化を試みることができ，本プログラムでの一体化体験をきっかけとして，身近な生命体を包含する「自然」へと一体感を広げていく足掛かりとなるような授業とするために，対象を校庭の身近な植物（草や樹木）に絞り込むこととした（巻末資料5）。「身近な植物との一体化体験」授業に関する内容は，当時の学習指導要領では，小学1年次の生活科における「秋と遊ぼう」などの自然体験と通ずる点がある[48]。しかし，高等学校の段階では，自然の中で自然を実感する活動は教科の授業内では行っておらず，したがって，自己の自然環境への意識を見つめなおすと

いう観点で，自然を探究し，自然とかかわり，自然と一体化するという活動
は生徒にとって初めての体験となると考えられる。

　観察内容やまとめを書き込むワークシートは，プログラムⅠとⅡとで内容
はほぼ同じであるが，レイアウトや問いの内容の一部を修正した（巻末資料
6）。この授業を本プログラムの中心に据え，先に述べた探究学習，ビデオ
視聴と組み合わせて一連の環境教育プログラムを構成した。

3　プログラムⅢの開発の視点とプログラムの構成

（1）プログラムⅢの位置付け

　プログラムⅠとプログラムⅡは，いずれも高校生物の授業の一環として
行ってきた。生物の履修の点でいえば，基礎的な生物（「生物ⅠB」ないし「生
物Ⅰ」）を履修後，さらに発展的な内容の「選択生物」ないし「生物Ⅱ」の
授業の中でプログラムを実施した。このため，ディープ・エコロジーの核心
の「自然との一体化体験」が，生物の履修に関わらず一般の生徒にとって可
能かどうか等についての知見は得られてはいなかった。そこで，生物の履修
経験に関わらず，一般の生徒を対象に「植物との一体化体験」を導入したプ
ログラムを開発・試行して，より広い知見を得る必要があった。このような
意図も含めて開発したプログラムⅢは，2010年（平成22年）に，総合学科高
校の福祉教師の協力を得て開発・試行したプログラムである。本プログラム
は福祉科目『社会福祉援助技術』の「レクリエーション」分野に位置付ける
こととした。よって，プログラムⅢの目標に関しては，目標①「生物多様性
と共生，および，生態系の概念の理解」，目標②「原則としての生命圏平等
主義的な自然観の獲得」，目標③「自然との一体化による自己実現への到
達」に，新たに福祉教科の授業の目標として，目標④「レクリエーションの
手法の実感的理解」を加えた。なお，筆者は理科教師であるため，福祉教師
とチームティーチングの形をとり，3学年の「社会福祉援助技術」の授業に
て実施することとした。

　「生物Ⅱ」に位置付けて実施したプログラムⅠ，Ⅱと異なり，プログラム
Ⅲを福祉教科に位置付けた理由は，以下の2点である。プログラムⅢを実施
する高等学校は，6つの系列からなる総合学科高校であり，その6系列の1
つである福祉と人間を学ぶ系列（以下，福祉系列と略記）の授業において，生
徒が近隣の介護施設の高齢者と交流する活動が行われている。よって，1点
目の理由としては，このような総合学科高校の特徴を生かし，これらの活動
において実践できる環境教育プログラムの開発を目指すためである。2点目
の理由としては，プログラムⅢ実施校のカリキュラムにおいて，「生物Ⅱ」
は3学年の選択科目となっているが，例年，選択者が10名前後で，その選択
者のほとんどが福祉系列の生徒であり，その福祉系列の生徒は社会福祉援助
技術の授業を，全員履修する。よって，多くの生徒にもこの体験をさせ，生
徒の反応を観察できることから，福祉教科の授業として実施することとし
た。3点目の理由として，プログラムⅢは確かに「生物Ⅱ」の授業ではない
が，ディープ・エコロジー・ワークの核心である「身近な植物との一体化体
験」はレクリエーションとして福祉の授業への導入が可能であり，「生物
Ⅱ」履修者以外にとっても，その実践をすることに対して抵抗感が少ないた
めである。

表5-10　『社会福祉援助技術』の内容構成

項目	章	
第1章：社会福祉援助活動の 　　　意義と方法	第1節	社会福祉援助活動の意義
	第2節	社会福祉援助技術の概要
第2章：社会福祉援助技術の 　　　方法と実際	第1節	個別的な援助
	第2節	集団，および，家族への援助
	第3節	地域を基盤とした援助
第3章：レクリエーションの 　　　考え方と展開	**第1節**	**レクリエーションと社会福祉**
	第2節	**レクリエーションの展開と実際**
第4章：コミュニケーション 　　　の技法	第1節	コミュニケーションの方法と実際
	第2節	点字と手話

表5-11　プログラム実施校・生徒の概要

プログラム実施校	群馬県立 C 高等学校（C 高校と略記）
対象学科	全日制総合学科
対象学年	3 年生
人数	19名（福祉系列の生徒：男子 2 人，女子17人）
科目	社会福祉援助技術（福祉系列の生徒は必修）
履修状況	全員が 2 年次に理科総合 B を履修済み，一部の生徒が生物 I を履修済み・生物 II を履修中

　福祉科目『社会福祉援助技術』は，表5-10に示した内容構成をとっており，レクリエーション分野は，表の下線部に示したように，第 3 章「レクリエーションの考え方と展開」に位置付けられている[49]。

（2）プログラムⅢ実施校の概要と生徒の実態

　プログラムⅢの実施校，および，実施対象生徒の概要を表5-11に示した。

　プログラムⅢを実施した群馬県立 C 高等学校は，市街地にある全日制総合学科高校である。生徒はそれぞれ，1 年次の後半から，「いのちと緑を育む系列」，「食を科学する系列」，「食と経済を考える系列」，「花と緑で環境を創る系列」，「福祉と人間を学ぶ系列」，「生活と文化を築く系列」の 6 系列に所属する。本プログラムを実施した「福祉と人間を学ぶ系列」は，福祉や看護・家庭に関する知識と技術について体験的に学習する系列であり，3 年生の必修科目である「社会福祉援助技術」においては，「レクリエーションの考え方と展開」や「コミュニケーションの技法」等について学ぶ。将来の進路として，介護福祉士，看護師を目指す生徒が多く，学ぶことへの意欲も高く，課題等に対する姿勢も積極的である。

（3）レクリエーションとしての野外体験活動の導入

　プログラムⅢは，前述した通り，「社会福祉援助技術」のレクリエーショ

ン分野の授業で実施することを踏まえて作成したプログラムである。よって，プログラムⅡとは異なり，レクリエーションとしてのゲーム的要素を取り入れた野外体験活動に重点を置いたプログラム構成とした。プログラムⅠにもゲーム的要素を取り入れた野外体験活動を導入しているが，プログラムⅠよりⅢの方がその割合が高い。なお，プログラムⅢにおいては，福祉教師から，ネイチャーゲームを取り入れた野外体験活動の実施依頼があったため，目標④の達成にも効果が見込まれる，ネイチャーゲームのアクティビティを導入することとした。

　プログラムⅢではまた，目標①〜③の達成のため，「身近な植物との一体化体験」を導入することとした。この，校庭という身近な環境の中で行う「一体化体験」は，環境倫理の視点を導入した環境教育プログラムの中核をなす授業であり，プログラムⅠ，Ⅱ，Ⅲすべてに共通して導入した授業である。ゲーム的要素はネイチャーゲームより少ないものの，レクリエーションとして実施できる授業内容であるので，この活動において目標④の達成をねらいとした。

　プログラムⅢにおいても，野外体験活動の実施前に入念な予備調査を行い，プログラムを実施する最適なフィールドとして，校庭の端の草刈りが行われていない放置された草地を中心とした場所を選定した。なお，生徒は前年度，この草地周辺において学校行事である収穫祭（バーベキュー）を実施している。この草地にて，2010年（平成22年）の11月初旬に，プログラムⅢを実施する計画を立てた。この時期を選んだ理由は，2学期の中間テスト直後であるため，授業に変則的な形で本プログラムを導入しても生徒に抵抗感が少なく，なおかつ，季節的に温暖であり，野外体験活動の実施に適する天候が望めるからであった。

（4）プログラムⅢの全体構成

　第5章第1節にて設定したプログラムの目標，および，開発の視点を基に

表5-12　プログラムの全体構成

中心目標	内容	
目標④	第1時	ネイチャーゲーム「カモフラージュ」
目標①，④	第1〜2時	ネイチャーゲーム「カメラゲーム」
目標①，②，③，④	第2時	ディープ・エコロジー・ワーク： 身近な植物との一体化体験

して，また，C高校の状況を踏まえてプログラムⅢの構成を行い，表5-12に
示した。社会福祉援助技術は，2時間連続の週2単位の授業であること，授
業に変則的な形で本プログラムを導入して実施するため時間的な制約がある
ことを考慮し，2時間という短時間のプログラムを作成することとなった
（巻末資料7）。

　プログラムの流れは，ネイチャーゲームのプログラムの考え方である「フ
ローラーニング」[50]を基本とした。「フローラーニング」とは，第2章第2節
でも示した通り，自然の気づきを深めるために，参加者の心の状態に合わせ
ながら，第1段階「熱意を呼び起こす」，第2段階「感覚を研ぎすます」，第
3段階「自然を直接体験する」，第4段階「感動を分かち合う」の4つの段
階を意識してプログラムをつくることである。

　本プログラムでは，第1段階として，グループ分けの「ジャンケンいも
虫」とネイチャーゲームの「カモフラージュ」を実施し，遊びの要素にあふ
れた活発な活動を通してプログラムに対する熱意を呼び起こすこととした。
なお，「カモフラージュ」は，社団法人日本ネイチャーゲーム協会発行の
『ネイチャーゲーム指導員ハンドブック』[51]のフローラーニング別一覧表にお
いては，第1段階ではなく第2段階に分類されているが，本プログラムで
は，この「カモフラージュ」ゲームを，よりゲーム性を高めた活動内容にア
レンジしたため，第1段階として実施することとした。次に，第2段階とし
て，ネイチャーゲームの「カメラゲーム」を実施した。この「カメラゲー
ム」も，フローラーニング別一覧表においては，第2段階ではなく第3段階

に分類されているが，本プログラムにおいては，第1段階から第3段階につなげるために自然に対する感受性を高め，注意を集中する活動として導入したため，第2段階として実施することとした。そして，第3段階として，ディープ・エコロジー・ワークをアレンジした「身近な植物との一体化体験」を実施することとした。

1）ネイチャーゲーム「カモフラージュ」，「カメラゲーム」

　ネイチャーゲームは，第3章第2節に示したように，1979年アメリカのナチュラリスト，ジョセフ・コーネルによって発表された，五感を使って自然を直接体験する野外活動プログラムであり，現在，100種以上のアクティビティを有し，四季折々に子どもと大人が手軽に自然とふれあうことができる活動として日本の学校や各種団体で活用されている[52]。本プログラムにおいては，福祉科目の担当教師から，「ネイチャーゲーム」を取り入れた野外体験活動の実施依頼があったため，また，目標④の達成のため，そして，本プログラムに対する興味・関心の喚起のために「カモフラージュ」[53]を導入することとした。「カモフラージュ」は，道のわき（草や低木が生えているような植物がある程度生い茂った場所）に，ロープに沿って目立たないように置かれた人工物を探すことにより，五感のうちの視覚を特に働かせて注意深い観察力を養うアクティビティである。また，目標①・④の達成のために「カメラゲーム」[54]を導入することとした。カメラマン役とカメラ役がペアになって，自然を瞬間的に見ることにより，普段では気付かない自然の美しさを味わうアクティビティである。「カモフラージュ」は，人工物を活用した活動であるが，「カメラゲーム」は自然そのものを観察し，身近な動植物の多様性に気付くことができるため，目標①「生物多様性と共生，および，生態系の概念の理解」を中心目標の1つとして設定した。この「カモフラージュ」と「カメラゲーム」のアクティビティの実施を，プログラムⅢの前半に設定した。

2）ディープ・エコロジー・ワーク「身近な植物との一体化体験」

　プログラムⅢの後半に設定した「身近な植物との一体化体験」は，前述した通り，プログラムⅠの第9時「地球とのチャネリング」，プログラムⅡの第3時「身近な植物との一体化体験」とほぼ同様の内容である（巻末資料7）。プログラムⅠ，および，Ⅱでは，「身近な植物との一体化体験」は，目標②「原則としての生命圏平等主義的な自然観の獲得」，目標③「自然との一体化による自己実現への到達」を中心目標として設定したが，プログラムⅢでは，目標①「生物多様性と共生，および，生態系の概念の理解」も中心目標に加えた。生徒に，「身近な植物との一体化体験」の直前に行う「カメラゲーム」にて，校庭内の身近な動植物の多様性を実感させ，その同じフィールドにて一体化体験を行うことで，人間が他の動植物と共生していることを実感させるというプログラムの流れを設定しているからである。

　この活動に活用するワークシートを巻末資料8に示した。プログラムⅡで活用したものを少し改良したもので，植物にニックネームをつける，一体感を感じたかどうか記入する，一体化前後で一体化の対象とした植物に対する気持ちの変化があったかどうか記入するなどの内容を付け加えた。また，レイアウトを変えるなど，一体化に，より意欲的に取り組めるよう工夫した。このワークシートを活用し，一体化体験の感動を分かち合うために，プログラムの最後に，活動場所であるフィールド内に全員で集合し，一人ひとり感じたことを発表し合う「わかちあい」の活動を実施することとした。また，プログラム実施後に，全体の感想を記入できる用紙も準備した。

4　プログラムⅠ～Ⅲの開発の視点とプログラムの構成のまとめ

　以上，日本の高校生を対象とした，ディープ・エコロジーの視点を導入した環境教育プログラムⅠ・Ⅱ・Ⅲの開発の視点とプログラムの構成を示した。ここでは，3つのプログラムの開発の視点とプログラム構成を表5-13にまとめ，各プログラムの関連性，および，特徴の差異を明確にした。プログ

表5-13　プログラムⅠ・Ⅱ・Ⅲの開発の視点とプログラム構成の特徴

	プログラムⅠ	プログラムⅡ	プログラムⅢ
実施校	茨城県立 A 高等学校	群馬県立 B 高等学校	群馬県立 C 高等学校
対象学科・学年	全日制普通科 3 年生	全日制普通科 3 年生	全日制総合学科 3 年生
対象生徒・実施科目	選択生物（生物Ⅱ）履修者29名	生物Ⅱ（必修）履修者24名	社会福祉援助技術（福祉と人間を学ぶ系列の生徒必修）履修者19名
実施年	平成10年	平成17年	平成22年
時間	10時間	4 時間	2 時間
プログラムの目標（ディープ・エコロジーの導入視点）	目標①：生物多様性と共生，および生態系の概念の理解 目標②：原則としての生命圏平等主義的な自然観の獲得 目標③：自然との一体化による自己実現への到達		左記目標①～③にプラスして， 目標④：レクリエーションの手法の実感的理解
プログラムの中核として導入するディープ・エコロジー・ワーク	「身近な植物との一体化体験」ワーク ディープ・エコロジー教育の一つである「全生命のつどい」ワークの一部を日本のディープ・エコロジー市民団体員がアレンジし，「地球とのチャネリング」として実施したものを，筆者が高等学校の授業で実施しやすい形にさらにアレンジしたもの		
他のディープ・エコロジー・ワーク	「進化の記憶」 「エコストーリーを語る」	なし	なし
ディープ・エコロジー・ワークと組み合わせたネイチャーゲーム	「私はだれでしょう（2）」，「はじめまして」（「エコストーリーを語る」と融合させ，「エコストーリー・インタビュー」として実施） 「サウンドマップ」	なし	「カモフラージュ」 「カメラゲーム」
ディープ・エコロジー・ワークと組み合わせたその他の学習活動	学習「生物の多様性，生態系」 観察実験「校庭の生態系」 ビデオ視聴「共生」	ビデオ視聴「流氷は生命のゆりかご」 探究学習「解決！地球温暖化」	なし

ラムの目標を達成するために，プログラムⅠ・Ⅱ・Ⅲに共通して導入した
ディープ・エコロジー・ワークは，「身近な植物との一体化体験」ワークで
あり，本プログラムの中核となるワークである。

　このワークは，表5-13に示した通り，ディープ・エコロジー教育の一つで
ある「全生命のつどい」ワークの一部を日本のディープ・エコロジー市民団
体員がアレンジし，「地球とのチャネリング」として実施したものを，筆者
が高等学校の授業で実施しやすい形にさらにアレンジしたものである。特に
オリジナルの部分は，一体化の対象を校庭の身近な植物に限定し，一体化の
対象となる植物を観察する際にはワークシートを活用し，一体化を試みる際
には一定時間の瞑想時間を設定した点である。日本のディープ・エコロジー
市民団体員がアレンジした「地球とのチャネリング」における，フィンガー
ペインティングやダンスで一体感を表現する方法は，日本の高等学校の授業
では実施しにくいので，導入しなかった。序章において示した通り，ディー
プ・エコロジー教育を日本の学校教育における環境教育で実践した際の詳細
な知見は得られていない。したがって，次の第6章のプログラム実践の結果
の考察においては，この「身近な植物との一体化体験」ワークの成果に重点
を置く。

　プログラムⅠ・Ⅱ・Ⅲの開発の視点において示した通り，3種のプログラ
ム実践高校はすべて異なる。そのため，それぞれの実施校の状況，生徒の実
態，自然環境等により，プログラム実施可能時間数は異なっている。した
がって各プログラムにおいては，「身近な植物との一体化体験」ワークを中
核とし，各校の実態に合わせて，他のディープ・エコロジー・ワーク，およ
び，アメリカの環境教育プログラム（ネイチャーゲーム，PLT，OBIS），観察
実験，ビデオ視聴，探究学習等を導入し，プログラムを作成した。

第6章　ディープ・エコロジーの視点を導入した
環境教育プログラムの実践とその結果

第1節　プログラムの実践とその結果

　本章では，第5章で開発したプログラムⅠ，Ⅱ，Ⅲの実践とその結果について，示すこととする。各プログラムの実践について，まず，評価・分析方法を説明し，次に結果を示し，そして評価・分析を行った。なお，本章の本文における，［　　］内の記述は，生徒の自由記述の一部，または全体を原文表記のまま掲載したものである。

1　プログラムⅠの実践とその結果

（1）プログラムⅠの評価・分析方法
　ディープ・エコロジーの視点を導入した環境教育プログラムの目標については，第5章第1節で述べた。その目標がプログラムの試行によって達成されたかどうかは，プレ・ポストテスト，多肢選択式アンケート，自由記述式アンケート，プログラムの試行で作成したワークシートやカード，感想，プログラム試行の様子を撮影したVTR等を総合して評価することとした。以下に，評価の方法について説明する。

1）プレ・ポストテスト
　本プログラムの目標が達成されたかどうかを客観的に評価するために，47項目からなる質問紙を作成し，プログラムの実施前後に行った。プログラム実施前に行ったものをプレテスト，実施後に行ったものをポストテスト，合

わせてプレ・ポストテストと呼ぶ。プレ・ポストテストの設問項目のカテゴリーは，評価の観点に従って，表6-1に示したように８つに設定した。そして，各カテゴリーにおいて作成した設問項目をランダムに並べ替えたものを，生徒にプレテスト，ポストテストとして実施した。なお，47項目の設問内容は，プレテスト，ポストテストとも同じ内容である。各設問項目については，「そう思う」，「ややそう思う」，「どちらともいえない」，「あまりそう思わない」，「そう思わない」の５件法[1]により回答を得た。なお，第４章の日本の高校生における環境倫理意識調査にて用いた質問紙の尺度，カテゴリー，設問項目は，1998年実施のプログラムＩのプレ・ポストテストを元にし，その後の修正を加えて設定したものである。したがって，設問内容については，2011年実施の環境倫理意識調査の質問紙の内容と1998年実施のプレ・ポストテストとで共通する点が多いが，設問内容の加筆・修正，尺度・カテゴリー分類等，異なる点もある。しかし，プログラムＩは，1998年当時のプレ・ポストテストで評価することを踏まえて開発したものであるので，結果の考察も当時の質問紙の尺度，カテゴリー，設問内容を元に行うこととした。各設問内容については，本文，または，表中に適宜示すこととする。

次に，結果分析については，「生態学の知識」，「環境問題に対する意識・

表6-1　プレ・ポストテストの尺度と設問項目のカテゴリー

尺度	項目のカテゴリー	項目数
高校生物の知識	生態学の知識	9
環境観	環境問題に対する意識・態度	4
	行動様式	9
	人間中心主義的な自然観	7
	人間中心主義的な科学技術と環境問題の認識	4
ディープ・エコロジー	多様性と共生の原理	5
	生命圏平等主義	4
	自己実現	5

態度」，「行動様式」，「人間中心主義的自然観」，「人間中心主義的な科学技術と環境問題の認識」，「多様性と共生の原理」，「生命圏平等主義」，「自己実現」の8カテゴリーそれぞれに関して質問項目ごとにプレ・ポストテストを比較することとした。

　分析にはいずれもデータに対応のある場合のt検定を用いることとした。プレ・ポストテストの回答は「そう思う」，「ややそう思う」，「どちらともいえない」，「あまりそう思わない」，「そう思わない」をそれぞれ5点4点3点2点1点の間隔尺度に読み替え，得られた測定値から回答者ごとに各カテゴリーの平均値を求めた。なお，プレ・ポストテストでは生徒の知識・意識をより正しく知るために，例えば，設問項目1「自然破壊や環境汚染のニュースを見たり聞いたりすると胸が痛む」のように回答が肯定的であるほど自然環境への知識・意識が高いとするタイプと，設問項目13「害虫や雑草はなくなってもいい」のように回答が否定的であるほど自然への知識・意識が高いものとする逆転項目タイプの二通りを作成した。そこで本研究では，項目13のような逆転項目タイプの設問に対する回答を「そう思う」，「ややそう思う」，「どちらともいえない」，「あまりそう思わない」，「そう思わない」をそれぞれ1点2点3点4点5点と，得点を逆に設定して生徒全員の平均値を算出した。平均値については，設定した1点から5点の中間値である3.0より高い値であれば肯定的，低い値であれば否定的に回答していると判断した。

2）多肢選択式・自由記述式アンケート

　5件法のプレ・ポストテストと合わせて，多肢選択と自由記述を組み合わせたアンケートを行った。このアンケートでは，生徒の自然体験，自然とのかかわり，自然への考え方を問う質問を設定し，ポストテストと合わせて行ったアンケートでは，本プログラムを受けた感想などを聞く質問を設定した。そして，これらの授業前・授業後のアンケートの結果は，プログラムを評価する際の要素として用いることとした。

　プレテストと合わせて行った，多肢選択式の設問内容においては，「森や川や草地などの自然の中で遊んだことがありますか」，「自然の中で感動したり，興味を持ったことがありますか」という自然体験を問うもの，「自然の中で自分が自然の一部であり，自分が自然に溶け込んでいるようだと感じたことがありますか」という自然との一体化体験を問うもの，「自然の中で遊んだり過ごしたりすることは好きですか」，「あなたにとっての自然とはどのような存在ですか」，「あなたはどのような自然が好きですか」という自然とのかかわり，自然の捉え方を問うものを設定した。さらに，自然体験的な質問に対しては，体験した年齢を問い，その時の状況や心情などを自由記述してもらった。

　ポストテストと合わせて行った，本プログラムについての生徒の感想や実感を問う多肢選択，および自由記述式のアンケートの質問内容は，巻末の資料9の「2）今回の私の授業についての質問です」に示した通りであり，質問項目に対する応答を選択肢の中から一つ選ばせ，その理由を自由に記述させた。プログラム全体についての質問では，「今回の一連の授業はどうでしたか？」，「今回の一連の授業でどの授業が一番印象に残りましたか？」，「今回の一連の授業でわかりづらかった授業および内容はありますか？」という問いに対して，選択肢の中から選び，その理由を記述するようにした。また，本プログラムにおける自然体験について問う質問には，「今回の一連の授業の中の野外活動で，自然との一体感を感じた瞬間はありましたか？」，「今回の一連の授業を受けて，自然に対する意識が変わったという実感はありますか？」，「今回の一連の授業で，自然，生物，生態系その他に関して新しく興味を抱いたことはありますか？」という質問を設け，多肢選択式で答えた後，自由記述してもらうようにした。さらに，本プログラムに関する全体的な感想を自由記述式で書いてもらうようにした。

3）その他（ワークシート，カード，VTR，インタビュー等）

その他，プログラムの評価対象としては，ワークシート，カード等の提出物，活動の様子を撮影したVTR，ポストテスト後に行った生徒へのインタビューを含めた。活動の様子を撮影したVTRは，本プログラムを記録する目的以外に，実施者がそれを実施後に見直すことによって，本プログラムを客観的に自己評価することにも使用した。

提出物は全部で5種類，すなわち，第3時「エコストーリー・インタビュー」におけるインタビュー・カード，第4時「生物の多様性，生態系」，および，第5時「校庭の生態系〜昆虫の多様性〜」にて用いたわな法・すくいとり法のワークシート，第6時「サウンドマップ」にて作成したサウンドマップ・カード，第7時「進化の記憶」における＜宇宙の始まりから現在までの物語＞についての感想，第9時「地球とのチャネリング〜自然との一体化〜」で用いたワークシートの5種類で，その全てをプログラムの評価対象とした。

また，ポストテスト実施直後には，プログラム実施後アンケートで問50「今回の一連の授業の中の野外活動で自然との一体感を感じた瞬間はありましたか？」で「わからない」，「ない」以外の選択肢を選び，問51「今回の一連の授業を受けて，自然に対する意識が変わったという実感はありますか？」で「大いに変わった」，「少し変わった」の選択肢を選んだ生徒に対して，簡単なインタビューを行った。インタビューの内容は，一体感を感じた時の具体的な感覚や心情，どのような意識変化が生じたと感じるのか，についてである。

（2）プログラム I の実践結果

1）プレ・ポストテストの結果

①生態学の知識

このカテゴリーの設問項目は，生徒の知識を問うものであるため，環境意

180

識を問う他のカテゴリーの設問項目と異なり，正答をもつ。表6-2に示した
結果より，生徒のプログラム実施前の「生態学の知識」のカテゴリーについ
ては，プレテストの問3，5，15，19，23，28，35の結果より，平均値が中
間値である3.0より高い結果が示された。

　このことより，生態学の基本的な知識が定着している生徒が多いことが明
らかになった。しかし，問14「生態系とは，生物群集を構成する生物間の，
食う食われるという食物をめぐるつながりである」の平均値は中間値より低

表6-2　「生態学の知識」の平均値

問	項目	プレ	ポスト
3	人間や他のあらゆる生物は，個々に存在しているのであり，お互いにたした関わりはない（逆転項目）	4.38	4.65
5	日本では，森や草地に生えている植物の種類はどこでも同じである（逆転項目）	4.48	4.52
14	生態系とは，生物群集を構成する生物間の，食う食われるという食物をめぐるつながりである（逆転項目）	2.12	2.42
15	熱帯地方のジャングルには多種多様な生物が存在しているので，その中の虫や植物が少しくらい絶滅しても，地球上の他の生物には何の影響も与えないだろう（逆転項目）	4.15	4.27
19	人間や他のあらゆる生物は，お互いに密接で複雑な関係を保っている	4.27	4.62
23	必要に迫られてどうしても害虫を退治しなければならないときは，その害虫の天敵を外国から輸入してくれば，環境にもやさしいし影響もない（逆転項目）	3.50	3.35
28	食う食われるの関係では，食うものが食われるものを一方的に食うだけであって，食われるものから食うものへの作用はない（逆転項目）	3.88	4.27
35	人間にとっての害虫（被害を及ぼす生き物）も自然の中で大切な役割を果たしている	3.92	4.19
40	草地は放っておいたらずっと草地である（逆転項目）	2.85	4.12

※　網掛けは，プレ・ポストテストで有意差がみられた設問項目である

表6-3　「生態学の知識」で有意差がみられた設問

設問		人数	平均値	標準偏差	自由度	t 値	有意水準
問19	プレテスト	26	4.27	1.86	25	3.37	0.05
	ポストテスト		4.62				
問28	プレテスト	26	3.88	0.84	25	1.87	0.05
	ポストテスト		4.27				
問40	プレテスト	26	2.85	0.85	25	2.30	0.05
	ポストテスト		4.12				

く，生態系と食物連鎖の概念を混同しているか，生態系という概念自体を理解していない生徒が多いことが示された。また，問40「草地は放っておいたらずっと草地である」の平均値も中間値より低く，生物ⅠBにおける既習事項である植物の遷移について知識が定着していない生徒が多いことが示された。プレ・ポストテスト間で有意差がみられたのは問19，問28，問40の3つの設問項目であった（表6-3）。

　問19「人間や他のあらゆる生物は，お互いに密接で複雑な関係を保っている」については，プレテストよりポストテストの方が，「そう思う」が約20％増加した。問28「食う食われるの関係では，食うものが食われるものを一方的に食うだけであって，食われるものから食うものへの作用はない」については，「どちらともいえない」が減少し，「そう思わない」が増加した。問40「草地は放っておいたらずっと草地である」については，ポストテストでは「そう思わない」が40％以上増加した。なお，プレ・ポストテストは計3名欠席したため，全人数を26名とした。

　②環境問題に対する意識・態度

　「環境問題に対する意識・態度」のカテゴリーについては，プレ・ポストテストともに，問43以外の設問項目の平均値はすべて中間値以上であった（表6-4）。これより，プログラム実施前において既に，「環境問題に対する意

182

表6-4　「環境問題に対する意識・態度」の平均値

問	項目	プレ	ポスト
1	自然破壊や環境汚染のニュースを見たり聞いたりすると胸が痛む	4.27	4.42
21	大気汚染や地球温暖化などの大きな環境問題を考えると，人間一人の努力なんて無力であると思う（逆転項目）	3.62	3.38
22	自然に対する現在の人間の干渉は行き過ぎであり，それが環境破壊を引き起こす原因となっている	3.50	3.73
27	地球上の空気や水がどんどん汚れている責任の一部は自分にもある	4.50	4.54
32	環境問題の解決のためには，まず自分自身のライフスタイルを変える必要がある	3.92	4.00
34	自分たちの住む地域の自然に目を向けることは，自然保護につながる	4.65	4.42
39	自然破壊をさらに引き起こす原因となろうとも，今の生活がもっと便利になればいいと思う（逆転項目）	4.15	3.96
41	このまま自然破壊が進むと，人間ばかりか人間以外の生物の未来も絶望的になるだろう	4.96	4.73
43	環境保護のためなら今の自分の生活が質素になってもよい	2.65	2.81

※　網掛けは，プレ・ポストテストで有意差がみられた設問項目である

　識・態度」の質問内容に肯定的であり，環境問題に対する危機感とその解決への意識が高い生徒が多いことが示された。他方で，問43「環境保護のためなら今の自分の生活が質素になってもよい」は，プレ・ポストテストともに平均値が中間値より低く，否定的であった。プレ・ポストテストを比較すると，問34を除いて，有意な差はみられなかった。表6-5に示したように，問34の平均値はプレテストよりポストテストの方が有意に低下した。問34「自分たちの住む地域の自然に目を向けることは自然保護につながる」という内容に対して，プレテストでは「そう思う」が約70％であったが，ポストテストでは「どちらかといえばそう思う」が16％増加し，「どちらともいえない」が7％増加した。しかし，「どちらかといえばそう思わない」「そう思わ

表6-5　「環境問題に対する意識・態度」で有意差がみられた設問

設問		人数	平均値	標準偏差	自由度	t値	有意水準
問34	プレテスト	26	4.65	0.65	25	1.81	0.05
	ポストテスト		4.42				

ない」という回答を選んだ者はいなかった。

③行動様式

「行動様式」のカテゴリーでは，プレ・ポストテストともに，平均値が中間値を超えていたのは，問12「食べ物は残さないようにしている」，問24「水や電気やガスは使っていないときは，こまめに節約している」，問38「燃えるゴミ，燃えないゴミ，空き缶，新聞紙，ペットボトルなどゴミはきちんと分別している」，問42「家族や友人が電気のつけっぱなしや水の流しっぱなしをしているときは注意する」の4項目であった（表6-6）。他方，プレ・ポストテストともに平均値が中間値より低かったのは，問6「常日頃から環境保護を考えた生活を心掛けている」，問36「環境問題や自然破壊について友人と話すことがある」の2項目であった。また，このカテゴリーにおい

表6-6　「行動様式」の平均値

問	項目	プレ	ポスト
6	常日頃から環境保護を考えた生活を心掛けている	2.88	2.81
12	食べ物は残さないようにしている	3.38	3.69
24	水や電気やガスは使っていないときは，こまめに節約している	3.54	3.62
29	必要以上にゴミを出さない生活を心掛けている	2.92	3.27
36	環境問題や自然破壊について友人と話すことがある	2.18	2.19
38	燃えるゴミ，燃えないゴミ，空き缶，新聞紙，ペットボトルなどゴミはきちんと分別している	4.23	4.35
42	家族や友人が電気のつけっぱなしや水の流しっぱなしをしているときは注意する	3.50	3.54

て，プレ・ポストテストで有意な差がみられた設問項目はなかった。この結果より，環境保護に関しては，自分自身の行動については気を付けている生徒が多いが，常日頃から環境保護を考え，環境保護について話し合う生徒は少ないことが示された。

④人間中心主義的自然観

「人間中心主義的自然観」のカテゴリーについては，プレテストでは問8「人間が生きていく上で他の生物を殺すのはしかたのないことだがそれは必要最小限にとどめるべきである」を除いて，他の3項目，問7，17，46の平均値はすべて中間値以下であった（表6-7）。特に，問7「人間の資源として役立つ自然には価値観がある」，問46「環境保護は，まず第一に，先進諸国の人間の健康と繁栄のために行われるべきものだ」については，平均値が2.0にも満たない数値であり，多くの生徒がこの設問内容に対して否定的であることが示された。問17「環境保護は，まず第一に，地球に住む人間の健康と繁栄のために行われるべきものだ」は，中間値にわずかに満たない数値であった。

この項目でプレ・ポストテスト間の有意差がみられたのは問7と問17である（表6-8）。プレテストでは「そう思う」と「どちらかというとそう思う」

表6-7 「人間中心主義的自然観」の平均値

問	項目	プレ	ポスト
7	人間の資源として役立つ自然には価値がある（逆転項目）	1.55	1.95
8	人間が生きていく上で他の生物を殺すのはしかたのないことだがそれは必要最小限にとどめるべきである	4.77	4.73
17	環境保護は，まず第一に，地球に住む人間の健康と繁栄のために行われるべきものだ（逆転項目）	2.96	3.50
46	環境保護は，まず第一に，先進国の人間の健康と繁栄のために行われるべきものだ（逆転項目）	1.15	1.27

※ 網掛けは，プレ・ポストテストで有意差がみられた設問項目である

表6-8　「人間中心主義的自然観」で有意差がみられた設問

設問		人数	平均値	標準偏差	自由度	t値	有意水準
問7	プレテスト	26	1.55	0.80	25	2.41	0.05
	ポストテスト		1.95				
問17	プレテスト	26	2.96	1.24	25	2.21	0.05
	ポストテスト		3.5				

を合わせて約80％を示したのに対し，ポストテストでは「どちらかというとそう思わない」，「そう思わない」はみられなかったものの，「そう思う」は約20％減少し，「どちらともいえない」が増加している。問17のプレテストでは「どちらともいえない」が40％以上であったが，ポストテストでは「そう思わない」が27％増加した。また，問17と問46は，設問項目において，「地球に住む人間」と「先進国の人間」に差があるだけであったが，問17で有意差がみられたのに対して，問46ではプレ・ポストテストで有意差はみられなかった。

⑤人間中心主義的な科学技術と環境問題の認識

　「人間中心主義的な科学技術と環境問題の認識」のカテゴリーについては，プレ・ポストテストともに，問33「世界中に高度な汚染浄化装置が設置されれば，環境問題は今よりずっと良くなる」以外の3項目，問11，問25，問45の平均値が3.0以上を示した（表6-9）。本項目のプレ・ポストテストで有意差がみられたものは問11「科学技術がもっと進歩すれば，将来的には環境問題は解決するだろう」のみであり（表6-10），ポストテストでは，「どちらかといえばそう思わない」という意見が約20％減少し，「どちらともいえない」が約20％増加した。

⑥多様性と共生の原理

　「多様性と共生の原理」のカテゴリーについては，プレ・ポストテストともに，平均値はすべて中間値以上であった（表6-11）。以上より，多くの生徒

186

表6-9 「人間中心主義的な科学技術と環境問題の認識」の平均値

問	項目	プレ	ポスト
11	科学技術がもっと進歩すれば，将来的には環境問題は解決するだろう（逆転項目）	3.50	3.12
25	環境問題の解決には，人間自身の意識改革が最も必要である	4.42	4.62
33	世界中に高度な汚染浄化装置が設置されれば，環境問題は今よりずっと良くなる（逆転項目）	2.42	2.65
45	科学技術の発展は自然を犠牲にしている	3.81	4.00

※ 網掛けは，プレ・ポストテストで有意差がみられた設問項目である

表6-10 「人間中心主義的な科学技術と環境問題の認識」で有意差がみられた設問

設問		人数	平均値	標準偏差	自由度	t 値	有意水準
問11	プレテスト	26	3.50	0.90	25	2.18	0.05
	ポストテスト		3.12				

は，プログラム実施前において既に，ディープ・エコロジーの「多様性と共生の原理」に肯定的であることが示された。

このカテゴリーにおいて，プレ・ポストテスト間の有意差がみられたのは

表6-11 「多様性と共生の原理」の平均値

問	項目	プレ	ポスト
9	地球上に多種多様な生物がいることは，それだけで価値があることである	4.50	4.42
13	害虫や雑草はなくなってもいい（逆転項目）	3.19	3.92
16	人間は自然の中で，自然に支えられて生きている	4.77	4.69
18	人間の活動のために，野生動物が絶滅していくのは仕方のないことである（逆転項目）	4.12	4.27
46	環境保護は人間だけでなく，他の生物のためにも必要である	4.85	4.73

※ 網掛けは，プレ・ポストテストで有意差がみられた設問項目である

表6-12　「多様性と共生の原理」で有意差がみられた設問

設問		人数	平均値	標準偏差	自由度	t 値	有意水準
問13	プレテスト	26	3.19	1.04	25	3.58	0.05
	ポストテスト		3.92				

問13のみであり（表6-12），設問内容「害虫や雑草はなくなってもいい」に対して，ポストテストでは，「そう思う」「どちらかといえばそう思う」という意見がなくなり，「どちらかといえばそう思わない」が約20％増加した。

⑦生命圏平等主義

「生命圏平等主義」のカテゴリーについては，プレ・ポストテストともに，平均値はすべて中間値以上であった（表6-13）。これより，多くの生徒は，プログラム実施前において既に，ディープ・エコロジーの「生命圏平等主義」に肯定的であることが示された。このカテゴリーで有意差がみられたのは問4のみであった（表6-14）。問4「人間は地球の支配者であり，あらゆる他の生物の頂点に立っている」という内容に対し，プレテストでは「そう思う」「どちらかといえばそう思う」が合わせて約20％，「どちらともいえない」が約50％であったが，ポストテストでは「そう思う」はなくなり，「ど

表6-13　「生命圏平等主義」の平均値

問	項目	プレ	ポスト
2	毛虫もカエルもキノコも柿の木も，みな人間の命と同じ尊さを持っている	4.12	4.35
4	人間は地球の支配者であり，あらゆる他の生物の頂点に立っている（逆転項目）	3.19	3.88
26	虫や草や木も，生きて繁栄する一定の権利があると思うが，それは人間ほどのものではない（逆転項目）	3.92	4.08
47	地球上のあらゆる生物は，みな平等（人間と同等）に生き，繁栄する権利を持っている	4.50	4.81

※　網掛けは，プレ・ポストテストで有意差がみられた設問項目である

表6-14 「生命圏平等主義」で有意差がみられた設問

設問		人数	平均値	標準偏差	自由度	t値	有意水準
問4	プレテスト	26	3.19	1.38	25	3.41	0.05
	ポストテスト		3.88				

表6-15 「自己実現」の平均値

問	項目	プレ	ポスト
10	人間の心が豊かに成長するには，自然に親しむことが必要である	4.50	4.27
20	人間以外の存在（木，山，川，他の生物）とも一体感を実感している	3.27	3.19
30	人間は自然の一部であり，地球上に住む全ての生物は家族のようなものである	3.69	3.65
37	人間が自然に親しんで喜びや楽しみを感じることは，自然それ自体にも良い影響を与える	3.92	4.12
44	環境問題においては，人間も自然もみな救われなければ救われたとは言えない	4.15	4.42

ちらともいえない」も減少し，「どちらかといえばそう思わない」が約30％増加した。

⑧自己実現

「自己実現」のカテゴリーについては，プレ・ポストテストともに，平均値はすべて中間値以上であった（表6-15）。これより，多くの生徒は，プログラム実施前において既に，ディープ・エコロジーの「自己実現」に肯定的であることが示された。また，このカテゴリーにおいて，プレ・ポストテスト間で有意差がみられたものはなかった。

2）多肢選択式・自由記述式事前アンケートの結果

ここでは，プログラム実施前に行った多肢選択式・自由記述式アンケートの結果を示す。このアンケートは生徒の自然体験を調査するためのものであ

り，プログラムの評価とは直接の関係はないが，プログラムの試行結果を考察する際の参考資料とする。なお，このアンケートはプレテストと共に行ったものであるため，設問項目の通し番号は問48〜問56となっている。

　問48「**森や川や草地などの自然の中で遊んだことがありますか？**」に対する回答の結果は，以下のようになった。

　【よく遊んでいた…36％，多少ある…60％，全くない…4％】

　プログラム実施クラスの生徒は，女子1名を除いて，自然の中で遊んだ体験が「多少ある」，または，「よく遊んでいた」を選択していた。「多少ある」が，3つの選択肢の中で一番割合が高いが，「よく遊んでいた」を選択した生徒の割合は，女子より男子の方が多かった。

　問49「**問48で多少ある，よく遊んでいたと答えた人，それは何歳ぐらいの時ですか？**」に対する回答の結果は，以下のようになった。

　【幼稚園〜小学生…23％，小学生…73％，〜中学生…4％】

　自然の中で遊んだ体験については，小学生の時と答えた生徒が全体の73％を占めていた。しかし，中学生まで遊んでいたと答えた生徒は4％（1人）のみであった。なお，小学生と答えた生徒の中で一番多かった回答は，5〜8歳であった。

　問50「**自然の中で遊んだり過ごしたりすることは好きですか？**」に対する回答の結果は，以下のようになった。

　【とても好きである…11％，好きである…57％，どちらともいえない…21％，あまり好きではない…11％，嫌いである…0％】

　「好きである」，「とても好きである」を選択した理由には，［色々な発見がある］［気持ちがいい］［水や空気がきれい］などが多かった。また，「どちらともいえない」を選んだ生徒の理由のほとんどが［自然は好きだが虫がいや］というものであった。他方，「あまり好きではない」を選んだ理由はすべて，［虫がいるから］というものであった。

　問51「**自然の中で自分が自然の一部であり，自分が自然に溶け込んでい**

るようだと感じた経験はありますか？」に対する回答の結果は，以下のようになった。

【たくさんある…0％，多少ある…11％，わからない…79％，ない…10％】

　この結果より，自然との一体化を実感したことのある生徒はほとんどいないことが明らかになった。しかし，上記の問48では，ほぼ全員の生徒が，自然の中で遊んだ経験は「ある」と答えている。このことから，自然の中で遊んだ経験はあるが，一体化の実感に対しては「わからない」生徒が多いことが示された。なお，「多少ある」を選んだ生徒の割合は，女子より男子の方が多かった。

　問52「問51でたくさんある，多少あると答えた人，それは何歳ぐらいの時ですか？」に対する回答の結果は，以下のようになった。

【5歳…1人，約10歳…1人，最近まで…1人】

　上述したように「たくさんある」と答えた生徒はなく，「多少ある」と答えた生徒は3人であった。なお，一体化の経験に関して，5歳の時と答えた男子は，その時の状況を［総合公園でおぼれたとき］，［ばあちゃんの家でホタルを見たとき］と記述し，約10歳と答えた男子は，その時の状況を［虫取りをしている時に，森の中をかけまわったとき］と記述し，「最近まで」と答えた女子は，その時の状況を［夜，草の上にねころがって星をみているときなんとなく］と記述していた。

　問53「自然の中で感動したり，興味をもったことがありますか？」に対する回答の結果は，以下のようになった。

【たくさんある…24％，何回かある…45％，一度はある…24％，一度もない…7％】

　「一度もない」を選んだ生徒は女子2名のみであり，男子はいなかった。なお，「何回かある」を選んだ生徒は，女子より男子の割合が高かった。

　問54「問53で，一度でもあると答えた人は，どのようなことに感動したり興味を持ちましたか？」に対する回答の結果は，生徒により多種多様で

あった。興味・感動を覚えた対象は，海，川，空，澄んだ空気，水，雪，虫，鳥，木，草花などであり，それらに対して「きれいだった」，「すばらしかった」という感想が多くみられた。

「また，それは何歳ぐらいの時ですか？」に対する回答の結果は，以下のようになった。

【小学生以前…2人，小学生…7人，最近までずっと…5人，最近…5人，不明…6人】

「最近までずっと」と「最近」を合わせると全体の40%となり，上記の問49「森や川や草地などの自然の中で遊んだ年齢」と比較すると，問54の方の年齢層が高い。したがって，自然の中で感動し，興味を示した年齢は，自然の中で遊んだ年齢よりも高いことが示された。

問55「あなたにとって自然とはどのような存在ですか？」に対する回答の結果は，以下のようになった。

・心に安らぎを与えてくれる，心地よいところ…57%

・直接関係ないけど，大切にしていかなければならないところ…29%

・人間と他の生き物が仲良く暮らしていくところ…7%

・人間が好きなように使っていいところ…0%

・その他…7%

「その他」を選んだ女子2名は，それぞれ自分にとっての自然の存在を［身近にあるけどよくわからない］，［人間に豊かさ（生活において，心において）を与えてくれるが，時には私達が恐れるべきもの］と記していた。

問56「あなたはどのような自然が好きですか，良いと思いますか？」に対する回答の結果は，以下のようになった。

・人間が足を踏み入れないような原生自然で，いろんな動植物がいるところ…7%

・人間と自然が仲良く暮らす田舎の昔話に出てくるような自然…43%

・きちんと整えられた，花や木がきれいにならんでいるヨーロッパ風の公園

…7 ％

・すぐに遊びにいけるような近くの河原や，木の実を拾いに行ける近くの林，草地…36％

・その他…7 ％

　この質問に対しての男女差はほとんどみられなかった。「その他」を選んだ生徒は男女1名ずつおり，それぞれ［毛虫とかくもがいないちょー静かな森］，［めずらしいものがあるところ］と記していた。

3）多肢選択式・自由記述式事後アンケートの結果

　プログラム実施後に行った多肢選択式・自由記述式アンケートの結果を以下に示す。このアンケートでは，生徒にプログラムについての直接的な意見・感想，また，自然との一体化や自己実現などの本プログラムの目標の達成について直接的に聞いた（巻末資料9）。以下に，質問ごとの結果を順に示していく。設問の通し番号は問48～問53となっているが，実施前アンケートと区別するために ｜問48｜ のように示すこととする。

　｜問48｜ 「今回の一連の授業はどうでしたか」に対する回答の結果は，以下のようになった。

　【とても面白かった…3 ％，面白かった…48％，どちらともいえない…36％，あまり面白くなかった…3 ％，全く面白くなかった…10％】

　男女別で見ると男子の方が「面白かった」を選んだ割合は高く，女子では「どちらともいえない」を選んだ割合が高かった。また，「とても面白かった」を選んだのは男子のみであり，女子では少数ながら「あまり面白くなかった」，「まったく面白くなかった」を選ぶ生徒もいた。「とても面白かった」，「面白かった」を選んだ理由としては，［今までやったことのない授業だから］，［野外に出て自然に触れることができたから］というものが多く，［自然に触れるのが久しぶりだったから］，［虫をつかまえられたから］という意見もみられた。「どちらともいえない」を選んだのは女子の理由として

は［今までやったことのない授業だけど］，［面白かったけど］と前置きがあり，その後に［教室の移動が大変だった］，［野外は暑くてつらかった］，［虫がいて嫌だった］，［高校生がやるには少し子供っぽかった］という記述がみられた。プログラムの実施時期は９月で，残暑が厳しい日があり，生徒にとって少し辛い授業であったという可能性が考えられる。また，「あまり面白くなかった」，「まったく面白くなかった」を選んだ女子３名の理由は，［何をやっているのか理解しにくく難しかった］，［無理に自然に触れさせようとするのが嫌だった］というものであった。

　{問49}「今回の一連の授業でどの授業が一番印象に残りましたか」に対する回答の結果は，以下のようになった。

・私は誰でしょう（2）…５％
・エコストーリー・インタビュー…７％
・生物の多様性，生態系…12％
・校庭の生態系〜昆虫の多様性〜…12％
・サウンドマップ…33％
・ディープ・エコロジー・ワーク：進化の記憶…５％
・ビデオ視聴『共生』…21％
・ディープ・エコロジー・ワーク：地球とのチャネリング…14％
・無回答…３％

　一番印象に残った授業は「サウンドマップ」であり，ついで「ビデオ視聴『共生』」であった。なお，男子では「サウンドマップ」と「ビデオ視聴『共生』」が同率で選ばれていた。女子では，二番目に印象に残った授業は「自然とのチャネリング」であった。「私は誰でしょう（2）」を選んだ生徒は，［いろいろ発想をめぐらしながら自分の動物を当てていくのが楽しかった］と記述していた。「エコストーリー・インタビュー」を選んだ生徒は少なかったが，選んだ理由としては，［みんなでわいわいやる授業は楽しい］，［生態学について学んだ気がした］などを挙げていた。「校庭の生態系」を選

194

んだ理由としては，［幼いときにもどったような懐かしい気持ちになったから］というものが多く，中には［学校内の昆虫を観察してみると，いろいろな場所にいろいろな生物がいて，普段どおりに生活していたら見る機会はほとんどなかったと思うので］という意見もあった。「サウンドマップ」を選んだ理由には，［普段は気がつかなかったけど，まわりにはたくさんの音があると気づけたから］というようなものが多く，さらにこのような体験をして［リラックスできた］，［自然を実感した］，［学校内だけの生態系でもこわしてはいけないと感じた］という感想もあった。「進化の記憶」を選んだ生徒は 2 名のみであったが，その理由として［宇宙のはじまりがよかった］［宇宙や地球のはじまりは前から興味があり，好きなものだから］と記述していた。「ビデオ視聴『共生』」を選んだ理由は，［生物達の密接な関係を見ることができたから］というものが多かった。「自然とのチャネリング」を選んだ理由には，［自然の一つになりきることは体験したことがなく，ちょっと自然のことを考えることができたから］，［普段は考えない土の気持ちを考え，いろいろなことを感じたから］などがあった。

　{問50}　「今回の一連の授業の野外活動（{問49} の「校庭の生態系～昆虫の多様性～」「サウンドマップ」「ディープ・エコロジー・ワーク：地球とのチャネリング」の中）で，自然との一体感を感じた瞬間はありましたか」に対する回答の結果は，以下のようになった。

・校庭の生態系～昆虫の多様性～…0 ％

・サウンドマップ…37%

・ディープ・エコロジー・ワーク：地球とのチャネリング…11%

・わからない…44%

・ない…8 ％

　「サウンドマップ」，「地球とのチャネリング」を選んだ生徒にはそのときの状況を具体的に記述させた。「サウンドマップ」で一体感を感じた状況として多かったのは，［虫の音と風で木がゆれる音を聞いたとき］，［耳をすま

して音を聞いているとき］というものであった。他には［虫は色々な声で自分に語りかけているようだった。自分の存在を知らせているようで，自然と一体になった気がした］という記述もみられた。「地球とのチャネリング」で一体感を感じた状況としては，［ボーッとすわっているとき］，［目を閉じて耳をすましているとき］というものがみられた。「校庭の生態系」を選んだ生徒がいなかった理由としては，この授業は分類調査であり，瞑想的な時間はなかったため，一体感を感じる状況がなかったことが考えられる。他方，「サウンドマップ」と「自然とのチャネリング」には，両者ともその活動の中に瞑想的な時間を設けたため，一体感を感じる状況が生じたと考えられる。しかし，「サウンドマップ」と「自然とのチャネリング」の授業には活動方法も大きな違いはないのにもかかわらず，結果に違いが表れた。この原因の一つは実施日の天候にあると思われる。「サウンドマップ」を行った日は，多少の暑さは感じるものの，快晴で心地よい風も吹いていた。一方，「地球とのチャネリング」を行った日は天候不順で，湿度が高く風もなく，校庭は蒸し暑かった。「地球とのチャネリング」を行った時期は，台風の時期で雨が断続的に降ったりやんだりしている日々がつづいており，当日もかろうじて晴れ間が少しのぞいたほどであった。限られた日程におけるプログラム実施であったため，多少の天候不順でも「地球とのチャネリング」の授業を実施することとなったが，その影響が結果に表れた可能性が高い。

　{問51}「今回の一連の授業を受けて，自然に対する意識が変わったという実感はありますか」に対する回答の結果は，以下のようになった。

　【おおいに変わった…0％，少し変わった…45％，わからない…33％，変わっていない…22％】

　男女で比較すると「変わっていない」を選んだのは女子の方が多かった。また，「少し変わった」を選択した生徒に，何がどのように変わったと感じるのかを記述させたところ，［自然（虫や植物）をもっと大切にしようと思った］という記述が多く，他には［今までは生活している中で気にもとめな

かったが，共存しているのだと思った］，［鳴き声や採集でいろいろな生き物を見たりしていつもは気になんかしないのに大切なもののような気がした］，［土や空気や風や水にも人間や他の生物と同じように命があるんだなと思った］という記述もみられた。全体的に，「少し変わった」を選んだ生徒は，「自然を感じ，大切に思う」ように意識が変わったことが示された。

{問52}「今回の一連の授業の中で，自然，生物，生態系その他に関して新しく興味を抱いたことは何かありますか」に対する回答の結果は，以下のようになった。

【たくさんある…0％，少しある…42％，わからない…40％，ない…18％】

男子と女子とで違いがみられ，「少しある」を選択した生徒は，男子が70％に対して，女子では24％，「わからない」を選択した生徒は，男子が20％に対して，女子が53％であった。「少しある」と答えた生徒に，どんなことに興味・関心を抱いたのかを記述させたところ，［共生について］，［宇宙について］，［生態系や自然について］，［多くの生物がいるという事について］など様々な答えが記されていた。他には［学校内を調べるだけでもたくさんの生物が生きているのだから自分の家の周りなどにはどんな生物がいるのだろうと少し興味を持った］，［土は永遠に続く限り一つの命なのか，それともいくつかの命が集まっているのか？不思議に思う］という意見もみられた。

{問53}「今回の一連の授業でわかりづらかった授業および内容はありますか」に対する回答の結果は，以下のようになった。
・エコストーリー・インタビュー…3％
・生物の多様性，生態系…10％
・校庭の生態系～昆虫の多様性～…3％
・サウンドマップ…13％
・ディープ・エコロジー・ワーク：進化の記憶…26％
・ビデオ視聴「共生」…5％

・ディープ・エコロジー・ワーク：地球とのチャネリング…11％

・なし…29％

　全体的には「なし」を選択した生徒が29％と一番多かったが，それと並んで「進化の記憶」が26％を示した。男子の中では，「サウンドマップ」を選択した生徒が多く，その理由として［どう表現したらいいかが難しかった］と答えていた。他方，女子の中では，「進化の記憶」を選択した生徒が多く，その理由として［イメージするのがよくわからなかった］，［ちょっと眠たくなるような話しだった］などの記述がみられた。女子では他に，「地球とのチャネリング」に対して，［自然との一体化という意味がわからなかった］，［外が暑かったので自然になりきれなかった］などの記述がみられ，プログラム全体に対して［何の目的でこのような授業をしているのか，何を学んだらいいのかわからなかった］などの記述も，少数みられた。

　アンケートの最後に「**授業の感想**」として自由記述の欄を設け，本プログラムを受講しての全体の感想を記述させた。この自由記述においては，［やったことのない授業でとまどいも多かったが，楽しかった］，［自然と直接触れあうことができて良かった］，［野外の授業は久しぶりで，小学校の時を思い出した］などの感想が多くみられたが，［時々ならこんな授業もいいけど毎回だとつかれる］，［やはり虫は嫌いだ］などの感想もみられた。また，［今の時期はちょっと暑かった］という感想も何人かみられた。

4）プログラム，および，アンケート実施後のインタビュー調査

　本プログラムの中核的な目標である「自然との一体化による自己実現への到達」が達成できたかどうかを検討するために，ポストテスト実施直後に質問紙の ⏐問50⏐「今回の一連の授業の中の野外活動で自然との一体感を感じた瞬間はありましたか？」で「サウンドマップ」，「地球とのチャネリング」の選択肢を選び（「校庭の多様性」を選んだ生徒はいなかった），⏐問51⏐「今回の一連の授業を受けて，自然に対する意識が変わったという実感はあります

か？」で「少し変わった」の選択肢を選んだ生徒（「大いに変わった」はいなかったので）に対して，簡単なインタビューを行った。インタビューの内容は，「一体感を感じた時の具体的な感覚や心情」，また，「どのように意識が変わったと思うか」についてである。上記の条件を満たしていた生徒は女子3名（女子A，女子B，女子Cとする），男子1名（男子Aとする）であり，順にインタビューした。

　女子Aは，|問50|「今回の一連の授業の中の野外活動で自然との一体感を感じた瞬間はありましたか」という質問に対しては，「サウンドマップ」を選んでおり，その理由として［みんなしゃべらないで，自然の音だけを聞いていたから］と記述していた。また，|問51|「今回の一連の授業を受けて，自然に対する意識が変わったという実感はありますか」では「少し変わった」を選んでおり，その理由として［今までは生活している中で気にも止めていなかったが，共存しているのだと思った］と記述していた。彼女に「サウンドマップ」で自然と一体化したときの様子を具体的に説明してもらったところ，「（そのときは）風が気持ち良くて，風と一体化したような気がした」と答えた。また，|問51|で「少し変わった」を選んだのは，「サウンドマップ」を体験したことに起因するかどうか質問したところ，［はい］と答えた。

　女子Bも，|問50|「今回の一連の授業の中の野外活動で自然との一体感を感じた瞬間はありましたか」という質問では「サウンドマップ」を選んでおり，その理由として［虫はいろいろな声で自分に語りかけているようだった。自分の存在を鳴き声で知らせているようで，自然と一体になった気がした］と記述していた。また，|問51|「今回の一連の授業を受けて，自然に対する意識が変わったという実感はありますか？」では「少し変わった」を選んでおり，その理由として［自然を少しでも大切にしようと思った。鳴き声や採集でいろいろな生き物を見たりしていつもは気になんかしないのに，大切なもののような気がした］と記述していた。彼女に「サウンドマップ」で

自然と一体化したときの様子を具体的に説明してもらったところ，[（草地に）すわっているだけでも，草をさわったりして，自分も成長している気がして，気持ちが広くなる]と答えた。また，彼女も女子 A と同様に，|問51| で「少し変わった」を選んだのは，「サウンドマップ」を体験したことに起因していると答えた。

　女子 C は，|問50|「今回の一連の授業の中の野外活動で自然との一体感を感じた瞬間はありましたか？」という質問では「自然とのチャネリング」を選んでおり，その理由として[目を閉じて耳をすましているとき]と記述していた。また，|問51|「今回の一連の授業を受けて，自然に対する意識が変わったという実感はありますか？」では「少し変わった」を選んでおり，その理由として[今までは雑草など簡単に踏んでいたけど，この授業を受けてからはよけて歩くようになった]と記述していた。彼女に「自然とのチャネリング」で自然と一体化したときの様子を具体的に説明してもらったところ，[（自然と）つながっている気がした。風を感じた。心安らかになった。音を聞いていると心が広くなった。]と答えた。また，|問51| で「少し変わった」を選んだのは，「自然との一体化」を体験したことに起因しているかどうかという質問には，[一部関係している]と答えた。

　男子 A は，|問50|「今回の一連の授業の中の野外活動で自然との一体感を感じた瞬間はありましたか？」という質問では「サウンドマップ」を選んでおり，その理由として[いろんな生物がいると初めて感じた]と記述していた。また，|問51|「今回の一連の授業を受けて，自然に対する意識が変わったという実感はありますか？」では「少し変わった」を選んでおり，理由として[生物を大切にしようと思った]と記述していた。彼に「サウンドマップ」で自然と一体化したときの様子を具体的に説明してもらったところ，[音の地図の時に，耳を澄ませて静かにしているとき，他の生物の存在や風を感じて溶け込んでいる気がした]と答えた。

2 プログラムⅡの実践とその結果

（1）プログラムⅡの評価・分析方法

　プログラムⅡの目標がその試行によって達成されたかどうかは，プログラムⅠと同様，プレ・ポストテスト，多肢選択式アンケート，自由記述式アンケート，プログラムの試行で作成したワークシート，感想等を総合して評価することとした。

　本プログラムの目標が達成されたかどうかを客観的に評価するために，18項目からなる質問紙を作成し，プログラムの実施前後に，プレテスト，ポストテストとして行った。プレ・ポストテストのカテゴリーは，プログラムⅠと同様に，評価の観点に従って，表6-16に示したように，「環境問題に対する認識」，「環境問題に対する意識・態度」，「行動様式」，「人間中心主義的な科学技術と環境問題の認識」，「生命圏平等主義」，「自己実現」の６つに設定した。プログラムⅠで設問項目を47項目としたのに対し，プログラムⅡで設問項目を18項目としたのは，プログラム実施期間に制約があり，アンケートを実施する時間を短縮する必要があったからである。したがって，プログラムⅠの設問47項目の中から，プログラムⅡの評価に必須となる18項目を精選した。各設問内容については，本文，または，表中に適宜示すこととする。プログラムⅠにおいては，「生物の多様性，生態系」に関する授業を導入し

表6-16　プレ・ポストテストの尺度と設問項目のカテゴリー

尺度	項目のカテゴリー	項目数
環境観	環境問題に対する認識	1
	環境問題に対する意識・態度	9
	行動様式	2
	人間中心主義的な科学技術と環境問題の認識	1
ディープ・エコロジー	生命圏平等主義	2
	自己実現	3

たため，プレ・ポストテストのカテゴリーとして「生態学の知識」を設けたが，プログラムⅡにおいてはその授業を行わなかったため，「生態学の知識」のカテゴリーは設けず，代わりに「環境問題に対する認識」を設けた。各設問項目については，「そう思う」，「どちらかといえばそう思う」，「どちらともいえない」，「どちらかといえばそう思わない」，「そう思わない」の5件法により回答を得た。

　次に，結果分析については，6カテゴリーそれぞれに関して設問項目ごとにプレ・ポストテストを比較することとした。分析にはいずれもデータに対応のある場合のt検定を用いることとした。プレ・ポストテストの回答は，「そう思う」，「どちらかといえばそう思う」，「どちらともいえない」，「どちらかといえばそう思わない」，「そう思わない」[2]をそれぞれ5点4点3点2点1点の間隔尺度に読み替え，得られた測定値から回答者ごとに各カテゴリーの平均値を求めた。なお，プログラムⅡにおいても，プログラムⅠと同様，プレ・ポストテストで生徒の意識・自然観をより正しく知るために，例えば，問1「地球温暖化などの地球環境問題は，人間にとって深刻な問題であると思う」のように，回答が肯定的であるほど自然環境への意識が高いとするタイプと，問7「人間の活動のために，野生動物が減少していくのは仕方の無いことだと思う」のように回答が否定的であるほど自然環境への意識が高いものとする逆転項目タイプの二通りを作成した。したがって，項目7のような逆転項目タイプの設問に対する回答を，「そう思う」，「どちらかといえばそう思う」，「どちらともいえない」，「どちらかといえばそう思わない」，「そう思わない」をそれぞれ1点2点3点4点5点と，得点を逆に設定して生徒全員の平均値を算出した。平均値については，設定した1点から5点の中間値である3.0より高い値であれば肯定的，低い値であれば否定的に回答していると判断した。

　また，プログラムⅠと同様にプログラムⅡにおいても，5件法のプレ・ポストテストと合わせて，多肢選択と自由記述を組み合わせたアンケートを

行った。プレテストと合わせて行った多肢選択式・自由記述式事前アンケートでは，生徒の自然体験，自然とのかかわり，自然への考え方を問う質問を設定し，ポストテストと合わせて行った多肢選択式・自由記述式事後アンケートでは，本プログラムを受けた感想などを聞く質問を設定した（巻末資料10）。その他，プログラムの評価対象として，ワークシート，カード等の提出物を含めた。

（2）プログラムⅡの実践結果

1）プレ・ポストテストの結果

　プレ・ポストテストの結果を，表6-17，表6-18に示した。**「環境問題に対する認識」**のカテゴリーについては，問1「地球温暖化などの地球環境問題は，人間にとって深刻な問題であると思う」のみでの評価となったが，プレ・ポストテストともに平均値は中間値以上であった。また，プログラム実施前後での有意差はみられなかった。これより，プログラム実施前において既に，「環境問題に対する認識」の設問内容に肯定的であり，地球環境問題を深刻な問題であると認識している生徒が多いことが示された。

　「環境問題に対する意識・態度」のカテゴリーについては，9項目中6項目が中間値以上の値を示した。プログラム実施前に平均値が4.00以上を示したのは問9「自然破壊をさらに引き起こす原因になろうとも，今の生活がもっと便利になればいいと思う（逆転項目）」のみであり，問9の内容に否定的な生徒が多く，プレ・ポストテストで有意差はみられなかったものの，プログラム実施後に環境問題に対する意識が高まった生徒がみられたことが示された。また，問4，問8，問10，問11，問12もプログラム実施前に平均値以上を示しており，問6と問12以外はプログラム実施後に平均値が上昇した。このカテゴリーの中で正の有意差がみられた質問項目は問4「地球温暖化などの大きな環境問題を考えると，解決に向けた人間一人の努力なんて無

表6-17　プログラムⅡのプレ・ポストテストの結果

		問	項目内容	プレ	ポスト
環境観	認識	1	地球温暖化などの地球環境問題は，人間にとって深刻な問題であると思う	3.91	3.91
	意識	2	自然破壊や環境汚染のニュースを見たり聞いたりすると胸が痛む	2.91	3.43▲
		3	地球温暖化などの地球環境問題のニュースを見たり聞いたりすると，もはや地球に未来はないという絶望的な気持ちになる	1.78	1.91▲
		4	地球温暖化などの大きな環境問題を考えると，解決に向けた人間一人の努力なんて無力であると思う（逆転項目）	3.65	4.26▲
		6	環境問題の解決のためには，人間一人ひとりの意識の変化が必要だと思う	1.74	1.35
		8	地球上の空気や水がどんどん汚れている責任の一部は，自分にもある	3.48	3.65▲
		9	自然破壊をさらに引き起こす原因になろうとも，今の生活がもっと便利になればいいと思う（逆転項目）	4.17	4.48▲
		10	地球環境問題についての知識を，もっと学びたいと思う	3.43	3.65▲
		11	地球環境問題についての知識があまりなくても，今後大して支障もなく生きていけると思う（逆転項目）	3.61	4.00▲
		12	自分達の住む地域の自然に目を向けることは，自然保護につながると思う	3.61	3.39
	行動	13	地域のリサイクルや自然保護運動に協力して，地域の次世代の子供達に，美しい自然を残してあげたいと思う	3.50	3.64▲
		14	常日頃から環境保護を考えた生活を心掛けている	1.61	2.04▲
	科学	5	汚染浄化装置などの科学技術がもっと進歩すれば，それだけで環境問題は解決されると思う（逆転項目）	1.22	1.17
ディープ・エコロジー	平等	7	人間の活動のために，野生動物が減少していくのは仕方の無いことだと思う（逆転項目）	4.09	4.35▲
		17	草や木，虫，鳥，カビ，キノコなどの生き物の命は大事だが，それは人間ほどではないと思う（逆転項目）	3.74	4.17▲
	自己実現	15	自然に親しむと，人間の心も豊かに成長すると思う	3.39	3.65▲
		16	自然と親しむ活動は，小さい子供には必要であると思うが，大人には特に必要ないと思う（逆転項目）	4.52	4.70▲
		18	人間は自然の一部であり，地球上に住むすべての生物は人間の家族のようなものである	3.00	3.09▲

※　▲は平均値の上昇したもの，網掛けはプレ・ポストテストで有意差がみられた設問項目

表6-18　プログラムⅡのプレ・ポストテストで有意差がみられた設問

設問		人数	平均値	標準偏差	自由度	t値	有意水準
問2	プレテスト	23	2.91	1.17	22	2.41	0.05
	ポストテスト		3.43				
問4	プレテスト	23	3.65	1.60	22	2.24	0.05
	ポストテスト		4.26				
問12	プレテスト	23	3.61	0.25	22	1.74	0.05
	ポストテスト		3.39				
問14	プレテスト	23	1.61	1.16	22	1.74	0.05
	ポストテスト		2.04				

※　欠席者がいたため，人数を23名で算出した

力であると思う（逆転項目）」である。具体的には，プログラム実施後に，問4の質問内容について「そう思わない」が30％増加し，環境問題に対する無力感に否定的な生徒が増加したことが示された。他方，プログラム実施前に平均値が中間値以下を示したのは，問2，問3，問6であった。そのうち，問2「自然破壊や環境汚染のニュースを見たり聞いたりすると胸が痛む」については，プログラム実施後，同意する生徒が有意に増加し，平均値が中間値を超えた。問3「地球温暖化などの地球環境問題のニュースを見たり聞いたりすると，もはや地球に未来はないという絶望的な気持ちになる」については，平均値は上昇したものの，有意差を示すには至らず，プログラム実施後も平均値は中間値以下であった。なお，問3は，環境問題に対して生徒がどの程度深く意識しているのかを知るために，問2より悲観的な内容を設定したものである。しかし，結果として，問2と同様の設問内容となり問2と問3の明確な差異が示されなかったため，第4章の意識調査の設問項目には設定しないこととした。問6「地球温暖化の解決のためには，人間一人ひとりの意識の変化が必要だと思う」については，有意差はみられないものの，プログラム実施後に平均値が減少しており，意識の変化の必要性については

否定的な生徒が多いことが示された。問12「自分たちの住む地域の自然に目を向ける事は，自然保護につながると思う」については，負の有意差がみられた。具体的には，「そう思う」が減少し，「どちらかといえばそう思う」，「どちらともいえない」が増加する結果を示した。

　「行動様式」のカテゴリーについては，問13と問14の2項目のみであったが，どちらもプログラム実施後に平均値が上がった。問13「地域のリサイクルや自然保護運動に協力して，地域の次世代の子供達に，美しい自然を残してあげたいと思う」については，プログラム実施前から中間値以上の値を示していたが，プログラム実施後，問13に肯定的な生徒が増加した。また，問14「常日頃から環境保護を考えた生活を心掛けている」については，プレ・ポストテストともに平均値以下の低い値を示しているが，プログラム実施後は有意に値が上がり，「どちらかといえばそう思う」が22％増加する結果が示された。

　「人間中心主義的な科学技術と環境問題の認識」のカテゴリーについては，問5「汚染浄化装置などの科学技術がもっと進歩すれば，それだけで環境問題は解決されると思う（逆転項目）」のみでの評価となったが，プログラム実施前・後ともに平均値が中間値より低く，人間中心主義的な科学技術による環境問題の解決に同意する生徒が多いことが示された。

　ディープ・エコロジーの「生命圏平等主義」のカテゴリーについては，問7「人間の活動のために，野生動物が減少していくのは仕方の無いことだと思う（逆転項目）」と問17「草や木，虫，鳥，カビ，キノコなどの生き物の命は大事だが，それは人間ほどではないと思う（逆転項目）」の2項目のみであったが，プログラム実施前から平均値が中間値より高く，プログラム実施後には有意差はみられなかったものの，どちらも平均値が上がり，生命圏平等主義に肯定的な生徒が多いことが示された。特に，問7の平均値はプレ・ポストともに4.00以上の高い値を示し，人間の活動のために野生動物が減少することに対して否定的な生徒が多いことが示された。

ディープ・エコロジーの「自己実現」のカテゴリーについては，問15「自然に親しむと，人間の心も豊かに成長すると思う」，問16「自然と親しむ活動は，小さい子供には必要であると思うが，大人には特に必要ないと思う（逆転項目）」，問18「人間は自然の一部であり，地球上に住むすべての生物は人間の家族のようなものである」の3項目すべてにおいて，プレ・ポストテストともに平均値以上の値を示し，有意差はみられなかったものの，3項目ともにプログラム実施後に平均値が上がった。特に，問16は平均値4.00以上の高い値を示しており，ほとんどの生徒が，自然と親しむ活動は大人にも必要であることに肯定的であることが示された。ただし，問18については，平均得点が3.00であり，人間以外の他の生物が人間の家族のようなものであることに肯定的な生徒が多いとはいえないことが示された。

2）多肢選択式・自由記述式事前アンケート

多肢選択式・自由記述式事前アンケートは，プレテストと共に行った。

「**自然の中で遊んだことがあるか**」という問いに対する回答の結果は，以下のようになった。

【おおいにある…61%，多少ある…35%，全然ない…4%】

「**自然の中で遊ぶのは好きか**」という問いに対する回答は，以下のようになった。

【そう思う（好き）…31%，どちらかといえばそう思う…52%，

どちらかといえばそう思わない…0%，そう思わない（嫌い）…0%】

「そう思う」の理由は，「楽しいから」という回答が約半数を占め，その他に，「空気がきれい」，「山や川で遊ぶのが好き」等の回答がみられた。

「**自然の中で感動し，興味を持ったことはあるか**」という問いに対する回答の結果は，以下のようになった。

【たくさんある…44%，何回かある…43%，1回だけある…9%】

結果より，ほとんどの生徒が自然に興味を持った経験があることが示され

た。季節の移ろいや景色，生き物の生態に感動を覚え，興味を示した等，生徒それぞれの経験に基づく多様な回答がみられた。

「自然と一体化していると感じたことはあるか」という問いに対する回答は，以下のようになった。

【たくさんある…9 ％，何回かある…32％，1 回だけある…9 ％，ない…50％】

「ある」と「ない」が半々に分かれた。「ある」と答えた生徒の中で，「たくさんある」と「1 回だけある」と答えた生徒はともに9 ％，「何回かある」と答えた生徒が32％であった。一体感を感じた瞬間としては，［寝転がって空を見上げたとき］，［基地を作って遊んだとき］，［ホタルを見たとき］等，多様な回答がみられた。

「自然はあなたにとってどのような存在か」という問いに対する自由記述の結果は，「なくてはならない存在」という回答が44％と最も多く，次いで，［安らげる］，［癒される］，［和む場所］という「気持ち・心」に関する回答が26％みられ，さらに，［自分の一部である］というディープ・エコロジーの「自己実現」の視点に一脈相通ずると思われる回答も9 ％みられた。

　以上のアンケート結果より，生徒はこれまで豊かな自然体験をしてきており，自然への興味・関心は高いが，自然との一体感を感じた経験を持つ者は全体の半数の割合であることが明らかになった。

3 ）多肢選択式・自由記述式事後アンケート

　多肢選択式・自由記述式事後アンケートはプログラム実施後に，ポストテストと共に行った（巻末資料10）。

「本プログラムで一番印象に残った活動は」という問いに対する回答の結果は，以下のようになった。

【身近な植物との一体化体験…48％，探究学習…35％，ビデオ視聴…17％】

「身近な植物との一体化体験」を選んだ理由としては，［成長してくると自

208

然の中に入ろうとも自然と一体化しようとも思わなくなってしまっていた
が，今回一体化してすごい昔を思い出して自然をもっと意識してみようと
思った]，[実際に体験してみたことで自分が今まで自然に対して持っていた
気持ちが大きく変わったのがこの授業だったから]等の自然に対する意識変
化を挙げた生徒の割合が最も高く，「一体化体験」を選んだ生徒の64%を占
めた。その他の理由としては，「気持ちよかった」，「自然とふれあえた」等
が挙げられた。

　「探究学習」を選んだ理由としては，[自分だけが環境を良くしようと心掛
けても何も変わらないと思っていたけど，この1時間の授業で世界には小さ
なことから取り組んでいる人がいて自分も同じ人間なので何かやろうと思っ
た]等の環境意識の変化を挙げた生徒，および，[実際に起きていることな
ど深く知る事ができた]等の温暖化についての知識理解を挙げた生徒の割合
が，ともに，「探究学習」を選んだ生徒の38%を占めた。その他の理由とし
ては，「楽しかった」等が挙げられた。

　「ビデオ視聴」を選んだ理由としては，[私達の知らない場所でどんどん生
態系をおびやかす事態が起こっているとわかったから]等のグローバルな視
点で生態系を捉えた回答をした生徒の割合が50%を占め，その他，「自分の
こととして考えた」等が挙げられた。

　「**身近な植物との一体化体験で一体感を感じたか**」という問いに対する回
答の結果は，以下のようになった。

　【充分感じた…43%，やや感じた…52%，わからない…5%，感じなかっ
た…0%】

　一体感を感じた理由として，[なんか幸せな気分になった。陽の光に当た
るのはすごい久しぶりだったので気持ちいいんだと感じ，また，植物もそう
なんだろうと思った]，[その植物の葉のさわり心地や香り，また，植物と同
じ目線で周りを見ることで一体感を感じる事ができた]等，植物の視点に立
てたことを挙げた生徒の割合が50%と最も高かった。次いで，[何もしな

かったけど楽しかった。私は木の気持ちになったとき，どんどん成長して
いって青空へ近づいていくことがこんなに楽しくて素敵なことだとは思わな
かったから。あとあまりの気持ちよさに少し寝てしまいそうになった］等，
身近な植物との一体感の気持ちの良さを挙げた生徒の割合が25％であった。
その他，［やっぱり頭の中で考えていたこと，実際にやってみるのではこん
なにも違うのか！と感じることが多かったから］等の理由が挙げられた。し
たがって，一体化の授業に参加した生徒のほとんどが一体感を感じていたこ
とが示された。一体感を感じた瞬間としては，「空を見上げたとき」，また
は，「風を感じたとき」，もしくはその両方である「空をながめて風が気持
ちいいと感じたとき」等，空と風に関する感覚を回答した生徒が合わせて80％
に達した。

　「**身近な植物との一体化体験で植物に対する意識が変わったか**」という問
いに対する回答の結果は，以下のようになった。

　【かなり変わった…25％，少し変わった…65％，わからない…10％，変わ
らなかった…０％】

　「かなり変わった」，「少し変わった」理由としては，［普段は自分のことばか
り考えているので，自然のことにあまり目が向かないが，こういう機会に
自然を見つめ直すことができて，もっと自然を大切にして植物も人もイキイ
キできるような地球にしたいと思う］，［生きているのは人間だけでなく植物
も同じ生き物だと感じたから。そんな植物たちのためにも，環境について少
し考えなくてはと思った］等，ディープ・エコロジーの生命圏平等主義に同
意するような回答が「変わった」を選んだ生徒の44％を占めた。また，［普
段あまり植物のことはあまり気にしてなかったけどこの授業で植物も生きて
いるのだなと改めて実感しました］等，植物も生物であることの実感を回答
した生徒が28％，［身のまわりにも懸命に生きている植物がいてそれと共に
私達は暮らしているのだなと思った。一緒に生きているものは大切にしなく
ちゃいけない］等，自然を大切にしたいと回答した生徒が17％みられた。

そして，**本プログラムのあり方**について質問したところ，以下のような回答が得られた。

【もっと長時間で…46％，今回のように…54％，一体化だけ…０％，調べ学習だけ…０％，必要なし…０％】

理由としては，［ビデオだけだと見たことしか覚えていないが，一体化体験やクイズ方法の探究学習でわかりやすく，また，体そのもので自然というものが感じられるからいいと思う］というように，「ビデオ視聴」，「探究学習」，「一体化体験」という３部構成で実施することに賛同する意見が多く，「今回のように」を選んだ生徒の69％を占めた。一方で，［もう少し探究学習に時間をかけたかった。一体化体験ももう少しじっくりやりたかった］という意見もあり，探究学習の時間を増やすなど，プログラム全体をもっと長時間で実施して欲しいとの意見が約46％みられた。

3　プログラムⅢの実践とその結果

（1）プログラムの評価・分析方法

ディープ・エコロジーを導入した環境教育プログラムの目標がプログラムの試行によって達成されたかどうかは，プログラムの試行で作成したワークシート（巻末資料8），感想等を総合して評価することとした。プログラムⅢは，２時間連続の単発のプログラムであるため，プレ・ポストテストは実施せず，ワークシートと感想の記述を評価対象の中心とした。

（2）プログラムの実践結果

1）ワークシート分析

ワークシートへの記入は，２時間連続の授業の最後の活動となる「身近な植物との一体化体験」の実施の際に行った。

「1　その植物になりきってみて，どんな気持ちになりましたか？」の回答では，「気持ち良かった」という内容の記述が，参加生徒19人中12人

（63％）と，最も多くみられた。具体的には，［陽に当たっているとあったかくて気持ちよくなってくるし，風が吹くと心地よくなる］，［不思議な気持ちになれた。寝転がっていて眠くなった。ポカポカしていたけどちょうどいい風が時々吹いてすごく気持ちよかった］などの記述がみられた。また，［自然の一部になった。すでに同化していたと思う］や［太陽は温かくて風は気持ちよくて落ち着いた。周りには同じ花や他の花がたくさんあり，好き嫌いがあったとしても一人ぼっちにならないのはいいなと思った］等，自然との一体感を感じている記述が３名にみられ，その他［のんびりした］，［空が大きく感じた］などの記述もみられた。以上の記述より，「身近な植物との一体化体験」において，自然の中に溶け込み，自然との直接体験を「気持ち良く」実施できた様子が伺えた。

　次に，「２　その植物との一体感は感じましたか？」の質問に対しては，参加生徒19人中16人（84％）が一体感を「感じた」を選択し，「感じない」を選択した生徒は16％であった。その理由として，［（寝転がって）同じ目線で同じ景色を見れたから親しみを感じた］，［自分よりも草花のほうが背丈が高かったから］，［同じ日光を浴びているから］など，一体化の対象となった植物と同じ場所で同じ環境を感じることで一体感を感じたことを挙げている生徒が11名（58％），その他，［気持ちよかったから］，［本当に寝てしまいそうになったから］などを挙げている生徒が数名みられた。他方，一体感を感じなかった生徒３名（16％）の理由としては，［ここではあまり一体化したくなかった］，［いろいろ気になったから］，［自分は人間だから］という記述がみられた。以上の質問とその理由の記述より，本プログラムの目標③「自然との一体化による自己実現への到達」のうちの「自然との一体化」が８割の生徒で達成されたことが示された。また，［草花に囲まれて寝ころがってみて，虫とか他にもいろいろ発見できたから］等，生物の多様性について記述した２人（11％）の生徒については，目標①「生物多様性と共生，および，生態系の概念の理解」のうちの「生物多様性と共生」の理解まで達成で

きたことが推察できた。

　次に，「3　一体化タイム前後で，その植物への気持ちは変わりましたか？」の質問に対しては，参加生徒19人中14人（74%）が，「前より親しみを持った」を選択した。その理由としては，［可愛くなってきた］，［近くで見る事によって自分も植物になった気分になれたから］，［ずっと見ていて静かな気持ちになった］，［前よりもっと大事にしていきたい］など，各人多様な意見が挙げられていた。他方，「気持ちは変わらない」を選択した生徒4名（21%）は理由として，［もともと興味ない］，［わからない］などを挙げていた。また，「前より親しみを持てなくなった」を選択した生徒1名（5%）は，［大きくなろうとしてもどうせ雑草として人に邪魔にされるから］と記述していた。以上の記述より，約7割の生徒において，「一体化体験」により，植物に対する生徒の意識変化が起こったことが示された。

　そして，「4　このような自然との一体感を感じる機会は，大人になってからも，日常生活の中で必要だと思う？」の質問に対しては，参加生徒19人中18人（95%）が「思う」を選択し，「思わない」を選択したのは5%であった。その理由としては，［大人になると忙しくなるからこういうひとときも必要だと思った］等，大人になると自然と触れ合う機会が減るから一体化の機会が必要という意見，［見ているだけで癒されたり，心地よかったから］等，自然体験は気持ち良いから必要という意見，［植物は別の空間にいるけど，人間と一緒に生きているから大切にして一体感を感じるのは大切だなって思う］等，自然の大切さを感じる機会が必要という意見がそれぞれ数人ずつみられた。「思わない」を選んだ1名（5%）の理由としては，［必要ないと思う］と記述されていた。以上の記述より，数人の生徒では，目標②「原則としての生命圏平等主義的な自然観の獲得」が達成されたことが示された。

2）感想分析

　ワークシートと合わせて，感想用紙の記述の分析も行った。感想用紙には，本プログラムについて感じたことを自由に記述してもらった。

　「カモフラージュ」に関しては，「楽しかった」，「盛り上がった」，「普段できない体験でとても良かった」等を記述した生徒が11人（58％）おり，プログラムの導入として，プログラムに対する熱意を呼び起こすという目的を約6割の生徒において果たすことができたと考えられる。生徒の感想としては，［本物そっくりな葉っぱやクリップ，キューピーちゃんの人形までいろんなものをばらばらに隠して見つけるのはとても楽しかったです。何気に，すごい場所やありえない場所にあったり，隠すほうも発想が面白いと思いました］等，活動の詳細を記述する生徒も多く，目標④「レクリエーションの手法の実感的理解」を深めることができたことが考えられる。

　「カメラゲーム」に関しては，感想に記述がみられた生徒は5名（26％）に留まり，内容としては，［カメラは相手との以心伝心が大事だと思った］，［カメラゲームはすごく難しかった。パートナーがみているものが正直分からなかったけど合っていたので良かった］等，目標①「生物多様性と共生，および生態系の概念の理解」というよりむしろ，人（パートナー）とのかかわりの実感に関する記述が主であった。

　「身近な植物との一体化体験」に関しては，14人（84％）の生徒が「気持ちよかった」，「リラックスできた」等の感想を記述していた。内容については，［風と一緒に息をしているみたいでとても良かった］，［今日は花と一緒に光合成できて気持ちよかった］等，草地の植物との一体感が記述されており，数人の生徒においては，［自然に触れるのってこんなに気持ちの良いことなんだなって忘れかけていたけど，寝っころがってのんびり草と同じ目線で風景を見ていたらすごく癒されたし気持ち良くてまたこうゆうことをしたいなと思った］，［ゆっくり地面に寝ころがって何もしないなんて何年ぶりだろう。自分でも気づかないうちに気持ちが張ってたんだなぁと思います。自

分を開放するとてもいい，有意義な時を過ごすことができました］等の記述がみられ，一体化体験により，自己を拡大できた様子が示された。その他，［草花と一体化ゲームは最初バカにしていたけど，すごい気持ちよくてすごく落ち着く空間だった］という意見も数人記述していた。以上より，一体化体験を通して，目標③「自然との一体化による自己実現への到達」が，上記したような記述をした数人（少なくとも４人）の生徒において達成できたことが推察できた。目標①については，［普段通っている道にもいろんな植物があるのだなって改めて感じた］という感想，目標②については，［１日外で植物と触れ合ったり，改めて色や形を見ることで植物の可愛さとか強さとか何となくわかった］という記述もみられたものの，達成できたかどうかの評価は難しかった。

　感想用紙の最後に，「将来，子どもと遊ぶときや高齢者との交流に（本プログラムを）生かせそう？」かという問いを行い，「たくさん生かせそう」，「少し生かせそう」，「わからない」から回答を選択してもらった。その結果，「たくさん生かせそう」と回答した生徒は，参加生徒19人中13人（68％）で，「少し生かせそう」は３人（16％），「わからない」は０人，無記入が３人（16％）であった。「たくさん生かせそう」，「少し生かせそう」を選択した理由としては，［年齢は関係なくできるので楽しめる遊びだと思いました］等，楽しめるからという理由を挙げた生徒が５名，［リラクゼーションとかに使えそう］，［手足とかが不自由でも簡単にできるから］等，介護施設や病院にて活用できるからという理由を挙げた生徒が４名，その他，「自然と触れ合えるから」等の理由を挙げた生徒が数人みられた。無記入が３人みられた理由としては，この質問が感想用紙の下の方にあったため，質問が記載されていることに気付いていない可能性が考えられた。

第2節　プログラムの試行による生徒の環境意識・知識・態度の変容

　プログラム試行結果をもとに，日本におけるディープ・エコロジーの視点を導入した環境教育のあり方を検討する基礎的な知見を探った。以下ではまず各授業内容に即して得られた知見，および，プログラム全体について得られた知見の二つに分けて論述する。なお，プログラムⅠに関しては，全10時間の授業の試行結果における主要な点をピックアップして示した。また，本論文では，各プログラムの実施当時の調査結果をもとに考察を行っており，各プログラムの分析方法が異なっている。

1　プログラムⅠの成果と課題

　第6章第1節のプログラムⅠの試行結果を元に，そのプログラムの効果について考察を試みた。まず，各授業についての考察を行い，次にプログラム全体の有効性と課題に関する考察を行った。

（1）各授業の効果
1）第3時「エコストーリー・インタビュー」
　プログラム実施後アンケートの 問49 「どの授業が一番印象に残りましたか」の結果では，この授業を選択する生徒が少なかったが，親しい者同士ではあるものの，女子の方では楽しそうに自然体験を語りあう姿がみられた。また，授業の後半に生態学の基礎的な概念について復習したが，授業中の「草地は放っておくとどうなるか」という発問に対して積極的に思考する姿勢がみられた。したがって，この授業の試行により，植物の遷移についての知識が身についたと考えられ，プレ・ポストテストの「生態学の知識」の問40「草地は放っておいたらずっと草地である」で正の有意差を生じた要因

216

と思われる。

2）第4時「生物の多様性，生態系」

　プログラム実施後のアンケートの ｜問49｜ では，この授業を選択する生徒はいなかったことから，授業の印象が薄いという結果が示された。また，｜問53｜「わかりづらかった授業は」の問いに対して，この授業を選択した生徒が約10％おり，理由として「何が言いたいのか分からなかった」と記述している生徒もみられたことから，この授業は数人の生徒にとって内容が分かりづらいものであったと考えられる。

　他方，後半は第5時「校庭の多様性」における昆虫調査の準備として，ワークシートに調査結果の推定を記入する時間を設けたが，こちらは生徒が積極的に取り組む姿勢がみられた。トラップの作成については，教師が演示作成したが，生徒はこれに興味を示していた。多様性調査の場所設定やトラップの作成を生徒自身に実施させることで，生物多様性，および，生態系への生徒の興味を高める一因になる可能性が示唆された。

3）第5時「校庭の生態系（昆虫の多様性）」

　この授業における野外活動に対しては，多くの生徒が生き生きとして取り組む様子がみられた。プログラム実施前のアンケートでは，自然の中にいることは好きだが，虫は嫌い，という生徒が多くみられたが，ほとんどの生徒は採集した昆虫をしっかりと観察していた。したがって，プレ・ポストテストの「多様性と共生の原理」カテゴリーの問13「害虫や雑草はなくなってもいい」において，生命圏平等主義的な視点に肯定的な生徒が有意に増加する変化を示したのは，この第5時の授業に起因すると考えられる。さらに，季節的にも昆虫が多くみられる時期であり，昆虫の多様性の授業として適切な時期であった。以上の結果より，本授業により，目標①における「身近な生物の多様性の実感，理解」を達成することができたと考えられる。

　また，プログラム実施後のアンケート〔問51〕の「自然に対する意識の変化」の記述において，〔虫や植物を大切にしようと思った〕，〔鳴き声や採集でいろいろな生き物を見たりしていつもは気になんかしないのに大切なもののような気がした〕という意見がみられた。本授業では，虫を傷つけないことを強調し，調査後も元の場所に戻すように指示しており，これが目標②「原則としての生命圏平等主義的な自然観の獲得」の達成に効果を示したと考えられる。

4）第6時「サウンドマップ」

　プログラム実施後アンケートの結果や提出してもらった「サウンドマップ」カードの内容より，目標③の中の「身近な自然との一体化」までは，ほぼ全員が達成されたことが示された。これは，プログラム実施後アンケートの〔問49〕「どの授業が一番印象に残りましたか」の結果で，本授業を選択した生徒が一番多く，なおかつ，〔問50〕「自然との一体感を一番感じた野外活動」の結果で，本授業を選択した生徒が一番多かったことから明らかになった。また，プログラム実施後アンケートの後に行った生徒へのインタビューにおいて，2人の生徒がこの活動について「自分も成長している気がして，気持ちが広くなった」と感想を述べており，この2人に関しては目標③の中の「自己実現」まで達したことが明らかになった。さらに，第6時の授業実施日の天候がよかったこと，また，実施日が昆虫の多様性調査をした翌日であり，調査した昆虫を思いだしながら瞑想できたことが，目標達成に効果を示した一因であると考えられる。

5）第7時「進化の記憶」

　授業後のアンケートの〔問49〕「一番印象に残った授業」において，本授業を選択する生徒はわずかであり，さらに，〔問53〕「わかりづらかった授業」において，本授業を選択した生徒が多く，女子ではその割合が他の授業

に比べて一番高かった。「わかりづらかった」理由として，［イメージするのがよくわからない］，［授業内容がわからない］，［映像が見づらい］という記述が複数みられた。以上の結果より，第7時「進化の記憶」においては，目標②の達成はほとんど示されなかったことが明らかになった。また，生徒から［もっと自分の（教師自身の）言葉で話してほしかった］という意見もあり，高校生を対象として自分の言葉で語れるように練習することも課題として示された。

6）第8時「ビデオ視聴『共生』」

プログラム実施後アンケートの結果より，数人の生徒で，目標①の特に「生物多様性と共生」の理解が達成されたことが示された。具体的には，プログラム実施後アンケートの |問49|「どの授業が一番印象に残りましたか」の結果で，本授業を選択した生徒が約20％おり，その理由として［一匹の生物でもそのまわりにはいろいろな生物が共生していることがわかったから］，［違う種の動物たちでも密接な関係にあるんだなということがわかって勉強になった］などの記述がみられたことから明らかになった。

7）第9時「地球とのチャネリング」

プログラム実施後のアンケートの結果や提出してもらったワークシートの内容より，数人の生徒のみ目標③の中の「身近な自然との一体化」まで達成されたが，多くの生徒において目標②，および，目標③の達成が確認されなかったことが示された。

具体的には，プログラム実施後アンケートの |問49|「どの授業が一番印象に残りましたか」の結果では，本授業を選択した生徒が約15％おり，その理由として［自然との一体化では，普段は考えない土の気持ちを考え，いろいろなことを感じた］などの記述が数人にみられ，また，|問50|「自然との一体感を一番感じた野外活動」の結果で，本授業を選択した生徒が10％お

り，数人の生徒が「身近な自然との一体化」まで達成されたことが明らかになった。さらに，プログラム実施後アンケートの後のインタビューにおいても，［心が広くなった］という感想を話した生徒が1人おり，目標③の中の「自己実現」まで到達した可能性が示唆された。

　他方，|問48|「今回の一連の授業はどうでしたか」に対する回答で「全く面白くなかった」を選んだ生徒の理由として，［無理に自然に触れさせようとしなくても，自然が好きなら自分から草木に触れあうはず］という記述もみられ，第9時の授業という明記はなかったものの，本授業に対する記述であることが推察された。なお，第9時の授業実施の当日は，天候が良かった第6時「サウンドマップ」と比較して，台風の影響で天候が優れず，曇天で蒸し暑かった。

　以上より，本授業では多くの生徒において，目標②，および，目標③を達成するには至らず，その一因が，天候の悪さと授業の実施方法によるものであることが示唆された。したがって今後は，授業実施の時期や天候，一連のプログラム内における位置づけ，授業内容の再検討を行うことが課題として明らかになった。

（2）プログラムⅠ全体の効果と課題

　目標①「生物多様性と共生，および生態系の概念の理解」については，プログラムの試行結果の分析より，多くの生徒で，第3時「エコストーリー・インタビュー」において，「相互連関的・全フィールド」の視点を認識し，「生態学の概念」の一部の理解を深め，第5時「校庭の生態系（昆虫の多様性）」において「生物多様性」を実感し，第8時「ビデオ視聴『共生』」において「共生の概念の理解」を深めたことが明らかになった。「相互連関的・全フィールド」の視点の認識については，親しい者どうしで自然体験について楽しそうにインタビューし合っている様子，そしてその回答がカードに詳細に記入されていたことにより，示された。「生態系の概念の理解」につい

ては，プレ・ポストテストの「生態系の知識」のカテゴリーにみられた正の有意差の結果より，特に，植物の遷移の概念についての理解を深めたことが示された。他方，生態系と食物連鎖の概念については理解を深めたことが確認されなかった。「生物多様性」の認識についてはプレ・ポストテストの結果より，プログラムの試行にかかわらず，生徒は深く認識していることが示されたが，プログラム実施後アンケートにおいて，身近な生物である昆虫の多様性を実感する感想がみられ，プログラムの実施によって「生物多様性の理解」を深めたことが示された。「共生」については，プログラム実施後のアンケートの記述により，多くの生徒が理解を深め，新たに興味を抱いたことが示された。

　目標②「原則としての生命圏平等主義的な自然観の獲得」については，プログラムの試行結果の分析より，一部の生徒で，第5時「校庭の生態系（昆虫の多様性）」，第6時「サウンドマップ」，第9時「地球とのチャネリング」において，「生命圏平等主義的な自然観の獲得」を達成したことが明らかになった。特に，第5時の授業は，目標②の達成に効果的であった。これは，プログラム実施前アンケートで「虫は嫌い」という記述が多かったにもかかわらず，多くの生徒において，活動への取り組みが良く，プログラム実施後のアンケートの「自然に対する意識の変化」の数人の生徒の回答において，「虫や植物を大切にする気持ち」を生じたことが記述されていたことから明らかになった。また，プレ・ポストテストでは，「多様性と共生の原理」のカテゴリーにおける問13「害虫や雑草はなくなってもいい」において，ポストテストで「そう思わない」，「あまりそう思わない」が有意に増加し，「生命圏平等主義」のカテゴリーにおける問4「人間は地球の支配者であり，あらゆる生物の頂点にたっている」において，ポストテストで「そう思わない」，「あまりそう思わない」が有意に増加したことからも示された。なお，問13は「多様性と共生の原理」のカテゴリーに属しているが，「生命圏平等主義」のカテゴリーにも相通ずる内容である。第5時は，本来，目標①の達

成を中心目標としていたが，結果として目標②の達成につながった。他方，目標②の達成を中心目標としていた第7時「進化の記憶」については，プログラム実施後のアンケートより，活動がわかりづらく，印象に残らない結果となり，目標②の達成にはいたらなかった。

　目標③「自然との一体化による自己実現への到達」については，プログラムの試行結果の分析より，一部の生徒で，第6時「サウンドマップ」，および，第9時「地球とのチャネリング」において，「自然との一体化」まで達成したことが明らかになった。しかし，「自己実現への到達」が示唆された生徒は，数人の生徒のみであった。これは，プログラム実施後のアンケートより，「自然との一体感」を感じた授業として，35％の生徒が「サウンドマップ」を，10％の生徒が「地球とのチャネリング」を挙げ，「印象に残った」授業として，30％の生徒が「サウンドマップ」を，15％の生徒が「地球とのチャネリング」を挙げていたこと，および，その理由の記述，授業の様子より明らかになった。また，プログラム実施後のインタビューの結果より，3人の生徒においては，「自己実現への到達」まで達成されたことが示唆された。しかし，「自己実現への到達」まで達成したかどうかはプログラム実施直後のアンケート，インタビューだけでは判断が難しく，長期的な観察も必要であることが課題として明らかになった。また，1回のプログラムだけでは「自己実現への到達」，さらにその先の「エコソフィー」の確立までの達成は難しく，時間をかけて生徒に繰り返し自然と触れあう機会を設ける必要性があることも明らかになった。

2　プログラムⅡの効果と課題

　プログラムⅡの試行結果をもとに，プログラムの効果について考察を試みた。以下ではまず各授業内容についての考察を行い，次に，プログラム全体の有効性と課題に関する考察を行った。

（1）各授業の効果

　1）第1時「ビデオ視聴〜流氷は生命のゆりかご〜」

　第1時「ビデオ視聴」に関しては，多肢選択式・自由記述式事後アンケートにより，グローバルな視点で生態系を捉えている生徒の様子が確認できた。具体的には，数人の生徒の授業のワークシートの感想において，［環境問題について考えたりする時はあるが，環境問題の影響を受けている動物のことまで考えることは（今まで）なかった］，［いろいろな生物がいるということはとても良い環境なのだ］等，ディープ・エコロジー思想の「相互連関的・全フィールド」の視点，「多様性と共生」の視点への気付きが表れていた。したがって，本授業の試行により，授業の中心目標の1つである目標①「生物多様性と共生，および，生態系の概念の理解」が，数人の生徒によって達成されたことが示された。また，［地球温暖化により氷が薄くなり，アザラシの住む地域がなくなってしまうというのは，本当に心配で防ぎたいと思いました］という意見もあり，プレ・ポストテストの設問項目2「自然破壊のニュースを聞いて胸が痛む」で示された正の有意差の一因は，「ビデオ視聴」によるものと考えられる。また，この「ビデオ視聴」により，日本国内よりむしろ世界的な環境問題を強く実感したことが，設問項目12「地域の自然に目を向けることは自然保護につながる」でみられた負の有意差の一因となったとも考えられる。「ビデオ視聴」のワークシートには，どの生徒も感想を詳細に記述しており，生態系，および，地球環境問題への興味，関心の高まりがみられたことから，本授業は環境教育プログラムの導入として適切であり，授業の中心目標の1つである「興味・関心の喚起」が多くの生徒で達成されたことが示された。また，ワークシートの記述内容より，数人の生徒において，特にアザラシに対する目標②「原則としての生命圏平等主義的な自然観の獲得」もなされたことが示された。

2）第2時「探究学習『解決！地球温暖化』」

　第2時「探究学習」に関しては，多肢選択式・自由記述式事後アンケートにより，環境意識の高まりが確認された。具体的には，授業のワークシートの感想において，［地球の問題は大きすぎてわかりにくくて，でも自分が生きている場所だから知らなくてはと思いました］，［一人では何もできないし，変わらないと思っていたけど，一人でも地球温暖化を少しでも止めることができるとわかった］等の意見が複数みられ，この「探究学習」で環境問題をわかりやすく学べたことが，環境問題を学ぶ意欲，環境意識の高まりにつながったと考えられる。したがって，プレ・ポストテストの設問項目4「環境問題の解決には人間一人の努力は無力」，および，設問項目14「常日頃から環境保護を考えた生活を心掛けている」でみられた正の有意差は，「探究学習」に起因すると考えられる。また，ワークシートの感想には［（入試の）面接でも使えそうです］という意見もあり，入試を控えた3年生でも意欲的に取り組めたことが確認できた。一方，1時間では授業時間が少なかったという意見が多くみられた。同じプログラムを同時期に商業科の3年生でも実施し，「探究学習」を3時間とる形で行ったところ，プログラム後のアンケートでプログラムの実施時間が「ちょうど良い」と回答した生徒が約76％に達していることからも，「探究学習」の時間設定が1時間では短かったといえる。以上，アンケート，ワークシート，および，授業に取り組む生徒の様子より，本授業の目標である「（環境教育プログラムへの）主体的な取り組みの促進」が多くの生徒で達成されたが，その先の「地球温暖化の理解」まで達成するには時間が短かったことが示された。

3）「身近な植物との一体化体験」

　第3時「身近な植物との一体化体験」に関しては，多肢選択式・自由記述式事後アンケート結果から多くの生徒が身近な植物との一体感を実感したことが確認された。具体的には，多肢選択式事後アンケートの「身近な植物と

の一体化体験で一体感を感じたか」の問いに対して，「充分感じた」と「やや感じた」の両方を合わせると95％に達したことから評価できる。また，授業のワークシートの感想においても，「癒されました」という意見が多く，それに続く文章にも，[空を見ていると自分が人間であることを忘れそう]，[普段では聞き落としている音が耳に入ってきて透き通る感じになった]等，それぞれがゆったりと楽しみながら一体化体験をした様子が示されていた。また，ワークシートの「その植物になりきって一言」では，[ぼくたちも一生懸命生きているのだよ]，[私たち（植物）の存在を忘れないでね]等，植物の立場に立った一言が自然に発せられていた[3]。さらに，[やっぱり自然は大切にした方が良いと思いました。自然がなければ本当の心の疲れは取れないと思いました]という発展した意見もみられた。そして，多肢選択式・自由記述式事後アンケートの「身近な植物との一体化体験で植物に対する意識が変わったか」という問いに対する答えで全員が「変わった」を選び，その理由として「生命圏平等主義」に同意する記述をした生徒が44％みられた。以上により，本授業の中心目標②「原則としての生命圏平等主義的な自然観の獲得」が半数弱の生徒において達成され，目標③「自然との一体化による自己実現への到達」については，「自己実現」の途中段階である「人間以外の存在との一体感」の獲得まで多くの生徒で達成されたことが明らかになった。他方，本授業を受けた生徒が，「自己実現」の境地まで達したかどうかはアンケート，ワークシートからは明確に判断できなかった。しかし，プレ・ポストテストで「自己実現」の設問項目の平均得点が上昇していることから，「一体化体験」による精神的な成熟・成長が数人の生徒において達成されたことが示唆された。

（2）プログラムⅡ全体の効果と課題

　プログラム全体を通して，目標①「生物多様性と共生，および生態系の概念の理解」については，プログラムの試行結果の分析より，第1時「ビデオ

視聴」において，「生物多様性と共生」の理解まで，数人の生徒において達成されたことが示された。しかし，第1時の授業は，プログラム実施前アンケートも含めて1時間という短い時間内での実施であり，ビデオ内容について生徒どうしでわかちあう時間もとれなかったため，目標①の「生物多様性と共生，生態系の概念」の深い理解までは至らなかった。したがって，これらの概念についてはプログラム内のみでの達成を目指すのではなく，「生物Ⅱ」の年間の学習指導を通して，「生態系」，および，「進化と系統」の分野の授業で繰り返し取り上げるなどの達成方法を検討することが課題として明らかになった。

　目標②「原則としての生命圏平等主義的な自然観の獲得」については，プログラムの試行結果の分析より，第1時「ビデオ視聴」において数人の生徒で，第3時「身近な植物との一体化体験」においてプログラムに参加した半数弱の生徒で達成されたことが明らかになった。しかし，本プログラムでは，「ビデオ視聴」では「アザラシ」を，「一体化体験」では「身近な植物」を，平等な対象としてメインに捉えたものであったので，今後は本プログラムをもとにして，その他の多様な生物の固有の価値を考える授業へと発展させるプログラムを検討する必要がある。また，本プログラムのプレ・ポストテストやアンケート結果のみでは，「生命圏平等主義」の視点の達成が明確に評価できなかったため，評価方法の改善等が今後の課題として挙げられる。

　目標③「自然との一体化による自己実現への到達」については，プログラム試行結果の分析より，多くの生徒で，第3時「身近な植物との一体化体験」において「自然との一体化」までが達成されたことが明らかになった。しかし，「自己実現の到達」までできたと結論づけることはできなかった。「自己実現の到達」については，一度の体験で飛躍的に身につけられるものではなく，また，生徒自身が客観的に判断するのが難しいので，この「一体化体験」をもとにして，他の機会に他の場所で自然を感じるときの基礎を提

供することを念頭に置いた。したがって、「一体化体験」は、生物の授業に留まらず、時間をかけて繰り返し自然と触れあう機会を設ける必要性があると考えられ、今後は、本プログラムの生物の授業の年間指導計画における位置づけや回数を再検討することが課題として挙げられる。また、プレ・ポストテストにて的確に評価がなされるよう、プレ・ポストテストの設問項目の内容、項目数、実施時間等、プレ・ポストテストの実施のあり方を再検討することも課題として明らかになった。

プログラム全体としては、生徒の感想に［受験勉強等で疲れていたので、こういう新たなことができて息抜きになった。同時に自然について見つめ直すこともでき、こういう学習こそ現代の日本人に必要なものだと思う］、［生まれて初めての植物一体化体験の授業に初めはとまどったけど、やってみると意外といけました。植物に癒される感じがしてとても気持ちよかったです。他の学校の人たちにもすすめるともっとみんなが地球温暖化に対する意識をもってくれると思った］等の記述がみられたことからも、プログラム実施はB高校の実態に少なからず合致していたと考えられる。

3　プログラムⅢの効果と課題

プログラムの試行結果をまとめると、目標③「自然との一体化による自己実現への到達」については、「身近な植物との一体化体験」のワークシート・感想分析より、「自然との一体化」が多くの生徒で達成され、他方、「自己実現への到達」は一部の生徒で達成されたことが示された。また、目標④「レクリエーションの手法の実感的理解」についても、生徒の感想分析より、多くの生徒で達成されたことが示された。ただし、目標①「生物多様性と共生、および、生態系の概念の理解」、および、目標②「原則としての生命圏平等主義的な自然観の獲得」については、ワークシート・感想分析より、一部の生徒では達成できた様子がうかがえるものの、少ない記述のみでは評価が難しく、目標が達成できたかどうか明らかにはならなかった。

　以上，本プログラムの実施により，環境倫理の視点を導入した環境教育プログラムの目標の一部が達成できたと考えられる。しかし，目標達成に関する評価方法については，さらなる検討が必要であることが明らかになった。また，目標③「自然との一体化による自己実現への到達」については，一度の体験で飛躍的に身につけられるものではないことが推察されたので，本プログラムの「身近な植物との一体化体験」をもとにして，他の機会に他の場所で自然を感じるときの基礎を提供することを念頭に置いた。したがって，「一体化体験」は，福祉の授業に留まらず，他教科の授業や学校行事等の中で，生徒が繰り返し自然と触れあう機会を設け，折に触れて実施することが必要であると考えられる。プログラム全体としては，生徒のワークシート・感想分析により，本プログラムの実施が勤務校の実態に少なからず合致していたと考えられる。

終章　研究の成果と今後の課題

第1節　本研究の成果

　本研究の目的は，第一に，環境倫理の視点を導入したアメリカの中等後期段階の生物教育の事例となる BSCS 生物教科書における環境倫理に関するカリキュラムの特質を解明し，第二に，環境倫理の視点を導入した環境教育，特に，アメリカ，カナダ，オーストラリアを中心に，民間レベルの教育プロジェクトとして広まりつつあるディープ・エコロジー教育の特質を解明し，第三に，ディープ・エコロジーを中心とした環境倫理概念に対する日本の高校生の意識調査を行い，その特徴を解明し，第四に，それらの文献調査，および，意識調査を踏まえて，日本の高校生を対象に，ディープ・エコロジーの視点を導入した環境教育プログラムを開発・試行し，生徒の反応・変容や実践的課題を探り，ディープ・エコロジーの視点を導入した環境教育を日本で実践する際のあり方を検討する基礎的な知見を得ることにあった。

　第1章では，上記4つの目的達成に先駆けて，環境教育の国際的な展開，および，それと連動する近代の環境思想の流れ，そしてその流れの中でのディープ・エコロジーの位置づけと基本概念，海外における発展，日本への影響について，その展開の方向性を文献調査により明らかにした。目下，環境教育は，国際的に推進されている「持続可能性に向けての教育（ESD）」という大きな枠組みに添って展開されており，その環境教育の流れと連動する環境思想は，1970年代に，人間中心主義から環境主義へと大きく転換し，環境主義の主要な環境思想の1つとなるディープ・エコロジーは1980年代後半から多様な発展をみせ，日本でも1990年代前半から，全国各地でワーク

230

ショップや講演会形式のディープ・エコロジー教育が実践されていることが明らかになった。

　第2章では，第一の目的達成のため，アメリカのBSCSカリキュラムについてその教育目標の方向性を明らかにし，また，環境倫理の視点を明確に導入した中等後期段階の生物教育の事例となる，アメリカのBSCSによる中等後期段階の生物教科書 "Biology: A Human Approach First Edition（AHA）" における環境倫理に関するカリキュラムの特質を解明した。AHAにおける環境倫理の視点を導入したカリキュラムの特質として，①カリキュラムの内容が『全米科学教育スタンダード』に基づいた内容となっており，その内容の中には『環境教育における卓越性—学習者のためのガイドライン』よりもさらに進んだ環境倫理の視点が明確に取り入れられている，②生態学分野の学習内容が「生物圏における生命間の相互依存」と「複雑な世界でなされる決定」に大別され，それぞれ教授モデル「5Es」の段階に基づいて内容構成され，「生物圏における生命間の相互依存」の導入段階の学習内容の中に環境倫理の視点を含んだプログラムが導入されている，③生態学分野においては，「生命システムにおける相互作用と相互依存の概念と，生物圏における人間の影響の問題を探究すること」が目標として掲げられ，この分野のプログラムにおいては，生態系，環境問題の学習にとどまらず，実際に環境問題に対処する社会的能力の育成が図られ，価値観と生態学の学習との統合により環境問題に対する意思決定のプロセスを学ぶことが目標とされている，④環境倫理の視点を含んだプログラムにおいては，人間の環境への影響を探究する方法として環境倫理の自己認識を行う活動が導入され，また，環境倫理の自己認識を図るために，相互に対立する，環境倫理思想，すなわち，人間中心主義的な環境思想と環境主義的なディープ・エコロジーのエッセイを比較・参照するアプローチがとられている，という4点が明らかになった。

　第3章では，第二の目的達成のため，アメリカ，カナダを中心としたディープ・エコロジー教育のプログラム事例について調査・分析し，さらに

アメリカにおける他の環境教育プログラムとの比較を通して，ディープ・エコロジーの視点を導入した環境教育の特質，および，その発展について明らかにした。アメリカ・カナダ・オーストラリアを中心とした民間レベルのディープ・エコロジー教育のプログラムとして主に実践されている事例は，ジョアンナ・メイシーらによる「全生命のつどい」，フリッチョフ・カプラらによる「エコリテラシー・プロジェクト」，ドロレス・ラチャペルらによる「ブレーキング・スルー」であった。この3つの事例に関して，ディープ・エコロジー教育の中心的特質として，①教育目標として「自己実現」を目指している，②自己と他の多様な生命および生命以外の自然物との一体感を実感できるような体験学習を導入している，③地域の自然の中で行う野外活動が中心となっている，④当初，地域の環境学習センターにおける希望者向けワークショップの形式で実施される形態から地域の学校と共同して環境教育プロジェクトを実施する形態へと移行しつつある，の4点が解明された。そして，その3つの代表的な実践事例と同じく，アメリカで開発され，現在実践されている，ネイチャーゲーム，OBIS，PLT のプログラムとの比較を通し，その横断的な分析から，その3種のディープ・エコロジー教育の目標，学習内容，活動形態等の詳細な特質について，(a) ディープ・エコロジー教育の3種のプログラムとネイチャーゲーム，OBIS，PLT はすべて，プログラムの目的の一つとして，共通して「自然との一体化」が含まれる，(b)「エコリテラシー・プロジェクト」と OBIS，PLT は，学習内容が生態学の概念中心であり，実験・調査という学習活動を主として行う点などの共通点が多い，(c)「全生命のつどい」と「ブレーキング・スルー」は，両者とも，プログラムの中心目標を「自己実現」とし，学習内容として感性や伝統文化，思想を扱い，学習形態として身体的活動や儀式を行う点で共通点が多い，(d) 学習形態に関しては「全生命のつどい」はセラピー，「ブレーキング・スルー」は身体的運動の占める割合が大きいという相違点がある，という4点が明らかになった。さらに，ディープ・エコロジー教育と共に，近

年，アメリカ，カナダ，そして日本でも発展しているホリスティック教育については，ディープ・エコロジーと同じく，「かかわり」に焦点を当てた基本概念を有する教育であり，人間の変容と成長を促すための教授法としてボディ・ワーク，イメージ・ワーク，セラピー，瞑想等のアプローチを用いており，日本ではホリスティック教育の文脈でディープ・エコロジーの視点が導入されていることが明らかになった。

　第4章では，第三の目的達成のため，高校生の環境倫理意識の実態を調査・分析し，その特徴を明らかにした。具体的には，質問紙調査の結果から，高校生の環境倫理意識・態度の実態，および，自然体験との関係についての特徴を抽出した。その結果，①「環境観」の「環境問題に対する意識」が高く，「ディープ・エコロジー」の概念に対する肯定感が強い生徒が多い一方で，「環境観」の「環境問題に対する知識」，および，「環境問題の解決に向けた行動」が身に付いている生徒が少ない，②自然の中で興味・関心を持ち，遊び，過ごすことが好きな生徒が多いが，自然の中で自然との一体感を感じた経験，および，日頃から自然に接する機会がある生徒は少ない，③自然とのかかわりが密接な生徒ほど，「ディープ・エコロジー」の概念に肯定的であり，特に，生徒の「ディープ・エコロジー」の「自己実現」意識の高さは，自然との一体感を感じた経験と関連している，という3点の特徴が明確に示された。

　第5章では，第四の目的達成のため，第2章のディープ・エコロジーの基本概念，第3章の欧米を中心としたディープ・エコロジー教育の特質，および，第4章の日本の高校生の環境倫理意識調査の結果をもとにして，日本の高校教育で行う環境教育プログラムを開発した。その際，日本の学校教育における環境教育にディープ・エコロジーを導入する際の導入視点を抽出・統合し，本研究で実施する環境教育プログラムの目標を，目標①「生物多様性と共生，および，生態系の概念の理解」，目標②「原則としての生命圏平等主義的な自然観の獲得」，目標③「自然との一体化による自己実現への到

達」の3点とした。目標達成のために作成した3種の環境教育プログラム
Ⅰ・Ⅱ・Ⅲについては，日本のディープ・エコロジー教育実践例である野外
体験活動「地球とのチャネリング」をアレンジした「身近な自然との一体化
体験」を中核とし，ネイチャーゲーム，実験，探究学習，ビデオ視聴等の活
動を組み合わせて内容構成を行った。そして，第6章では，第5章にて作成
した環境教育プログラムⅠ・Ⅱ・Ⅲの試行とその結果について述べ，プログ
ラムの試行による生徒の環境意識・知識・態度の変容と課題について明らか
にした。なお，第4章の環境倫理意識調査は，第5章の環境教育プログラム
実践以降に行った調査結果を示しているが，環境教育プログラムⅠ・Ⅱ・Ⅲ
の前にも同様の意識調査を行っており，第4章の調査結果と類似する結果が
示されていた。プログラムⅠ・Ⅱ・Ⅲにほぼ共通する結果として，（ⅰ）目
標①「生物多様性と共生，および，生態系の概念の理解については，プログ
ラムⅠ，Ⅱ，Ⅲともに，「生物多様性と共生」の理解までは多くの生徒で達
成されたが，「生態系の概念」については短時間のプログラムでは達成され
ず，長期的な学習による知識の定着が課題となった，（ⅱ）目標②「原則と
しての生命圏平等主義的な自然観の獲得」については，プログラムⅠ，Ⅱ，
Ⅲともに，一部の生徒において，特に，ディープ・エコロジー・ワーク「身
近な自然との一体化体験」にて達成された，（ⅲ）目標③「自然との一体化
による自己実現への到達」については，プログラムⅠではネイチャーゲーム
の「サウンドマップ」と「自然との一体化体験」にて，プログラムⅡ，Ⅲで
は「自然との一体化体験」にて，多くの生徒で「自然との一体化」までは達
成されたが，どのプログラムにおいても，「自己実現」の達成まで示唆され
たのは，数人の生徒に留まった，という3点が示された。

　以上，本研究の文献調査，および，意識調査を踏まえた環境教育プログラ
ムの開発・試行により得られた知見をもとにすると，ディープ・エコロジー
教育を日本の学校教育における理科教育，特に高等学校の生物教育で実践す
る際の留意点として，以下の3点が挙げられる。

（1）ディープ・エコロジーの視点を導入した環境教育プログラムを作成する際，高校生物の生態学分野の学習にプログラムを位置づけ，ディープ・エコロジーの中心命題となる目標③「自然との一体化による自己実現への到達」の達成のためのディープ・エコロジー・ワーク「身近な自然との一体化体験」をプログラムの中心に据え，目標①「生物多様性と共生，および，生態系の概念の理解」，目標②「原則としての生命圏平等主義的な自然観の獲得」の達成を図る学習活動を経た後に，すなわち，プログラムの最後に，「身近な自然との一体化体験」を行うプログラム構成となるよう留意する。そのことにより，多くの生徒における目標③の「自然との一体化」段階までの達成，一部の生徒における「自己実現」段階までの達成がなされる。

（2）「身近な自然との一体化体験」を中心に据えたプログラムにおける上記目標②，③の達成のための学習活動内容については，地域や学校，生徒の実態に即したものになるよう留意する。そのことにより，ディープ・エコロジーの視点を導入した環境教育プログラムが生徒に違和感なく受け入れられ，目標①の達成に効果的である。特に，校庭の生物の多様性を実感するための昆虫の分類調査，または，ネイチャーゲーム，人間を含めた地球全体の生命体を含む生態系への地球温暖化の影響を学ぶための探究学習は，地域や学校，生徒の実態に合わせてプログラムに導入すると，「身近な自然との一体化体験」ワークに対する生徒の取り組み意欲が高まる。

（3）プログラムの実施時期については，気候が温暖な季節を選び，特に，「身近な自然との一体化体験」ワークについては，天候が良い日に実施するよう留意する。そのことにより，目標①の「自然との一体化」段階までの生徒の達成率が高まる。これは，本研究のプログラム実践の結果より，多くの生徒が自然との一体感を感じる瞬間として，「空を見上げる」，もしくは，「風が気持ち良いと感じたとき」など，空と風に関する

心地よい感覚を生じたときを挙げていることから明らかになった。ま
た，本プログラムは高校生物の生態学分野の学習に位置づけているが，
その学習時期とプログラム実践に最適な季節が合わない場合でも，定期
考査や修学旅行等の学校行事の時期を考慮し，「課題研究」のような形
で実施することで，目標の達成がなされることが解明された。

第2節　今後の課題

　本研究では，欧米を中心として広まりを見せている環境倫理の視点，特に
ディープ・エコロジーの視点を導入した環境教育の特質を探り，日本の高校
生を対象とし，ディープ・エコロジーを中心とした環境倫理意識の調査・分
析，環境教育プログラムの開発・試行・分析を行ってきたが，ここにはいく
つかの課題が残されている。
　第一の課題は，ディープ・エコロジー以外の環境倫理の視点を導入した環
境教育の実践の把握である。本研究では，アメリカ・カナダ・オーストラリ
アを中心に広まりを見せるディープ・エコロジーを取り上げ，その公教育，
および，民間レベルでの教育実践について調査，分析してきた。今後の課題
として，ディープ・エコロジーとともに1970年代からの環境倫理学の流れを
つくった環境思想である，シンガーの「動物解放論」，ストーンの「自然物
の当事者適格」の視点を含んだ環境倫理教育についても調査・分析し，
ディープ・エコロジー教育との比較を行い，主要な環境倫理教育の実践の実
態を探ることが挙げられる。
　第二の課題は，高校生の環境倫理意識の実態調査に関する課題である。ま
ず，顕著な結果が示されなかった質問紙Ⅰ「環境倫理意識」における「人間
中心主義的自然観」，および，「人間中心主義的な科学技術と環境問題の認
識」，また，明確な関連が示されなかった質問紙Ⅱ「自然とのかかわり」に
おける「自然体験」，および，「環境倫理意識」については，生徒の環境倫理

意識の更なる解明のため，その質問内容，分析方法，小項目数等を再検討することが課題として明らかになった。また，質問紙Ⅰのカテゴリーについては，本研究ではディープ・エコロジーを中心に据えたが，第一の課題と同様，今後は「動物解放論」，「自然物の当事者適格」の視点も尺度に加え，主要な環境倫理に関する意識調査を行い，生徒の環境倫理意識の更なる特徴を抽出していきたい。そして，本研究では，特定の地域の特定の高校生を対象として調査を行ったが，今後は特定の高校に限定せずに，対象地域を広げた調査研究を行い，小学校・中学校・高等学校の段階別，地域や学校種間における生徒の環境倫理意識・態度の実態を比較検討していきたい。

　第三の課題は，ディープ・エコロジーの視点を導入した環境教育プログラムの開発，試行，評価に関する課題である。本研究のプログラム実践により，短期間のプログラムでも環境意識・態度の変化，ディープ・エコロジーの「生物多様性と共生，および生態系の概念の理解」，「原則としての生命圏平等主義的な自然観の獲得」，「自然との一体化による自己実現への到達」が一部の生徒において達成されたことが示唆されたが，特に「自己実現への到達」については，その目標が達成されたかどうかの評価が明確ではないという課題が示された。よって，各目標，特に，「自己実現への到達」の達成を判定するための評価方法について，再検討することが課題として明らかになった。したがって，今後とも「身近な自然との一体化体験」を中心としたプログラムの開発，試行，評価を行い，上記３つの目標達成のための，最適な評価方法を探っていきたい。また，プログラム内容については，地域や学校の実態に即したものであれば，生徒に違和感なく受け入れられることが明らかになったが，プログラムⅠ・Ⅱ・Ⅲともに，高校生物，あるいは高校福祉の授業に「課題研究」のような特別な形で導入する形での実施となったため，実際に高校生物の生態学分野の学習と連動する形での環境倫理教育のあり方に関する知見が得られていない。現行の高校生物においては，その基礎となる科目である「生物基礎」において，生態学分野の学習内容が，発展的

な学習を行う科目より移行してきた。よって今後は，BSCS の AHA にみられる環境倫理の視点を導入した生態学分野の生物教育の特質などももとにして，「生物基礎」の生態学分野における，ディープ・エコロジーの視点を導入した環境教育プログラムの開発も検討していきたい。

註

序章　第1節

1) 阿部治（2006），「国連「持続可能な開発のための教育」の10年」，『学術の動向』，
   pp.46-51.

2) 中央環境審議会（1999），『これからの環境教育・環境学習―持続可能な社会をめ
   ざして―（答申）』.

3) 「国連持続可能な開発のための教育の10年」関係省庁連絡会議（2006），『わが国に
   おける「国連持続可能な開発のための教育の10年」実施計画』.

4) 尾関周二，他（2005），『環境思想キーワード』，青木書店，pp.94-95.

5) 鬼頭秀一（1996），『自然保護を問いなおす―環境倫理とネットワーク』，ちくま新
   書，pp.34-35.

6) リチャード・エバノフ（鈴木美幸 訳）（1995），「経済パラダイムの再考」，小原秀
   雄（監修），『環境思想と社会』，東海大学出版会，p.122.

7) 岩佐茂（2008），「環境倫理学」，日本科学者会議編，『環境事典』，旬報社，pp.222-
   223.

8) 同上書では「自然物の法的権利論」と表記しているが，「自然物の当事者適格」と
   も表記され（鬼頭秀一，前掲書，p.35），両者ともストーンの環境思想を指している。

9) 岩佐茂，前掲書，pp.222-223.

10) 加藤尚武（1991），『環境倫理学のすすめ』，丸善，pp.1-12.

11) たとえば，山内廣隆（2003），『環境の倫理学』，加藤尚武，立花隆監修〈現代社
    会の倫理を考える第11巻〉，丸善，pp.ⅲ-ⅴ．亀山純生（2005），『環境倫理と風土
    ―日本的自然観の現代化の視座』，大月書店，pp.12-13．後藤達乎（2012），「いまな
    ぜ環境倫理なのか」，一般社団法人近畿化学協会化学教育研究会編著，『環境倫理入
    門―地球環境と科学技術の未来を考えるために―』，化学同人，pp.8-10.

12) 谷口文章（1996），「環境倫理」，佐島群巳，鈴木善次，木谷要治，木俣美樹男，
    小澤紀美子，高橋朋子編集，『環境教育指導事典』，国土社，pp.58-59.

13) ジョゼフ・R. デ・ジャルダン著，新田功・生方卓・蔵本忍・大森正之訳（2005），
    「科学，倫理学，環境」，『環境倫理学―環境哲学入門』，人間の科学新社，pp.23-24.

14) たとえば，鬼頭秀一（1996），前掲書，pp.30-49．尾関周二（2001），「環境倫理学
    からエコソフィーへ」，「環境倫理の基底と社会観」，河野勝彦，「環境哲学の構築に

むけて」，尾関周二編，『エコフィロソフィーの現在』，大月書店，pp.1-4, pp.134-160, pp.86-88. 小坂国継（2003），「地球環境と新倫理学」，『環境倫理学ノート—比較思想的考察—』，ミネルヴァ書房，pp.1-27. 笠松幸一（2004），「人間と自然の倫理」，笠松幸一・K・A・シュプレンガルト編，『現代環境思想の展開—21世紀の自然観を創る』，新泉社，pp.40-43.

15）井上有一（2005），「エコロジー思想と持続可能性に向けての教育」，『持続可能性に向けての環境教育』，昭和堂，pp.87-114.

16）たとえば，Michael, K. Stone and Zenobia, Barlow（2005），*Ecological Literacy ~ Educating Our Children for a Sustainable World ~*, Sierra Club Books. 宮崎沙織（2009），「カリフォルニア州における環境リテラシー育成のための社会科プログラム—環境の原理に基づく学習内容の再構成に着目して—」，『社会科教育研究』，No.108, pp.58-69. 宮崎沙織（2008），「カナダ ブリティッシュ・コロンビア州における環境学習の展開—環境倫理を中心とした学習内容の転換—」，『社会科教育研究』，No.104, pp.86-97. 本書では，環境倫理の視点を導入した環境教育を，「環境倫理教育」とよぶこととする。

17）たとえば，Catherine, Hume, Macmillan（1995），Summer school in deep ecology ~The IDEE Summer school in Applied deep Ecology in Phiro, California~, *Green Teacher*, 42, pp.37-38. Perter, B. Corcorran and Eric, Sievers（1994），Reconceptualizing Environmental Education: Five Possibilities, *The Journal of Environmental Education*, Vol.25, No.4, pp.4-8. Bert, Horwood（1991），Tasting the Berries: Deep Ecology and Experientional Education, *Journal of Experiential Education*, Vol.14, No.3, pp.23-26. Dolores, LaChapelle（1991），Educating for Deep Ecology. *The Journal of Experiential Education*, Vol.14, No.3, pp.18-22. Michael, K.Stone and Zenobia, Barlow, *op. cit.* なお，本書では，ディープ・エコロジーの視点を導入した教育を略して「ディープ・エコロジー教育」とよぶこととする。よって，本書の「ディープ・エコロジー教育」は，ディープ・エコロジーの概念すべてを導入した教育を指すわけではない。

18）森岡正博（1995），「ディープ・エコロジーと自然観の変革」，『環境思想の系譜3 環境思想の多様な展開』，東海大学出版会，pp.106-116. 井上有一，前掲書，pp.87-114.

19）上田吉一（2003），「自己実現」，今野喜清・新井郁男・児島邦宏編，『新版 学校教育辞典』，教育出版，p.347.

20）安彦忠彦（2004），「自己実現」，日本教育方法学会編，『現代教育方法事典』，図

書文化社，p.106.

21）ビル・デヴァル，ジョージ・セッションズ（1995），「ディープ・エコロジー」，『環境思想の系譜3・環境思想の出現』，東海大学出版会，pp.133-140.

22）BSCS（1997a），*Biology: A Human Approach*，Kendall Hunt，pp. E252-E253.

23）丹沢哲郎（1993a），BSCS の最新の遺伝学プログラムにおける問題解決と意思決定スキルの育成—アメリカの STS 教育の指導方略—，『科学教育研究』，Vol.17，No.2，pp.57-67.

24）中央環境審議会（1999），前掲書，p.30.

25）「国連持続可能な開発のための教育の10年」関係省庁連絡会議，前掲書，pp.7-8.

26）文部科学省（2008），『中学校学習指導要領解説　理科編』，p.120. 文部科学省（2009）『高等学校学習指導要領解説　理科編　理数編』，p.215.

27）May, Theodore S.（2000）による，J. Baird Callicott（1999），*Beyond the Land Ethic: More Essays in Environmental Philosophy*，State University of New York Press. の紹介，*The Journal of Environmental Education*，Vol.32，No.1，pp.56-58. Knapp, Clifford E.（2002）による Peter S. Wenz（2001），*Environmental Ethics Today*，Oxford University Press の紹介，*The Journal of Environmental Education*，Vol.33，No.3，pp.41-45. Russell, Constance L.（2004）による，Catherine M. Roach（2003），*Mother/Nature: Popular Culture and Environmental Ethics*，Indiana University Press. の紹介，*The Journal of Environmental Education*，Vol.35，No.2，pp.56-57.

28）Monroe, Martha C.（2002）による，Peter C. List（2000）*Environmental Ethics and Forestry: A Reader*，Temple University Press. の紹介，*The Journal of Environmental Education*，Vol.33，No.4，pp.42-43. Salmon,Jeffrey（2000）による，Clifford Knapp. Charleston, WV（1999），*In Accord with Nature: Helping Students Form an Environmental Ethic Using Outdoor Experience and Reflection*，Eric Clearninghouse on Rural Education and Small Schools. の紹介，*The Journal of Environmental Education*，Vol.31，No.3，pp.43-44. David Kowalewski（2002），Teaching Deep Ecology: A Student Assessment，*The Journal of Environmental Education*，Vol.33，No.4，pp.20-27.

29）*The Journal of Environmental Education*，1969（Vol.1，No.1）- 2012（Vol.43，No.4）

30）Michael Bonnett（2008），Education for sustainability as a frame of mind，*Researching Education and the Environment: Retrospect and Prospect*，Routledge，

242

pp.19-30.

31) Lynne Krueger (1997), Children's Trade Books in Environmental Education, *Environmental Education Teacher Resource Handbook*, pp.261-282.

32) The Educational Resource Information Center (ERIC) (1966年以前から2012年) http://www.eric.ed.gov/ (2013.1.3. アクセス).

33) たとえば，長洲南海男 (1985)，「アメリカの生物教育の現状と課題 -3-BSCS の カリキュラム開発研究とその生物教育からの考察」，『生物教育』，Vol.26, No.2, pp.114-124. 北田典子，長洲南海男 (2005)，「構成主義学習論に基づく指導モデル 5Es のアセスメント：高校生物カリキュラム BSCS Biology: A Human Approach 2nd Edition に基づいて」，『日本理科教育学会全国大会要項』，Vol.55, p.304. 広瀬 敬子，長洲南海男 (1995)，「「ヒト」と健康に重点を置いた初等学校理科教育の展 開―BSCS の初等学校の STS 教育 (SL&L プログラム) に基づいて―」，『生物教 育』，Vol.35, No.2, pp.153-162.

34) たとえば，丹沢哲郎 (1995)，「アメリカの BSCS カリキュラムの変遷過程の研究 ―STS カリキュラムにおける科学的リテラシー概念を基礎にして―」，博士 (教育 学) 学位請求論文，筑波大学大学院教育学研究科提出，pp.15-41. 丹沢哲郎 (1995)， 「アメリカの BSCS カリキュラムの変遷過程に関する一考察 ―科学的リテラシー概 念を基礎にして―」，『生物教育』，Vol.35, No.1, pp.99-100. BYBEE Rodger W., 丹沢哲郎 (2002)，「アメリカにおける生物教育：現在の展望」，『生物教育』， Vol.42, No.4, pp.164-176. 丹沢哲郎 (2009)，「アメリカ BSCS における教育研究 とカリキュラムの統合の歴史 (持続的進化を遂げる科学技術の教育課程をどう構築 するか―For Excellence から For All に連なる科学技術教育課程の編成―，実行委 員会企画フォーラム 2，次世代の科学力を育てる)」，『年会論文集』，Vol.33, pp.77-78.

35) たとえば，高橋一将，磯崎哲夫 (2012)，「BSCS のプログラムの開発に関する研 究：設立時の議論の分析を中心に」，『科学教育研究』，Vol.36, No.1, pp.2-13. 高橋 一将，大鹿居依，大鹿聖公 (2010)，「BSCS Science & Technology における協働学 習：プログラムにおける協働学習の構造とその部分的導入の効果を中心にして」， 『理科教育学研究』，Vol.51, No.2, pp.53-63.

36) 国外ではたとえば，Taylor, B. R. (ed.) (1995), *Ecological Resistance Movements*, State University of New York, pp.259-281. Pepper, D. (1995), *Eco-Socialism, From Deep Ecology to Social Justice*, Routledge. Drengson A. & Inoue Y. (ed.) (1995), *The Deep Ecology Movement, An Introduction Anthology*, North Atlantic Books.

Cramer, P. F. (1998), *Deep Environmental Politics*, Praeger Publishers. Jamieson, D. (2003), *A Companion to Environmental Philosophy*, Blackwell Publishers Inc, pp.218-232. Plumwood, V. (2002), *Environmental Culture, The Ecological Crisis of Reason*, Routledge, pp.196-217.

　　国内では，たとえば，森岡正博，前掲書，pp.106-116．鬼頭秀一（1996），前掲書，pp.83-98．M．ダウイ（戸田清訳）（1998），『草の根環境主義』，日本経済評論社，pp.284-287．R. E. ダンラップ，A. G. マーテイング編（満田久義監訳）（2001），『現代アメリカの環境主義—1970年から1990年の環境運動—』，ミネルヴァ書房，pp.97-124．尾崎和彦（2006），『ディープ・エコロジーの現郷』，東海大学出版会.

37) *The Journal of Environmental Education*, 1972-2012. ただし，Kowalewski, D. (2002) による，大学生を対象としたディープ・エコロジー教育に関する研究はある。

38) Palmer, J. A., & Neal, P. (1994), *The Handbook of Environmental Education*, Routledge.

39) Palmer, J. A. (1998), *Environmental Education in the 21st century, Theory, Practice progress and promise*, Routledge, pp.85-87.

40) たとえば，鶴岡義彦（1999），「アメリカに見る環境教育の体系化と学習活動の事例　カリフォルニア州の環境教育とPLTの分析から」，岐阜県教育センター編，『環境教育シンポジウム資料』，岐阜県教育センター，pp.20-25．鶴岡義彦（2003），「アメリカの環境教育」，『教職課程』，29巻，No.6，pp.28-31．鶴岡義彦・古嶋美文（2003），「アメリカの環境教育プログラムProject Learning Treeの構成」，研究代表者，大髙泉，平成12-14年度文部省科学研究費補助金（基盤研究（B）），研究成果報告書，『ドイツ及びアメリカの学校教育における環境教育と地域との連携システムに関する研究』，pp.27-38.

41) たとえば，阿部治（1994），「アメリカにおける環境教育」，水越敏行，熱海則夫編，新教育学全集5，『環境教育』，pp.242-253，ぎょうせい．阿部は，アメリカのみならず，アジア太平洋地域を対象としたESD研究やその推進を行っており，持続可能な開発のための教育の10年推進会議代表理事，日本環境教育学会会長を努めるなど，ESDに関する幅広い研究，および実践的活動を行っている。阿部治（2006），前掲書．阿部治（2009），「「持続可能な開発のための教育」（ESD）の現状と課題」，『環境教育』，Vol.19, No.2，pp.21-30.

42) たとえば，荻原彰，戸北凱惟（1998），「アメリカの州レベルにおける環境教育行政の動向」，『科学教育研究』，Vol.22, No.2，pp.69-77．荻原彰（1999），「北米環境

244

教育連盟により開発された環境教育の全米基準の特徴」,『科学教育研究』, Vol.23, No.3, pp.195-202. 荻原彰, 戸北凱惟 (1999),「80年代後半以降のアメリカの初等・中等教育に見られる環境リテラシーの研究—知識領域を中心として—」, Vol.23, No.5, pp.365-372. 荻原彰, 戸北凱惟 (2000),「アメリカの環境教育に見られる価値の枠組みについての研究」,『科学教育研究』, Vol.24, No.2, pp.89-97. 荻原彰 (2006),「アメリカの環境教育における環境行動の教授について」,『科学教育研究』, Vol.30, No.5, pp.306-315. 荻原彰 (2011),『アメリカの環境教育—歴史と現代的課題』, 学術出版会, pp.126-141.

43) 荻原彰, 戸北凱惟, 前掲書, pp.370-371.

44) 内閣府 (2011),『平成23年度版 子ども・若者白書』, pp.20-21.

45) 国立教育政策研究所編 (2007),「生徒は資源と環境に対する責任を感じているか」,『生きるための知識と技能3』OECD生徒の学習到達度調査 (PISA)・2006年調査国際結果報告書, ぎょうせい, pp.145-151.

46) 高橋多美子, 高橋敏之 (2010),「幼少期における自然体験と自然科学への関心・自然に対する心情との関連性」,『理科教育学研究』, Vol.50, No.3, pp.117-125.

47) BSCS, *op.cit.*

48) ビル・デヴァル, ジョージ・セッションズ, 前掲書, pp.133-140.

49) 鈴木善次 (1994),『人間環境教育論』, 創元社, pp.193-197.

50) 佐島群巳・鈴木善次・木谷要治・木俣美喜男・小澤紀美子・高橋朋子編集 (1996)「環境倫理」,『環境教育指導事典』, 国土社, pp.58-59.

51) 北野日出男 (1998),「理科の中で環境倫理をどのように扱うか—少年時代の自然体験と関連させて—」,『理科の教育』, pp.4-7.

52) 井上有一, 前掲書, pp.87-114.

53) 鬼頭秀一 (2008),「環境倫理におけるホリスティックな視点とESD」, 日本ホリスティック教育協会 永田佳之・吉田敦彦編,『持続可能な教育と文化』, せせらぎ出版, pp.157-164.

54) 竹村景生 (2008),「中学校のすべての教科で取り組んだESD」, 日本ホリスティック教育協会 永田佳之・吉田敦彦編,『持続可能な教育と文化』, せせらぎ出版, pp.189-193.

55) 永田佳之 (2010),「持続可能な未来への学び」, 五島敦子・関口知子編,『未来をつくる教育ESD 持続可能な多文化社会をめざして』, 明石書店, pp.118-121.

56) 古嶋美文 (1998),「環境倫理をふまえた授業展開例—2分野を中心として—」,『理科の教育』, Vol.47, No.8, pp.27-29.

57）布施達治（2007），「環境倫理育成を狙った野外学習活動の報告」，日本理科教育学会第57回全国大会要項，Vol.57，p.177.

58）鬼頭秀一（2003），「'共生'とは何か」，『高等学校　現代文』，第一学習社，pp.219-229.

59）鷲谷いづみ（2008），「イースター島になぜ森がないのか」，『改訂版 高等学校 標準国語総合』，第一学習社，pp.140-148.

60）加藤尚武（2008），「技術と人間の倫理」，『精選現代文　改訂版』，教育出版，pp.100-112.

61）浅島誠ほか20名（2011），『生物基礎』，『新編生物基礎』，東京書籍. 浅島誠ほか20名（2012），『生物』，東京書籍. 庄野邦彦ほか9名，『生物基礎』，実教出版. 馬場昭次ほか8名（2011），『高校生物基礎』，実教出版. 本川達雄，谷本英一ほか16名（2011），『生物基礎』，『新編　生物基礎』，啓林館. 本川達雄，谷本英一ほか16名（2012），『生物』，啓林館. 嶋田正和ほか11名（2011），『生物基礎』，『新編　生物基礎』，数研出版. 嶋田正和ほか11名（2012），『生物』，数研出版. 吉里勝利ほか17名（2011），『高等学校 生物基礎』，『高等学校　新生物基礎』，第一学習社. 吉里勝利ほか16名（2012），『高等学校 生物』，第一学習社.

62）久田蓼（1996），「ディープ・エコロジーを学校に生かす」，『季刊・ホリスティック教育』新装創刊2号，日本ホリスティック教育協会，pp.8-9.

序章　第2節

63）BSCS（1997a），前掲書.

64）National Research Council（1996），*National Science Education Standards*，pp.173-207. ＝［邦訳］長洲南海男監修（2001），『全米科学教育スタンダード（National Science Education Standards）』，梓出版社，pp.106-201.

65）荻原彰（2011），前掲書. 荻原彰（1999），前掲書. および http://www.naaee.net/，http://eelinked.naaee.net/n/guidelines（2011.12.28. アクセス）.

66）BSCS（1th 1963, 2th 1970, 3th 1978, 4th 2009），*The Biology Teachers' Handbook*，NSTA press.

67）BSCS（1997a），前掲書.

68）BSCS（1997b），*Biology: A Human Approach, Teachers' Guide*，Kendall/Hunt Co..

69）ジョセフ・B・コーネル著（1986），『ネイチャーゲーム 1』，柏書房.

70）財団法人 科学教育研究会 編著（1996），『OBIS 自然と遊び，自然から学ぶ　環境学習マニュアル』，栄光教育文化研究所.

71) ERIC 国際理解研究・資料情報センター編訳（1992），『PLT ACTIVITY GUIDE K-6』，ERIC.

72) 文部科学省（2009），前掲書，pp.205-210.

第1章　第1節

1) 中山和彦（1997），「環境教育のはじまりとその流れはどうなっているのか」，『環境教育の考え方・進め方』，教育開発研究所，p.12.

2) 中山和彦（1993），「1.世界の環境教育とその流れ―ストックホルムからトビリシまで」，佐島群巳・中山和彦編，沼田眞監修，『地球化時代の環境教育4　世界の環境教育』，国土社，pp.8-28.

3) 同上書.

4) 中山和彦（1997），前掲書，p.13.

5) 国立教育政策研究所教育課程研究センター（2007），『環境教育指導資料（小学校編）』，東洋館出版社，pp.3-7.

6) 市川智史・今村光章（2002），「環境教育の進展」，川嶋宗継・市川智史・今村光章編著，『環境教育への招待』，ミネルヴァ書房，p.41.

7) 井上有一（2005），「エコロジー思想と持続可能性に向けての教育」，『持続可能性に向けての環境教育』，昭和堂，pp.2-18.

8) 「国連持続可能な開発のための教育の10年」関係省庁連絡会議（2006），『わが国における「国連持続可能な開発のための教育の10年」実施計画』，pp.1-3.

9) 鈴木善次（1997），「日本の環境教育の動向はどうか」，教職研修6月増刊号，山本政男編，奥田眞文監修，「総合的な学習」の実践，No.2,『環境教育の考え方・進め方』，教育開発研究所，pp.16-17.

10) 鈴木善次（1996），「公害教育」，佐島群巳ら編，『環境教育指導事典』，国土社，pp.14-15.

11) 文部省（1991），『環境教育指導資料（中学校・高等学校編）』.

12) 文部省（1992），『環境教育指導資料（小学校編）』.

13) 文部省（1995），『環境教育指導資料（事例編）』.

14) 文部省（1991），前掲書，pp.7-8.

15) 教育課程審議会（1998），『幼稚園，小学校，中学校，高等学校，盲学校，聾学校及び養護学校の教育課程の基準の改善について（答申）』.

16) 鈴木善次（1997），前掲書.

17) 清里環境教育フォーラム実行委員会編（1992），『日本型環境教育の「提案」』，小

学館，pp.438-443.

18）中央環境審議会（1999），『これからの環境教育・環境学習―持続可能な社会をめ
　　ざして―（答申）』.

19）「国連持続可能な開発のための教育の10年」関係省庁連絡会議，前掲書，pp.1-3.

20）「国連持続可能な開発のための教育の10年」関係省庁連絡会議，前掲書，pp.2-3.

21）「国連持続可能な開発のための教育の10年」関係省庁連絡会議，前掲書，pp.5-8.

22）国立教育政策研究所教育課程研究センター，前掲書.

23）文部省（1991），前掲書，pp.10-13.

24）文部省（1991），前掲書，pp.10-13.

25）文部省（1998），『中学校学習指導要領解説　理科編』. 文部省（1999），『高等学
　　校学習指導要領解説　理科編　理数編』.

26）同上書.

27）中央教育審議会（2008），『幼稚園，小学校，中学校，高等学校及び特別支援学校
　　の学習指導要領等の改善について（答申）』.

28）同上書.

29）文部科学省（2008），『中学校学習指導要領解説　理科編』. 文部科学省（2009），
　　『高等学校学習指導要領解説　理科編　理数編』.

30）同上書.

31）文部省（1995），前掲書.

32）文部省（1991），前掲書.

33）環境省，環境教育・環境学習データベース ECO 学習ライブラリー http://www.
　　eeel.go.jp/100.html，（2010.4.26アクセス）. 授業に活かす環境教育―ひとめでわかる学
　　年別・教科別ガイド―http://www.env.go.jp/policy/nerai/，（2010.4.26. アクセス）.

34）文部科学省（2008），前掲書.

35）文部科学省（2009），前掲書.

第1章　第2節

36）岡島成行（1990），『アメリカの環境保護運動』，岩波新書，p.144.

37）Rachel Carson（1962），*Silent Spring*, Houghton Mifflin Company. = ［邦訳］レイ
　　チェル・カーソン，青樹簗一訳（1974），『沈黙の春』，新潮文庫.

38）リチャード・エバノフ，阿部治（1995），「人類史と環境思想」，『環境思想の系譜
　　1・環境思想の出現』，東海大学出版会，p.27.

39）鬼頭秀一（1996），『自然保護を問いなおす―環境倫理とネットワーク―』，ちく

ま新書, pp.36-39.

40) 同上書.

41) 鬼頭秀一（1995),「環境と倫理」,『環境思想の系譜3・環境思想の出現』, 東海大学出版会, p.8.

42) 同上書.

43) 鬼頭秀一（1996), 前掲書, pp.34-35.

44) Peter Singer（1975), *Animal Liberation*, An Imprint of Harper Collins Publishers. ＝［邦訳］ピーター・シンガー著, 戸田清 訳（2011),『動物の解放 改訂版』, 人文書院.

45) 同上書.

46) Christopher D. Stone（1972), Should trees have standing?: toward Legal Rights for Natural Objects, *Southern California Law Review*, Vol.45: 450. ＝［邦訳］クリストファー・ストーン, 岡嵜修・山田敏雄訳, 畠山武道 解説（1990),「樹木の当事者適格──自然物の法的権利について」,『現代思想』11月号, 特集Ⅰ木は法廷に立てるか, p.58-98. 本書では, 自然の権利セミナー報告書作成委員会編（1998),『報告 日本における［自然の権利］運動』, 山羊社 pp.255-275に転載されたものを参照した。

47) 同上書.

48) 鬼頭秀一（1996), 前掲書, p.35.

49) Arne, Naess（1973), The Shallow and the Deep, Long-Range Ecology Movement. A Summary. *Inquiry*, vol.16, pp.95-100.

50) 鬼頭秀一（1996), 前掲書, pp.83-89.

51) 拙稿（2008),「ディープ・エコロジー思想を導入した環境教育の特質―アメリカ・カナダ・オーストラリアの事例から」,『理科教育学研究』, Vol.49, No.2, pp.93-105.

52) Aldo Leopold（1949), *A Sand County Almanac*, Oxford University Press. および, 岡島成行, 前掲書, pp.124-129.

53) 岡島成行, 前掲書, pp.124-129.

54) 鬼頭秀一（1996), 前掲書, p.86.

55) Jim E. Lovelock（1979), *Gaia :a new look at life on Earth*, Oxford University Press. ＝［邦訳］ジム・ラヴロック著, 星川淳 訳（1984),『地球生命圏―ガイアの科学』, 工作舎.

56) 鬼頭秀一（1996), 前掲書, p.86.

57）鬼頭秀一（1996），前掲書，p.90.

58）森岡正博（1995），「エコロジーと女性―エコフェミニズム」，『環境思想の系譜3・環境思想の出現』，東海大学出版会，pp.152-162.

59）同上書.

60）Carolyn Merchant（1992），*Radical Ecology: the Search for a Livable World*, Routledge. ＝［邦訳］キャロリン・マーチャント著，川本隆史・須藤自由児・水谷広 訳（1994），『ラディカル・エコロジー―住みよい世界を求めて―』，産業図書. Mellor, Mary（1992），*Breaking the Boundaries- Towards a Feminist Green Socialism*, Random House, Inc. ＝［邦訳］メアリー・メラー著，寿福 真美・後藤 浩子 訳（1993），『境界線を破る！―エコ・フェミ社会主義に向かって』，新評論.

61）鬼頭秀一（1996），前掲書，pp.93-94.

62）鬼頭秀一（1996），前掲書，pp.96-98.

63）Murray Bookchin（1980），*Toward an Ecological Society*, Black Rose Books. および，鬼頭秀一（1996），前掲書，pp.96-97.

64）鬼頭秀一（1996），前掲書，pp.96-97.

第1章　第3節

65）Arne, Naess（1973），前掲書.

66）Arne, Naess（Translator: Rothenberg, D.）（1989），*Ecology, Community and Lifestyle: Outline of an Ecosophy*, Cambridge University Press. ＝［邦訳］アルネ・ネス著，斎藤直輔・関龍美 訳（1997），『ディープ・エコロジーとは何か―エコロジー・共同体・ライフスタイル―』，文化書房博文社.

67）Arne, Naess（1973），*op.cit.*

68）Arne, Naess（1973），*op.cit.*

69）Arne, Naess（1973），*op.cit.*

70）Arne, Naess（1973），*op.cit.*

71）Arne, Naess（1973），*op.cit.*

72）森岡正博，前掲書，pp.112-113.

73）Arne, Naess（Translator: Rothenberg, D.），*op. cit.*

74）アルネ・ネス（1997），前掲書.

75）アルネ・ネス（1997），前掲書，p.64.

76）アルネ・ネス（1997），前掲書，pp.60-64.

77）アルネ・ネス（1997），前掲書，pp.56-58, pp.111-340. および，森岡正博，前掲

書，p.113.

78) アルネ・ネス（1997），前掲書.

79) 鬼頭秀一（1996），前掲書，pp.32-33，pp.85-86.

80) 森岡正博，前掲書，pp.114-115.

81) 鬼頭秀一（1996），前掲書，pp.84-85.

82) Joy A. Palmer, Ed（2001），*Fifty Key Thinkers on the Environment*, Routledge. = ［邦訳］ジョイ・A・パルマー編，須藤自由児訳（2004），「ベネディクト・スピノザ」，『環境の思想家たち　上　古代─近代編』，みすず書房，pp.90-101.

83) 尾崎和彦（2006），「「エコソフィー」の思想史的背景」，『ディープ・エコロジーの原郷　ノルウェーの環境思想』，東海大学出版会，pp.169-183.

84) ジョイ・A・パルマー，須藤自由児訳，前掲書.

85) Warwick Fox（1990），*Toward a Transpersonal Ecology: Developing New Foundations for Environmentalism*, SUNY Press. = ［邦訳］ワーウィック・フォックス著，星川淳 訳（1994），『トランスパーソナル・エコロジー』，平凡社，pp.142-156.

86) 同上書.

87) 尾崎和彦，前掲書，pp.169-183.

88) 森岡正博，前掲書，p.115.

89) Gregory A. Cajete（1994），*Look to the Mountain: an Ecology of Indigenous Education*. Kivaki Press. = ［邦訳］グレゴリー・カヘーテ著，塚田幸三訳（2009），『インディアンの環境教育』，日本経済評論社，pp.231-266.

第 1 章　第 4 節

90) 森岡正博，前掲書，p.113.

91) Devall, B. and George, S.（1985），*Deep Ecology*, Peregrine Smith Books. = ［邦訳］ビル・デヴァル，ジョージ・セッションズ著，関曠野 訳（1995），「ディープ・エコロジー」，『環境思想の系譜 3・環境思想の出現』，東海大学出版会，pp.133-140.

92) *Ibid.*, pp.67-70. および，ビル・デヴァル，ジョージ・セッションズ，前掲書，pp.135-136.

93) Devall, B. and George, S., *op. cit.*, pp.67-70. および，ビル・デヴァル，ジョージ・セッションズ，前掲書，pp.133-140.

94) アルネ・ネス（1997），前掲書，pp.136-140.

95) 鬼頭秀一（1996），前掲書，p.86.

96) Devall, B. and George, S., *op. cit.*, pp.67-70. および，ビル・デヴァル，ジョージ・セッションズ，前掲書，pp.133-140.

97) Devall, B. and George, S., *op. cit.*, pp.67-70. および，ビル・デヴァル，ジョージ・セッションズ，前掲書，pp.133-140.

98) Devall, B. and George, S., *op. cit.*, pp.67-70. ビル・デヴァル，ジョージ・セッションズ，前掲書，pp.133-140.

99) Devall, B. and George, S., *op. cit.*, pp.67-70. ビル・デヴァル，ジョージ・セッションズ，前掲書，pp.133-140.

100) Devall, B. and George, S., *op. cit.*, pp.67-70. ビル・デヴァル，ジョージ・セッションズ，前掲書，pp.133-140.

101) アルネ・ネス（1997），前掲書，pp.50-55.

102) Devall, B. and George, S., *op. cit.*, pp.67-70. ビル・デヴァル，ジョージ・セッションズ，前掲書，pp.133-140. アラン・ドレグソン，井上有一共編，井上有一監訳（2001），『ディープ・エコロジー』，昭和堂，pp.75-86.

103) 森岡正博，前掲書，p.113.

104) 鬼頭秀一（1996），前掲書，p.86.

105) ワーウィック・フォックス，前掲書.

106) ジョアンナ・メイシー（1995），「持続可能な社会の創造—インタビュー，現代を問う—」，『地域から日本を変える』，12月号，p.11. Joanna Macy (1991), World as Lover, World as Self, Parallax Press. ＝［邦訳］ジョアンナ・メイシー著，星川淳 訳（1993），『世界は恋人　世界はわたし』，筑摩書房.

107) フリッチョフ・カプラ，アーネスト・カレンバック（鶴田栄作編訳）（1995），『ディープ・エコロジー考』，佼成出版社，pp.30-32.

108) 森岡正博，前掲書，p.114.

109) 鬼頭秀一（1996），前掲書，pp.86-89.

110) ワーウィック・フォックス，前掲書，p.259.

111) ワーウィック・フォックス，前掲書，p.260.

112) ワーウィック・フォックス，前掲書，pp.327-339.

113) ワーウィック・フォックス，前掲書，pp.327-339.

114) ワーウィック・フォックス，前掲書，pp.327-339.

115) ワーウィック・フォックス，前掲書，pp.327-339.

116) ワーウィック・フォックス，前掲書，pp.327-339.

117) ジョアンナ・メイシー，前掲書，p.11.

118) ジョアンナ・メイシー，前掲書，pp.10-12.

119) John Seed, Joanna Macy, Pat Fleming, Arne Naess (1988), *Thinking Like a Mountain: Towards a Council of All Beings*, New Society Publishers. = ［邦訳］ジョン・シード，他著，星川淳 監訳 (1993)，「地球の叫びを聴く」，『地球の声を聴く—ディープエコロジー・ワーク』，ほんの木，pp.24-25.

120) 同上書，pp.30-33.

121) John Seed, Joanna Macy, Pat Fleming, Arne Naess, *op. cit.*

122) ジョン・シード，前掲書，pp.30-33.

123) 森岡正博，前掲書，p.114.

124) ジョン・シード，前掲書，pp.173-210.

125) ウェッブ・オブ・ライフ (1997)，『ウェッブ・オブ・ライフ』.

126) ジョン・シードら，前掲書.

127) ジョアンナ・メイシー，前掲書.

128) ワーウィック・フォックス，前掲書.

129) ウェッブ・オブ・ライフ，前掲書.

130) http://park.geocities.jp/mnews402/148body11.html (2012.8.3. アクセス).

131) http://transpersonal.jp/about_institute/kousei, http://policy.doshisha.ac.jp/faculty/nakano-info.html (2012.8.3. アクセス).

第2章　第1節

1) 丹沢哲郎 (1993)，「BSCS の最新の遺伝学プログラムにおける問題解決と意思決定スキルの育成—アメリカの STS 教育の指導方略—」，『科学教育研究』，Vol.17，No.2，pp.57-67. 丹沢哲郎 (2010)，「生徒の才能の芽を育て，優れた創造的な人材育成へとつなげる生物教育課程：アメリカの BSCS カリキュラムを事例として」，『日本科学教育学会第34回年会論文集』，Vol.34，pp.197-200.

2) BSCS (1963), *The Biology Teachers' Handbook*, NSTA press, pp.xi-xii.

3) 丹沢哲郎 (1995a)，「アメリカの BSCS カリキュラムの変遷過程の研究—STS カリキュラムにおける科学的リテラシー概念を基礎にして—」，博士（教育学）学位請求論文，筑波大学大学院教育学研究科提出，pp.15-97.

4) 同上書，pp.15-41.

5) 丹沢哲郎 (1995a)，前掲書，pp.15-41.

6) 丹沢哲郎 (1995a)，前掲書，pp.15-41.

7) 丹沢哲郎 (1995a)，前掲書，pp.15-41.

8）長洲南海男（1984），「アメリカの生物教育の現状と課題1―全米調査報告より見た生物教育の実態―」，『生物教育』，Vol.25，No.1・2，pp.29-34.

9）長洲南海男（1985），「アメリカの生物教育の現状と課題3―BSCSのカリキュラム開発研究とその生物教育からの考察―」，『生物教育』，Vol.26, No.2, pp.114-124.

10）丹沢哲郎（1995a），前掲書，pp.15-41.

11）丹沢哲郎（1995a），前掲書，pp.15-41.

12）丹沢哲郎（1995a），前掲書，pp.15-41.

13）丹沢哲郎（1995a），前掲書，pp.15-41.

14）丹沢哲郎（1995a），前掲書，pp.45-97.

15）丹沢哲郎（1995a），前掲書，pp.45-97.

16）American Association for the Advancement of Science（1993），"Science for All American", *Project 2061*, Oxford University Press.

17）熊野善介（2006），「アメリカやPISAでの科学的リテラシーとその日本モデル」，長洲南海男編著，『新時代を拓く理科教育の展望』，東洋館出版社，pp.26-38.

18）丹沢哲郎（1995b），「アメリカのBSCSカリキュラムの変遷過程に関する一考察―科学的リテラシー概念を基礎にして―」，『生物教育』，Vol.35, No.1, pp.99-100.

19）丹沢哲郎（2010），前掲書，pp.197-200.

20）丹沢哲郎（1995b），前掲書，pp.99-100.

21）丹沢哲郎（1995b），前掲書，pp.99-100.

22）長洲南海男（1985），前掲書，pp.114-124.

23）BSCS（2006），*BSCS Biology: A Molecular Approach 9th*, Glencoe/ McGraw-Hill.

24）BSCS（2006），*BSCS Biology: An Ecological Approach 10th*, Kendall/Hunt.

25）BSCS（2011），*Biology: A Human Approach 4th*, Kendall/Hunt.

26）BSCS（2006, 2008, 2010），*Biology: An Inquiry Approach 1th*, Level 1: 2006, Level 2: 2008, Level 3: 2010, Kendall/Hunt.

27）丹沢哲郎（2010），前掲書，pp.197-200.

28）BSCS（1963），*op. cit.*

29）*Ibid.*

30）BSCS（1963），*op. cit.*

31）BSCS（1963），*op. cit.*

32）丹沢哲郎（1995a），前掲書，pp.15-41.

33）BSCS（2009），*The Biology Teacher's Handbook 4th Edition*, NSTA press, pp.38-39.

34) BSCS (1970), *The Biology Teachers'Handbook 2th Edition*, NSTA press, pp.13-14.

35) BSCS (1978), *The Biology Teachers'Handbook 3th Edition*, NSTA press, pp.9-14.

36) BSCS (2009), *op. cit.*

37) *Ibid.*

第 2 章　第 2 節

38) BSCS (1997a), *Biology: A Human Approach*, Kendall/Hunt.

39) National Research Council (1996), *National Science Education Standards*, pp.173-207.

40) http://www.naaee.net/, http://eelinked.naaee.net/n/guidelines (2011.12.28. アクセス).

41) National Research Council, *op. cit.*

42) 長洲南海男監修 (2001),『全米科学教育スタンダード (National Science Education Standards) ―アメリカ科学教育の未来を展望する―』, 梓出版社, pp.106-201.

43) 荻原彰 (1999), 北米環境教育連盟により開発された環境教育の全米基準の特徴,『科学教育研究』, Vol.23, No.3, pp.195-202.

44) 荻原彰 (2011),『アメリカの環境教育―歴史と現代的課題』, 学術出版会, pp.126-141.

45) BSCS (1978), *op.cit.*

46) BSCS (1997a), *op.cit.*

47) BSCS (1997b), *Biology：A Human Approach, Teachers' Guide*, Kendall/Hunt.

48) BSCS (2002), *Biology: An Ecological Approach 9th*, Kendall/Hunt Co., p.659.

49) BSCS (2001), *Biology: A Molecular Approach 8th*, Glencoe/McGraw-Hill.

50) BSCS (2001), *Biology: An Inquiry Approach*, Kendall/Hunt.

51) National Research Council, *op. cit.*, pp.106-201. 長洲南海男 (2001), 前掲書.

52) 長洲南海男 (2001), 前掲書.

53) 長洲南海男 (2001), 前掲書, pp.195-196.

54) 荻原彰 (2011), 前掲書.

55) 荻原彰 (2011), 前掲書. および, http://www.naaee.net/, http://eelinked.naaee.net/n/guidelines (2011.12.28. アクセス).

56) 荻原彰 (2011), 前掲書, pp.140-141.

57）荻原彰（2011），前掲書，pp.136-138.

58）荻原彰（2011），前掲書，pp.136-138.

59）BSCS（1978），*op. cit.*

60）BSCS（1997a），*op. cit.*

61）BSCS（1997b），*op. cit.*

62）BSCS（1978），*op. cit.*, 長洲南海男（1985），前掲書，pp.114-124.

63）BSCS（1978），*op. cit,* pp.132-135.

64）Stotler（1971），Environmental education as liberation, *The American Biology Teacher*, Vol.33, No.1, pp.18-21. BSCS（1978），*op. cit,* pp.132-135.

65）Cummings（1973）Environmental education: the central need, *The American Biology Teacher*, Vol.35, No.8, pp.448-450, BSCS（1978），*op. cit,* pp.132-135.

66）BSCS（1997b），*op. cit,* pp.viii-xiii.

67）BSCS（1997b），*op.cit.*, pp.ix-x.

68）BSCS（1978），*op. cit.*

69）BSCS（1978），*op. cit.* および，北田典子，長洲南海男（2005）「構成主義学習論に基づく指導モデル5Es のアセスメント―高校生物カリキュラム BSCS Biology: A Human Approach 2nd Edition に基づいて―」，日本理科教育学会全国大会要項 55: 304.

70）BSCS（1997b），*op.cit.*, p.xi.

71）BSCS（1997a），*op. cit.*, p.321, p.343, pp.499-501, pp.533-534.

72）BSCS（1997a），*op. cit,* p.319.

73）荻原彰（2011），前掲書，pp.137-138. および，荻原彰（1999），前掲書，pp.195-202. および http://www.naaee.net/, http://eelinked.naaee.net/n/guidelines（2011.12.28. アクセス）.

74）BSCS（1997a），*op. cit.*, p.319.

75）BSCS（1997a），*op. cit.*, p.321.

76）BSCS（1997a），*op. cit.*, p.343.

77）BSCS（1997a），*op. cit.*, pp.342-328.

78）BSCS（1997b），*op. cit.*, pp.499-501.

79）BSCS（1997b），*op. cit.*, pp.502-505.

80）BSCS（1997b），*op. cit.*, pp.322-328.

81）BSCS（1997b），*op. cit.*, pp.502-505.

82）BSCS（1997b），*op. cit.*, p.xi.

83) BSCS (1997a), *op. cit.*, pp.E252-E253.
84) BSCS (1997a), *op. cit.*, pp.E252-E253.
85) BSCS (1997a), *op. cit.*, pp.E252-E253.
86) BSCS (1997a), *op. cit.*, pp.E252-E253.
87) BSCS (1997a), *op. cit.*, pp.E252-E253.

第3章　第1節

1) Communities Directory, http://directory.ic.org/（1998.11.1. アクセス）. なお, 2013現在では, IDEE に関する情報を載せたホームページの URL が確認できない。
2) *Ibid.*
3) Catherine, H., Macmillan (1995), Summer School in Deep Ecology 〜 The IDEE Summer School in Applied Deep Ecology in Phiro, California. 〜 *Green Teacher*, 42, pp.37-38.
4) カリフォルニア州北部に活動拠点を置く環境保護研究団体。なお, エド・グルンビンは1998年当時, カリフォルニア大学サンタクルース校において環境教育プログラムを作成・実施していた。
5) Catherine, H., Macmillan, *op. cit.*
6) Catherine, H., Macmillan, *op. cit.*
7) Rainforest Information Centre（熱帯雨林情報センター）, http://www.rainforestinfo.org.au/（1998.11.1. アクセス）.
8) *Ibid.*
9) Rainforest Information Centre, *op. cit.*
10) Rainforest Information Centre, *op. cit.*
11) Rainforest Information Centre, *op. cit.*
12) Rainforest Information Centre, *op. cit.*
13) Rainforest Information Centre, *op. cit.*
14) Perter, B. Corcorran and Eric, Sievers (1994), Reconceptualizing Environmental Education: Five Possibilities, *The Journal of Environmental Education*, Vol.25, No.4, pp.4-8.
15) *Ibid.*
16) Perter, B. Corcorran and Eric, Sievers, *op. cit.*
17) フリッチョフ・カプラ (1995),「1. ディープ・エコロジー」, フリッチョフ・カプラ, アーネスト・カレンバック（鼇田栄作編訳）,『ディープ・エコロジー考』, 佼

成出版社，pp.30-32.

18）同上書，pp.21-22.

19）フリッチョフ・カプラ，前掲書.

20）フリッチョフ・カプラ，前掲書.

21）フリッチョフ・カプラ，前掲書，pp.19-20.

22）エコリテラシー・センター，http://www.ecoliteracy.org/ （1998.11.1. アクセス）.

23）*Ibid.*

24）エコリテラシー・センター，*op. cit.*

25）フリッチョフ・カプラ，前掲書，pp.33-46.

26）エルムウッド研究所，http://www.electrictao.net/old/capra/elmwood.html/
（1998.11.1. アクセス）.

27）1998年当時の校長はマット・ハクスレイ （Huxley, M.）.

28）エルムウッド研究所，*op. cit.*

29）Dolores, LaChapelle（1991），Educating for Deep Ecology. *The Journal of Experiential Education* Vol.14, No.3, pp.18-22.

30）*Ibid.*

31）1998年の私信による。および，アスペン環境教育センター，http://www.aspen-nature.org/（2007.8.24. アクセス）.

32）Dolores, LaChapelle, *op. cit.*

33）Bert, Horwood（1991），Tasting the Berries: Deep Ecology and Experientional Education, *Journal of Experiential Education*, Vol.14, No.3, pp.23-26. なお，ホルウッドはこの論文において，ラチャベルのプログラムの内容を説明している。

34）Dolores, LaChapelle, *op. cit.*

35）Way of the moutain last newsletter, 16th year, Winter, （1998），Way of the moutain leaning center.

36）Bert, Horwood（1991），*op. cit.*

37）Bert, Horwood（1991），*op. cit.*

38）Karla, A. Henderson（1990），Deep Ecology and Outdoor Recreation- Incompatible?, *Journal of Physical Education, Recreation and Dance*, March, pp.77-80.

39）Bert, Horwood（1991），*op. cit.*

40）Bert, Horwood（1996），Why Disturb the World Outside? *Green Teacher*, No.46, Feb-Mar, pp.8-10.

41）*Ibid.*

42) Bert, Horwood (1996), *op. cit.*

43) Bert, Horwood (1996), *op. cit.*

44) Tim, Boston (1994), Toward a Horistic Ecocentric Canadian Undergraduate Environmental Studies Programme, *Pathways,* Vol.6, pp.5-10.

45) *Ibid.*

46) ジョン・ミラー著，吉田敦彦，他訳 (1994)，『ホリスティック教育—いのちのつながりを求めて』春秋社，pp.6-9.

47) Tim, Boston, *op. cit.*

48) Tim, Boston, *op. cit.*

49) Charles, Chamberlin (1997), Citizenship as the Practice of Deep Ecology, *Canadian Social Studies,* Vol.31, No.3, pp.142-144.

50) *Ibid.*

51) Charles, Chamberlin, *op. cit.*

52) エコリテラシー・センター，http://www.ecoliteracy.org/ （2013.1.6. アクセス）.

53) 熱帯雨林情報センター，http://www.rainforestinfo.org.au/ （2013.1.6. アクセス），エコリテラシー・センター，http://www.ecoliteracy.org/ （1998.11.1. アクセス），アスペン環境教育センター，http://www.aspennature.org/ （2013.1.6. アクセス）. および，私信，1998.

第3章　第2節

54) Joseph, B. Cornell (1979), *Sharing Nature with Children: A Parents' and Teachers' Nature-Awareness Guidebook,* Orion Press. = ［邦訳］ジョセフ・B・コーネル著，日本レクリエーション協会監修，日本ナチュラリスト協会 訳 (1986)，『ネイチャーゲーム 1』，柏書房.

55) 同上書.

56) ミュージアムパーク茨城県自然博物館　環境学習ネットワーク推進協議会 (1998)，『博物館を活用した環境学習に関する日米シンポジウム報告書』，p.16.

57) 現在は，「公益社団法人　日本シェアリングネイチャー協会」に名称を変更している。

58) ジョセフ・B・コーネル著 (1986)，前掲書. 邦訳された『ネイチャーゲーム 2』は1991年，『ネイチャーゲーム 3』は1992年，『ネイチャーゲーム 4』は1995年に発行されている。

59) 日本ネイチャーゲーム協会 (1997)，『ネイチャーゲーム指導員ハンドブック』，

p.8.

60）同上書，pp.8-14.

61）日本ネイチャーゲーム協会，前掲書，pp.16-18.

62）ジョセフ・B・コーネル（1991），『ネイチャーゲーム 2』，柏書房，pp.15-17.

63）日本ネイチャーゲーム協会，前掲書，pp.16-18，pp.85-88，pp.71-74.

64）ジョセフ・B・コーネル（1991），前掲書，pp.15-17.

65）日本ネイチャーゲーム協会，前掲書，pp.16-18，pp.109-112，pp.93-96.

66）ジョセフ・B・コーネル（1991），前掲書，pp.15-17.

67）日本ネイチャーゲーム協会，前掲書，pp.16-18，pp.125-128，pp.137-140.

68）ジョセフ・B・コーネル（1991），前掲書，pp.15-17.

69）日本ネイチャーゲーム協会，前掲書，pp.16-18，pp.141-148.

70）財団法人 科学教育研究会 編著（1996），『OBIS 自然と遊び，自然から学ぶ　環境学習マニュアル（Ⅰ. 自然に親しむ，Ⅱ. ゲームで遊ぶ，Ⅲ. 作って遊ぶ）』，栄光教育文化研究所.

71）同上書（Ⅰ），pp.4-17.

72）財団法人 科学教育研究会 編著，前掲書（Ⅰ），pp.5-6.

73）財団法人 科学教育研究会 編著，前掲書（Ⅰ），pp.5-7.

74）財団法人 科学教育研究会 編著，前掲書（Ⅰ），pp.5-6.

75）財団法人 科学教育研究会 編著，前掲書（Ⅰ～Ⅲ）.

76）ERIC 国際理解研究・資料情報センター編訳（1992），『PLT ACTIVITY GUIDE K-6』，ERIC. Project Learning Tree の1975，1977，1987，1988年のアクティビティーの一部が翻訳され，掲載されている。

77）同上書.

78）ERIC 国際理解研究・資料情報センター編訳，前掲書，p. ⅲ.

79）ERIC 国際理解研究・資料情報センター編訳，前掲書，pp.vⅷ-ⅸ.

80）山田裕史（1994），平成 6 年度修士論文『森を中心とした環境教育プログラムに関する研究』，pp.28-31.

81）ここではディープ・エコロジーの「自己実現」は，1994年の山田裕史の項目「意識変革」と同様の意味と捉えて調査した。

82）同上書.

83）山田裕史，前掲書.

84）山田裕史，前掲書，p.30. ネイチャーゲーム，OBIS，PLT の学習内容の扱われ方の項目（セラピー，思想以外の判定）を参考にした。

85）山田裕史，前掲書，p.30.

86）山田裕史，前掲書，p.30. ネイチャーゲーム，OBIS，PLT の学習形態の項目（運動，儀式以外の判定）を参考にした。

87）ここでは「学習形態」と山田裕史の調査法における項目「活動形態」とは同じ意味とする。

88）日本ネイチャーゲーム協会，前掲書，pp.137-140. カメラマン役とカメラ役がペアになって，自然を瞬間的に見ることにより，普段では気づかない自然の美しさを味わう活動。

89）ERIC 国際理解研究・資料情報センター編訳，前掲書，p.150.

90）Perter, B. Corcorran and Eric, Sievers, *op. cit.*, pp.4-8.

第3章　第3節

91）上田啓子（1997），「環境教育にホリスティックな視点を」，子どもと楽しむ環境教育ガイド，総合教育技術7月号増刊，pp.84-85.

92）ジョン・ミラー（1994），前掲書.

93）上田啓子，前掲書.

94）上田啓子，前掲書.

95）ジョン・ミラー著，越田早苗 訳（1996），「地球とのつながり」，『季刊・ホリスティック教育』新装創刊2号，日本ホリスティック教育協会発行，pp.18-26. なお，「地球とのつながり」はジョン・ミラーの『ホリスティック・カリキュラム（The Holistic Curriculum)』（1996）の第10章の全訳である。

96）同上書.

97）ジョン・ミラー（1996），前掲書.

98）日本ホリスティック教育協会の活動内容紹介より（1996），『季刊・ホリスティック教育』.

99）日本ホリスティック教育協会 永田佳之・吉田敦彦編（2008），『持続可能な教育と文化』，せせらぎ出版，pp.157-164, pp.189-193. http://www.holistic-edu.org/index.htm（2013.1.5 アクセス）. および，同上書.

100）久田蓼（1996），「ディープ・エコロジーを学校に生かす」，『季刊・ホリスティック教育』新装創刊2号，日本ホリスティック教育教会発行，pp.8-12.

101）同上書.

102）久田蓼，前掲書.

103）仙田典子（1997），「"今どきの若者たち"とディープ・エコロジー・ワーク」，

『ウェッブ・オブ・ライフ・ニューズレター』，Vol.5，No.4，p.5.

104）同上書.

105）井上有一（1997），「エコロジーの三つの原理に関する考察―環境持続性，社会的公正，存在の豊かさ―」，奈良産業大学紀要第13集抜刷，12月，pp.3-24.

106）井上有一（1997），前掲書.

107）井上有一（1997），前掲書.

108）鬼頭秀一（1998），「環境倫理学の枠組みから「教育」の視点を見る」，シンポジウム「環境教育の過去・現在・未来」（1998年3月21日）資料，於：一橋大学.

109）フェリックス・ガタリ著，杉村昌昭 訳（1997），『三つのエコロジー』，大村書店.

110）鬼頭秀一（1998），前掲書.

第4章　第1節

1）日本科学者会議（2008），「自然観」（自然観は，自然に対する見方，考え方），「自然中心主義」，『環境事典』，旬報社，pp.439-440（自然観），pp.444-445（自然中心主義）.

2）Arne, Naess（1973），The Shallow and the Deep, Long-Range Ecology Movement. A Summary, *Inquiry*, vol.16, pp.95-100. ＝［邦訳］アルネ・ネス著，アラン・ドレグソンと井上有一の共著，井上有一監訳（2001），「シャロー・エコロジー運動と長期的視野を持つディープ・エコロジー運動」，『ディープ・エコロジー』，昭和堂，pp.31-41. その他，アルネ・ネス著，斎藤直輔・関龍美 訳（1997），「ディープ・エコロジー運動」，『ディープ・エコロジーとは何か―エコロジー・共同体・ライフスタイル―』，文化書房博文社，pp.48-50. および，森岡正博（1995），「ディープ・エコロジーと自然観の変革」，『環境思想の系譜3・環境思想の多様な展開』，東海大学出版会，pp.106-116. も参照。

3）Arne, Naess，および，アルネ・ネス（2001），同上書.

4）アルネ・ネス（1997），前掲書.

5）ビル・デヴァル，ジョージ・セッションズ（1995），「ディープ・エコロジー」，『環境思想の系譜3・環境思想の出現』，東海大学出版会，pp.133-140.

6）カテゴリーの項目（43）が，日本の法制度についての事実判断を問う内容になっており，環境倫理意識を問う本論文の範囲を超えているとともに，環境倫理意識を問うのには不十分であるため，質問紙Iには47項目が記されているが，本論では，（43）～（47）については取り上げていない。

7）国立オリンピック記念青少年総合センター（2005），『青少年の自然体験活動等に

関する実態調査―平成17年度調査研究事業報告書―』における「自然体験」の質問
項目を用いた。

8) 同上書.

第4章　第2節

9) 国立オリンピック記念青少年総合センター，前掲書.

10) 国立オリンピック記念青少年総合センター，前掲書.

第5章　第1節

1) 森岡正博（1995），「ディープ・エコロジーと自然観の変革」，『環境思想の系譜3・環境思想の出現』，東海大学出版会，pp.106-116.

2) Arne, Naess（1973），The Shallow and the Deep, Long-Range Ecology Movement. A Summary. *Inquiry*, vol.16, pp.95-100. ＝［邦訳］アルネ・ネス著（2001），アラン・ドレグソンと井上有一の共著，井上有一監訳，「シャロー・エコロジー運動と長期的視野を持つディープ・エコロジー運動」，『ディープ・エコロジー』，昭和堂，pp.31-41. その他，アルネ・ネス著，斎藤直輔・関龍美 訳（1997），「ディープ・エコロジー運動」，『ディープ・エコロジーとは何か―エコロジー・共同体・ライフスタイル―』，文化書房博文社，pp.48-50. および，森岡正博（1995），「ディープ・エコロジーと自然観の変革」，『環境思想の系譜3・環境思想の多様な展開』，東海大学出版会，pp.106-116. も参照。

3) アルネ・ネス（1997），同上書，pp.59-67.

4) ビル・デヴァル，ジョージ・セッションズ（1995），「ディープ・エコロジー」，『環境思想の系譜3・環境思想の出現』，東海大学出版会，pp.133-140.

5) 鬼頭秀一（1998），「環境倫理学の枠組みから「教育」の視点を見る」，シンポジウム「環境教育の過去・現在・未来」（1998年3月21日）資料，於：一橋大学

6) ビル・デヴァル，ジョージ・セッションズ，前掲書.

7) アルネ・ネス（2001），前掲書，pp.259-288.

8) ジョン・ミラー著，越田早苗 訳（1996），「地球とのつながり」，『季刊・ホリスティック教育』新装創刊2号，日本ホリスティック教育協会発行，pp.18-26.

9) フリッチョフ・カプラ（1995），「1. ディープ・エコロジー」，フリッチョフ・カプラ，アーネスト・カレンバック（靏田栄作編訳），『ディープ・エコロジー考』，佼成出版社，pp.15-46. エコリテラシー・センター，http://www.ecoliteracy.org/（1998.11.1 アクセス）.

10) 森岡正博，前掲書.

第5章　第2節

11) 日本ネイチャーゲーム協会（1990），『ネイチャーゲーム指導員ハンドブック』.

12) 財団法人 科学教育研究会 編著（1996），『OBIS 自然と遊び，自然から学ぶ　環境学習マニュアル（Ⅰ. 自然に親しむ）』，栄光教育文化研究所.

13) ERIC 国際理解研究・資料情報センター編訳（1992），『PLT ACTIVITY GUIDE K-6』，ERIC.

14) 藤見幸雄（1997），「地球のチャネラーになる」，『Web of life　ニューズレター』，pp.2-3. 仙田典子（1997），「"今どきの若者たち"とディープ・エコロジー・ワーク」，『Web of life　ニューズレター』，Vol.5，No.4，p.5. 久田蓼（1996），「ディープ・エコロジーを学校に生かす」，『季刊・ホリスティック教育』新装創刊2号，日本ホリスティック教育教会発行，pp.8-12. これらは，学校の生物教育における実践事例ではない。

15) 市村俊英ほか著（1995），『詳説　生物ⅠB』，三省堂. プログラムⅠの実施校で使用されていた教科書。

16) 太田次郎，丸山工作編（1996），『高等学校　生物Ⅱ』，啓林館. プログラムⅠの実施校で使用されていた教科書。

17) 日本ネイチャーゲーム協会，前掲書.

18) 日本ネイチャーゲーム協会，前掲書，pp.109-112.

19) ジョアンナ・メイシー，パット・フレミング（1993），「〈全生命のつどい〉ワークショップのためのガイドライン」，『地球の声を聴く』，ほんの木，pp.184-185.

20) 日本ネイチャーゲーム協会，前掲書，pp.85-88.

21) ジョアンナ・メイシー，パット・フレミング，前掲書，pp.184-185.

22) 日本ネイチャーゲーム協会，前掲書，pp.85-88.

23) 生徒の実態については，授業担当教師による説明によって把握した。

24) 齋藤隆史，筑波大学 第二学群 生物学類の授業「動物生態学実験」を基にした，1995。

25) 財団法人 日本自然保護協会（1994），『FIELD GUIDE SERIES 1 自然観察ハンドブック』，平凡社，pp.123-125.

26) 財団法人 科学教育研究会，前掲書，pp.28-35.

27) 財団法人 科学教育研究会，前掲書，pp.28-35.

28) 枝重夫（1976），「昆虫のなかまの見分け方」，『旺文社　学習図鑑　昆虫』，旺文

社，pp.6-11.

29) 同上書，pp.50-51，pp.74-75，pp.102-103，pp.108-109，pp.116-117，pp.126-127.

30) 矢島稔，佐藤有恒（1984），『フィールド図鑑　昆虫』，東海大学出版会. 北隆館編集部（1949），『学生版　日本昆虫図鑑』，北隆館. 宮武頼夫，加納康嗣（1992），『検索入門　セミ・バッタ』，保育社.

31) 日本ネイチャーゲーム協会，前掲書，pp.109-112.

32) 日本ネイチャーゲーム協会，前掲書，p.18.

33) ジョン・シード，パット・フレミング，前掲書，pp.84-94.

34) ジョン・シード，パット・フレミング，前掲書，pp.189-191.

35) 竹内均編（1998），「地球創造の150億年」，『Newton』，ニュートンプレス，pp.16-115.

36) プログラムⅠを開発した1998年当時は，まだコンピュータを活用したプレゼンテーションが学校において一般的ではなかったため，OHPシートを使用した。

37) BBC Television (1991), *Living Together, David Attenborough's The Trials of Life*, Time Life Video. ＝［日本語吹き替え版］BBCテレビ（1993），「共生」，『デヴィット・アッテンボローの "生命の試練"』，ほるぷ出版.

38) ジョアンナ・メイシー，パット・フレミング，前掲書，pp.173-210. 熱帯雨林情報センター http://www.rainforestinfo.org.au/ （1998.11.1. アクセス）

39) 藤見幸雄，前掲書.

40) 石川統ほか13名（2003），『生物Ⅱ』，東京書籍. プログラムⅡの実施校で使用されていた教科書。

41) 生徒との交流により得られた情報。たとえば「祖父とともにきのこ採りに近隣の山に良く行く」など，日常生活の中に自然体験の機会が多い生徒が多くみられた。

42) 拙稿（2000），「ディープ・エコロジー思想を導入した環境学習の構想と実践」，平成10-11年度科学研究費補助金基盤研究B（研究代表者：大髙泉）研究成果報告書，pp.49-69.

43) 拙稿（2003），「高校生物におけるディープ・エコロジー思想を導入した環境学習の構想と実践」，平成12-14年度科学研究費補助金基盤研究B（研究代表者：大髙泉）研究成果報告書，pp.63-80.

44) 環境省／駐日英国大使館（2004），「環境学習に役立つCD-ROM『解決！地球温暖化！』」.

45) テレビ朝日（2005），「流氷は生命のゆりかご〜赤ちゃんアザラシ物語〜」，テレビ番組『素敵な宇宙船地球号』.

46）環境省／駐日英国大使館，前掲書.

47）藤見幸雄，前掲書.

48）文部省（1994），『環境教育指導資料（小学校編）』，大蔵省印刷局，pp.66-69.

49）一番ヶ瀬康子，牧野田恵美子ほか9名（2009），『社会福祉援助技術』，一橋出版.
　プログラムⅢの実施校で使用されていた教科書。

50）日本ネイチャーゲーム協会，前掲書，pp.16-18.

51）日本ネイチャーゲーム協会，前掲書，p.18.

52）日本ネイチャーゲーム協会，前掲書，pp.7-12.

53）日本ネイチャーゲーム協会，前掲書，pp.89-92.

54）日本ネイチャーゲーム協会，前掲書，pp.137-140.

第6章　第1節

1）尺度については，「どちらともいえない」を中心にして，プレ・ポストテストでは「肯定」と「否定」を両端にとった5段階の尺度であることを調査対象の生徒に口頭で補足説明した。

2）尺度については，「どちらともいえない」を中心にして，プレ・ポストテストでは「肯定」と「否定」を，多肢選択式・自由記述式事前アンケートの問（2）では「好き」と「嫌い」を両端にとった5段階の尺度であることを調査対象の生徒に口頭で補足説明した。

第6章　第2節

3）環境教育プログラムにて，人間以外の生物の立場に立って考える活動をする際，人間ほど神経系が発達していない動物や神経系がない植物との一体感を生徒がどのように捉えればよいのか，検討する余地がある。

引用文献一覧

欧文文献

Aldo Leopold (1949), *A Sand County Almanac*, Oxford University Press.

American Association for the Advancement of Science (1993), "Science for All American", *Project 2061*, Oxford University Press.

Arne, Naess (1973), The Shallow and the Deep, Long-Range Ecology Movement. A Summary, *Inquiry*, vol.16, pp.95-100.

Arne, Naess (Translator: Rothenberg, D.) (1989), *Ecology, Community and Life-style: Outline of an Ecosophy*, Cambridge University Press.

Aspen Center for Environmental Studies, http://www.aspennature.org/ (2007.8.24 & 2013.1.6 access)

BBC Television (1991), *Living Together, David Attenborough's The Trials of Life*, Time Life Video.

Bert, Horwood (1991), Tasting the Berries: Deep Ecology and Experiential Education, *Journal of Experiential Education*, Vol.14, No.3, pp.23-26.

Bert, Horwood (1996), Why Disturb the World Outside? *Green Teacher*, No.46, Feb-Mar, pp.80-10.

BSCS (1th 1963, 2th 1970, 3th 1978, 4th 2009), *The Biology Teachers' Handbook*, NSTA press.

BSCS (1970), *The Biology Teachers'Handbook 2th Edition*, NSTA press, pp.13-14.

BSCS (1978), *The Biology Teachers'Handbook 3th Edition*, NSTA press, pp.9-14.

BSCS (1997a), *Biology: A Human Approach*, Kendall Hunt, pp. E252-E253.

BSCS (1997b), *Biology: A Human Approach, Teachers'Guide*, Kendall/Hunt Co..

BSCS (2001), *Biology: A Molecular Approach 8th*, Glencoe/McGraw-Hill.

BSCS (2001), *Biology: An Inquiry Approach*, Kendall/Hunt.

BSCS (2002), *Biology: An Ecological Approach 9th*, Kendall/Hunt Co., p.659.

BSCS (2006), *BSCS Biology: A Molecular Approach 9th*, Glencoe/ McGraw-Hill.

BSCS (2006), *BSCS Biology:An Ecological Approach 10th*, Kendall/Hunt.

BSCS (2006), *Biology: An Inquiry Approach 1th*, Level 1, Kendall/Hunt.

BSCS (2008), *Biology: An Inquiry Approach 1th*, Level 2, Kendall/Hunt.

BSCS (2009), *The Biology Teacher's Handbook 4th Edition*, NSTA press, pp.38-39.

BSCS (2010), *Biology: An Inquiry Approach 1th*, Level 3, Kendall/Hunt.

BSCS (2011), *Biology: A Human Approach 4th*, Kendall/Hunt.

Carolyn Merchant (1992), *Radical Ecology: the Search for a Livable World*, Routledge.

Catherine, Hume, Macmillan (1995), Summer school in deep ecology ～ The IDEE Summer school in Applied deep Ecology in Phiro, California ～, *Green Teacher*, 42, pp.37-38.

Center for Ecoliteracy, http://www.ecoliteracy.org/ (1998.11.1. &2013.1.6.access).

Charles, Chamberlin (1997), Citizenship as the Practice of Deep Ecology, *Canadian Social Studies*, Vol.31, No.3, pp.142-144.

Christopher D. Stone (1972), Should trees have standing?: toward Legal Rights for Natural Objects, *Southern California Law Review*, Vol.45:450.

Communities Directory, http://directory.ic.org/ (1998.11.1. access).

Cramer, P. F. (1998), *Deep Environmental Politics*, Praeger Publishers.

Cummings (1973), Environmental education: the central need, *The American Biology Teacher*, Vol.35, No.8, pp.448-450.

Devall, B. and George, S. (1985), *Deep Ecology*, Peregrine Smith Books.

Dolores, LaChapelle (1991), Educating for Deep Ecology. *The Journal of Experiential Education*, Vol.14, No.3, pp.18-22.

Drengson A. & Inoue Y. (ed.) (1995), *The Deep Ecology Movement, An Introduction Anthology*, North Atlantic Books.

Gregory A. Cajete (1994), *Look to the Mountain: an Ecology of Indigenous Education*. Kivaki Press.

Jamieson, D. (2003), *A Companion to Environmental Philosophy*, Blackwell Publishers Inc, pp.218-232.

Jim E. Lovelock (1979), *Gaia: a new look at life on Earth*, Oxford University Press.

Joanna Macy (1991), World as Lover, World as Self, Parallax Press.

John Seed, Joanna Macy, Pat Fleming, Arne Naess (1988), *Thinking Like a Mountain: Towards a Council of All Beings*, New Society Publishers.

Joseph, B. Cornell (1979), *Sharing Nature with Children: A Parents' and Teachers' Nature-Awareness Guidebook*, Orion Press.

Karla, A. Henderson (1990), Deep Ecology and Outdoor Recreation- Incompatible?,

Journal of Physical Education, Recreation and Dance, March, pp.77-80.

Knapp, Clifford E. (2002) による Peter S. Wenz (2001), *Environmental Ethics Today*, Oxford University Press の紹介, *The Journal of Environmental Education*, Vol.33, No.3, pp.41-45.

Kowalewski, David (2002), Teaching Deep Ecology: A Student Assessment, *The Journal of Environmental Education*, Vol.33, No.4, pp.20-27.

Lynne Krueger (1997), Children's Trade Books in Environmental Education, *Environmental Education Teacher Resource Handbook*, pp.261-282.

May, Theodore S. (2000) による, J. Baird Callicott (1999), *Beyond the Land Ethic: More Essays in Environmental Philosophy*, State University of New York Press. の紹介, *The Journal of Environmental Education*, Vol.32, No.1, pp.56-58.

Mellor, Mary (1992), *Breaking the Boundaries- Towards a Feminist Green Socialism*, Random House, Inc.

Michael Bonnett (2008), Education for sustainability as a frame of mind, *Researching Education and the Environment: Retrospect and Prospect*, Routledge, pp.19-30.

Michael, K. Stone and Zenobia, Barlow (2005), *Ecological Literacy ～ Educating Our Children for a Sustainable World ～* , Sierra Club Books.

Monroe, Martha C. (2002) による, Peter C. List (2000) *Environmental Ethics and Forestry: A Reader*, Temple University Press. の紹介, *The Journal of Environmental Education*, Vol.33, No.4, pp.42-43.

Murray Bookchin (1980), *Toward an Ecological Society*, Black Rose Books.

National Research Council (1996), *National Science Education Standards*, pp.173-207.

North American Association for Environmental Education, http://www.naaee.net/, http://eelinked.naaee.net/n/guidelines (2011.12.28. access).

Palmer, J. A. (1998), *Environmental Education in the 21st century, Theory, Practice progress and promise*, pp.85-87.

Palmer, J. A., & Neal, P. (1994), *The Handbook of Environmental Education,* Routledge.

Palmer, J. A., Ed (2001), *Fifty Key Thinkers on the Environment*, Routledge.

Pepper, D. (1995), *Eco-Socialism, From Deep Ecology to Social Justice*, Routledge.

Perter, B. Corcorran and Eric, Sievers (1994), Reconceptualizing Environmental Education: Five Possibilities, *The Journal of Environmental Education*, Vol.25, No.4, pp.4-8.

Peter Singer（1975）, *Animal Liberation*, An Imprint of Harper Collins Publishers.

Plumwood, V.（2006）, *Environmental Culture, The Ecological Crisis of Reason*, Routledge, pp.196-217.

Rachel Carson（1962）, *Silent Spring*, Houghton Mifflin Company.

Rainforest Information Centre, http://www.rainforestinfo.org.au/（1998.11.1.& 2013.1.6.access）.

Russell, Constance L.（2004）による，Catherine M. Roach（2003）, *Mother/Nature: Popular Culture and Environmental Ethics*, Indiana University Press. の紹介，*The Journal of Environmental Education*, Vol.35, No.2, pp.56-57.

Salmon, Jeffrey（2000）による，Clifford Knapp. Charleston, WV（1999）, *In Accord with Nature: Helping Students Form an Environmental Ethic Using Outdoor Experience and Reflection*, Eric Clearninghouse on Rural Education and Small Schools. の紹介，*The Journal of Environmental Education*, Vol.31, No.3, pp.43-44.

Stotler（1971）, Environmental education as liberation, *The American Biology Teacher*, Vol.33, No.1, pp.18-21.

Taylor, B. R.（ed.）（1995）, *Ecological Resistance Movements*, State University of New York, pp.259-281.

The Educational Resource Information Center（ERIC）http://www.eric.ed.gov/（2013.1.3. access）.

The Journal of Environmental Education, 1969（Vol.1 No.1）-2012（Vol.43 No.4）

Tim, Boston（1994）, Toward a Horistic Ecocentric Canadian Undergraduate Environmental Studies Programe, *Pathways,* Vol.6, pp.5-10.

Warwick Fox（1990）, *Toward a Transpersonal Ecology:Developing New Foundations for Environmentalism*, SUNY Press.

Way of the moutain leaning center（1998）, Way of the moutain last newsletter, 16th year,Winter.

邦文文献

浅島誠ほか20名（2011），『生物基礎』，『新編生物基礎』，東京書籍.

浅島誠ほか20名（2012），『生物』，東京書籍.

安彦忠彦（2004），「自己実現」，日本教育方法学会編，『現代教育方法事典』，図書文化社，p.106.

阿部治（1994），「アメリカにおける環境教育」，水越敏行，熱海則夫編，新教育学全集 5，『環境教育』，pp.242-253，ぎょうせい．

阿部治（1995），「人類史と環境思想」，『環境思想の系譜 1・環境思想の出現』，東海大学出版会，p.27．

阿部治（2006），「国連「持続可能な開発のための教育」の10年」，『学術の動向』，pp.46-51．

阿部治（2009），「「持続可能な開発のための教育」（ESD）の現状と課題」，『環境教育』，Vol.19，No.2，pp.21-30．

石川統ほか13名（2003），『生物Ⅱ』，東京書籍．

一番ヶ瀬康子，牧野田恵美子ほか 9 名（2009），『社会福祉援助技術』，一橋出版．プログラムⅢの実施校で使用されていた教科書．

市川智史・今村光章（2002），「環境教育の進展」，川嶋宗継・市川智史・今村光章編著，『環境教育への招待』，ミネルヴァ書房，p.41．

市村俊英ほか著（1995），『詳説　生物ⅠB』，三省堂．

井上有一（1997），「エコロジーの三つの原理に関する考察─環境持続性，社会的公正，存在の豊かさ─」，奈良産業大学紀要第13集抜刷，12月，pp.3-24．

井上有一（2005），「エコロジー思想と持続可能性に向けての教育」，『持続可能性に向けての環境教育』，昭和堂，pp.87-114．

岩佐茂（2008），「環境倫理学」，日本科学者会議編，『環境事典』，旬報社，pp.222-223．

上田啓子（1997），「環境教育にホリスティックな視点を」，『子どもと楽しむ環境教育ガイド，総合教育技術 7 月号増刊』，pp.84-85．

上田吉一（2003），「自己実現」，今野喜清・新井郁男・児島邦宏編，『新版 学校教育辞典』，教育出版，p.347．

ウェッブ・オブ・ライフ（1997），『ウェッブ・オブ・ライフ』．

枝重夫（1976），「昆虫のなかまの見分け方」，『旺文社　学習図鑑　昆虫』，旺文社，pp.6-11．

R・エバノフ（鈴木美幸 訳）（1995），「経済パラダイムの再考」，小原秀雄（監修），『環境思想の系譜 2・環境思想と社会』，東海大学出版会，p.122．

ERIC 国際理解研究・資料情報センター編訳（1992），『PLT ACTIVITY GUIDE K-6』，ERIC．

太田次郎，丸山工作編（1996），『高等学校　生物Ⅱ』，啓林館．

岡島成行（1990），『アメリカの環境保護運動』，岩波新書，p.144．

荻原彰，戸北凱惟（1998），「アメリカの州レベルにおける環境教育行政の動向」，『科学教育研究』，Vol.22，No.2，pp.69-77.

荻原彰（1999），「北米環境教育連盟により開発された環境教育の全米基準の特徴」，『科学教育研究』，Vol.23，No.3，pp.195-202.

荻原彰，戸北凱惟（1999），「80年代後半以降のアメリカの初等・中等教育に見られる環境リテラシーの研究―知識領域を中心として―」，Vol.23，No.5，pp.365-372.

荻原彰，戸北凱惟（2000），「アメリカの環境教育に見られる価値の枠組みについての研究」，『科学教育研究』，Vol.24，No.2，pp.89-97.

荻原彰（2006），「アメリカの環境教育における環境行動の教授について」，『科学教育研究』，Vol.30，No.5，pp.306-315. 荻原彰（2011），『アメリカの環境教育―歴史と現代的課題』，学術出版会.

荻原彰（2011），『アメリカの環境教育―歴史と現代的課題』，学術出版会，pp.126-141.

尾関周二（2001），「環境倫理学からエコソフィーへ」，「環境倫理の基底と社会観」，河野勝彦，「環境哲学の構築にむけて」，尾関周二編，『エコフィロソフィーの現在』，大月書店，pp.1-4，pp.134-160，pp.86-88.

尾関周二，他（2005），『環境思想キーワード』，青木書店，pp.94-95.

尾崎和彦（2006），『ディープ・エコロジーの現郷』，東海大学出版会，pp.169-183.

笠松幸一（2004），「人間と自然の倫理」，笠松幸一・K・A・シュプレンガルト編，『現代環境思想の展開―21世紀の自然観を創る』，新泉社，pp.40-43.

R・カーソン，青樹簗一訳（1974），『沈黙の春』，新潮文庫.

F・ガタリ著，杉村昌昭 訳（1997），『三つのエコロジー』，大村書店.

加藤尚武（1991），『環境倫理学のすすめ』，丸善，pp.1-12.

加藤尚武（2008），「技術と人間の倫理」，『精選現代文　改訂版』，教育出版，pp.100-112.

F・カプラ，A・カレンバック，鼉田栄作編訳（1995），『ディープ・エコロジー考』，佼成出版社，pp.15-46.

G・カヘーテ著，塚田幸三訳（2009），『インディアンの環境教育』，日本経済評論社，pp.231-266.

亀山純生（2005），『環境倫理と風土―日本的自然観の現代化の視座』，大月書店，pp.12-13.

環境省，環境教育・環境学習データベース ECO 学習ライブラリー http://www.eeel.go.jp/100.html，（2010.4.26. アクセス）.

環境省／駐日英国大使館 (2004)，「環境学習に役立つ CD-ROM『解決！地球温暖化！』」．

北田典子，長洲南海男 (2005)，「構成主義学習論に基づく指導モデル5Es のアセスメント：高校生物カリキュラム BSCS Biology: A Human Approach 2nd Edition に基づいて」，『日本理科教育学会全国大会要項』，Vol.55，p.304.

北野日出男 (1998)，「理科の中で環境倫理をどのように扱うか—少年時代の自然体験と関連させて—」，『理科の教育』，pp.4-7.

鬼頭秀一 (1995)，「環境と倫理」，『環境思想の系譜3・環境思想の出現』，東海大学出版会，p.8.

鬼頭秀一 (1996)，『自然保護を問いなおす—環境倫理とネットワーク』，ちくま新書，pp.30-49，pp.83-98.

鬼頭秀一 (1998)，「環境倫理学の枠組みから「教育」の視点を見る」，シンポジウム「環境教育の過去・現在・未来」(1998年3月21日) 資料，於：一橋大学

鬼頭秀一 (2003)，「'共生'とは何か」，『高等学校　現代文』，第一学習社，pp.219-229.

鬼頭秀一 (2008)，「環境倫理におけるホリスティックな視点と ESD」，日本ホリスティック教育協会 永田佳之・吉田敦彦編，『持続可能な教育と文化』，せせらぎ出版，pp.157-164.

教育課程審議会 (1998)，『幼稚園，小学校，中学校，高等学校，盲学校，聾学校及び養護学校の教育課程の基準の改善について（答申）』．

清里環境教育フォーラム実行委員会編 (1992)，『日本型環境教育の「提案」』，小学館，pp.438-443.

熊野善介 (2006)，「アメリカや PISA での科学的リテラシーとその日本モデル」，長洲南海男編著，『新時代を拓く理科教育の展望』，東洋館出版社，pp.26-38.

国立オリンピック記念青少年総合センター (2005)，『青少年の自然体験活動等に関する実態調査—平成17年度調査研究事業報告書—』．

国立教育政策研究所教育課程研究センター (2007)，『環境教育指導資料（小学校編）』，東洋館出版社，pp.3-7.

国立教育政策研究所編 (2007)，「生徒は資源と環境に対する責任を感じているか」，『生きるための知識と技能3』OECD 生徒の学習到達度調査（PISA）・2006年調査国際結果報告書，ぎょうせい，pp.145-151.

「国連持続可能な開発のための教育の10年」関係省庁連絡会議 (2006)，『わが国における「国連持続可能な開発のための教育の10年」実施計画』．

274

小坂国継 (2003)，「地球環境と新倫理学」，『環境倫理学ノート―比較思想的考察―』，ミネルヴァ書房，pp.1-27.

古嶋美文 (1998)，「環境倫理をふまえた授業展開例―2分野を中心として―」，『理科の教育』，Vol.47，No.8，pp.27-29.

後藤達乎 (2012)，「いまなぜ環境倫理なのか」，一般社団法人近畿化学協会化学教育研究会編著，『環境倫理入門―地球環境と科学技術の未来を考えるために―』，化学同人，pp.8-10.

J・B・コーネル著，日本レクリエーション協会監修，日本ナチュラリスト協会訳 (1986)，『ネイチャーゲーム1』，柏書房.

J・B・コーネル著，日本レクリエーション協会監修，日本ナチュラリスト協会訳 (1991)，『ネイチャーゲーム2』，柏書房.

J・B・コーネル著，日本レクリエーション協会監修，日本ナチュラリスト協会訳 (1992)，『ネイチャーゲーム3』，柏書房.

J・B・コーネル著，日本レクリエーション協会監修，日本ナチュラリスト協会訳 (1995)，『ネイチャーゲーム4』，柏書房.

財団法人 科学教育研究会 編著 (1996)，『OBIS 自然と遊び，自然から学ぶ　環境学習マニュアル（I. 自然に親しむ，II. ゲームで遊ぶ，III. 作って遊ぶ)』，栄光教育文化研究所.

財団法人 日本自然保護協会，『FIELD GUIDE SERIES 1 自然観察ハンドブック』，pp.123-125，1994，平凡社.

齋藤隆史 (1995)，筑波大学 第二学群 生物学類の授業「動物生態学実験」.

佐島群巳・鈴木善次・木谷要治・木俣美喜男・小澤紀美子・高橋朋子編集 (1996)「環境倫理」，『環境教育指導事典』，国土社，pp.58-59.

J・シード，他著，星川淳 監訳 (1993)，「地球の叫びを聴く」，『地球の声を聴く―ディープエコロジー・ワーク』，ほんの木，pp.24-25.

嶋田正和ほか11名 (2011)，『生物基礎』，『新編　生物基礎』，数研出版.

嶋田正和ほか11名 (2012)，『生物』，数研出版.

J・R・D・ジャルダン著，新田功・生方卓・藏本忍・大森正之訳 (2005)，「科学，倫理学，環境」，『環境倫理学―環境哲学入門』，人間の科学新社，pp.23-24.

授業に活かす環境教育―ひとめでわかる学年別・教科別ガイド―http://www.env.go.jp/policy/nerai/，(2010.4.26. アクセス).

庄野邦彦ほか9名 (2011)，『生物基礎』，実教出版.

P・シンガー著，戸田清 訳 (2011)，『動物の解放　改訂版』，人文書院.

鈴木善次（1994），『人間環境教育論』，創元社，pp.193-197.

鈴木善次（1996），「公害教育」，佐島群巳ら編，『環境教育指導事典』，国土社，pp.14-15.

鈴木善次（1997），「日本の環境教育の動向はどうか」，教職研修6月増刊号，山本政男編，奥田眞文監修，「総合的な学習」の実践，No.2，『環境教育の考え方・進め方』，教育開発研究所，pp.16-17.

C・ストーン，岡嵜修・山田敏雄訳，畠山武道 解説（1990），「樹木の当事者適格——自然物の法的権利について」，『現代思想』11月号，特集Ⅰ木は法廷に立てるか，p.58-98. 自然の権利セミナー報告書作成委員会編（1998），『報告 日本における［自然の権利］運動』，山羊社，pp.255-275.

仙田典子（1997），「"今どきの若者たち"とディープ・エコロジー・ワーク」，『ウェッブ・オブ・ライフ・ニューズレター』，Vol.5，No.4，p.5.

M・ダウイ（戸田清訳）（1998），『草の根環境主義』，日本経済評論社，pp.284-287.

高橋一将，大鹿居依，大鹿聖公（2010），「BSCS Science & Technology における協働学習：プログラムにおける協働学習の構造とその部分的導入の効果を中心にして」，『理科教育学研究』，Vol.51，No.2，pp.53-63.

高橋一将，磯崎哲夫（2012），「BSCS のプログラムの開発に関する研究：設立時の議論の分析を中心に」，『科学教育研究』，Vol.36，No.1，pp.2-13.

高橋多美子，高橋敏之（2010），「幼少期における自然体験と自然科学への関心・自然に対する心情との関連性」，『理科教育学研究』，Vol.50，No.3，pp.117-125.

竹内均編（1998），「地球創造の150億年」，『Newton』，ニュートンプレス，pp.16-115.

竹村景生（2008），「中学校のすべての教科で取り組んだ ESD」，日本ホリスティック教育協会 永田佳之・吉田敦彦編，『持続可能な教育と文化』，せせらぎ出版，pp.189-193.

谷口文章（1996），「環境倫理」，佐島群巳，鈴木善次，木谷要治，木俣美樹男，小澤紀美子，高橋朋子編集，『環境教育指導事典』，国土社，pp.58-59.

丹沢哲郎（1993），BSCS の最新の遺伝学プログラムにおける問題解決と意思決定スキルの育成——アメリカの STS 教育の指導方略—，『科学教育研究』，Vol.17，No.2，pp.57-67.

丹沢哲郎（1995a），「アメリカの BSCS カリキュラムの変遷過程の研究—STS カリキュラムにおける科学的リテラシー概念を基礎にして—」，博士（教育学）学位請求論文，筑波大学大学院教育学研究科提出，pp.15-97.

丹沢哲郎（1995b），「アメリカの BSCS カリキュラムの変遷過程に関する一考察—科

学的リテラシー概念を基礎にして―」，『生物教育』，Vol.35，No.1，pp.99-100.

丹沢哲郎（2009），「アメリカ BSCS における教育研究とカリキュラムの統合の歴史（持続的進化を遂げる科学技術の教育課程をどう構築するか―For Excellence から For All に連なる科学技術教育課程の編成―，実行委員会企画フォーラム 2，次世代の科学力を育てる）」，『年会論文集』，Vol.33，pp.77-78.

丹沢哲郎（2010），「生徒の才能の芽を育て，優れた創造的人材育成へとつなげる生物教育課程：アメリカの BSCS カリキュラムを事例として」，『日本科学教育学会第34回年会論文集』，Vol.34，pp.197-200.

R. E. ダンラップ，A. G. マーテイング編（満田久義監訳）（2001），『現代アメリカの環境主義―1970年から1990年の環境運動―』，ミネルヴァ書房，pp.97-124.

中央環境審議会（1999），『これからの環境教育・環境学習―持続可能な社会をめざして―（答申）』.

中央教育審議会（2008），『幼稚園，小学校，中学校，高等学校及び特別支援学校の学習指導要領等の改善について（答申）』.

鶴岡義彦（1999），「アメリカに見る環境教育の体系化と学習活動の事例　カリフォルニア州の環境教育と PLT の分析から」，岐阜県教育センター編，『環境教育シンポジウム資料』，岐阜県教育センター，pp.20-25.

鶴岡義彦（2003），「アメリカの環境教育」，『教職課程』，29巻，No.6，pp.28-31.

鶴岡義彦・古嶋美文（2003），「アメリカの環境教育プログラム Project Learning Tree の構成」，研究代表者，大髙泉，平成12-14年度文部省科学研究費補助金（基盤研究（B）），研究成果報告書，『ドイツ及びアメリカの学校教育における環境教育と地域との連携システムに関する研究』，pp.27-38.

B・デヴァル＆ J・セッションズ著，関曠野 訳（1995），「ディープ・エコロジー」，『環境思想の系譜 3・環境思想の出現』，東海大学出版会，pp.133-140.

テレビ朝日（2005），「流氷は生命のゆりかご～赤ちゃんアザラシ物語～」，テレビ番組『素敵な宇宙船地球号』.

A・ドレグソン，井上有一共編，井上有一監訳（2001），『ディープ・エコロジー』，昭和堂，pp.75-86.

内閣府（2011），『平成23年度版　子ども・若者白書』，pp.20-21.

長洲南海男（1984），「アメリカの生物教育の現状と課題 1―全米調査報告より見た生物教育の実態―」，『生物教育』，Vol.25，No.1・2，pp.29-34.

長洲南海男（1985），「アメリカの生物教育の現状と課題―3-BSCS のカリキュラム開発研究とその生物教育からの考察」，『生物教育』，Vol.26，No.2，pp.114-124.

長洲南海男（監修）（2001），『全米科学教育スタンダード（National Science Education Standards)』，梓出版社，pp.106-201.

永田佳之（2010），「持続可能な未来への学び」，五島敦子・関口知子編，『未来をつくる教育 ESD　持続可能な多文化社会をめざして』，明石書店，pp.118-121.

中山和彦（1993），「1. 世界の環境教育とその流れ―ストックホルムからトビリシまで」，佐島群巳・中山和彦編，沼田眞監修，『地球化時代の環境教育4　世界の環境教育』，国土社，pp.8-28.

中山和彦（1997），「環境教育のはじまりとその流れはどうなっているのか」，『環境教育の考え方・進め方』，教育開発研究所，p.12.

日本科学者会議（2008），「自然観」（自然観は，自然に対する見方，考え方），「自然中心主義」，『環境事典』，旬報社，pp.439-440（自然観），pp.444-445（自然中心主義）．

日本トランスパーソナル学会，http://transpersonal.jp/about_institute/kousei（2012.8.3. access)

日本ネイチャーゲーム協会（1990），『ネイチャーゲーム指導員ハンドブック』．

日本ホリスティック教育協会の活動内容紹介より（1996），『季刊・ホリスティック教育』．

日本ホリスティック教育協会 永田佳之・吉田敦彦編（2008），『持続可能な教育と文化』，せせらぎ出版，pp.157-164，pp.189-193.

日本ホリスティック教育協会，http://www.holistic-edu.org/index.htm（2013.1.5. アクセス）．

A・ネス著，斎藤直輔・関龍美 訳（1997），「ディープ・エコロジー運動」，『ディープ・エコロジーとは何か―エコロジー・共同体・ライフスタイル―』，文化書房博文社，pp.48-50.

A・ネス著，アラン・ドレグソンと井上有一の共著，井上有一監訳（2001），「シャロー・エコロジー運動と長期的視野を持つディープ・エコロジー運動」，『ディープ・エコロジー』，昭和堂，pp.31-41.

BYBEE Rodger W., 丹沢哲郎（2002），「アメリカにおける生物教育：現在の展望」，『生物教育』，Vol.42, No.4, pp.164-176.

馬場昭次ほか8名（2011），『高校生物基礎』，実教出版．

J・A・パルマー編，須藤自由児訳（2004），「ベネディクト・スピノザ」，『環境の思想家たち　上　古代―近代編』，みすず書房，pp.90-101.

久田蓼（1996），「ディープ・エコロジーを学校に生かす」，『季刊・ホリスティック教

育』新装創刊 2 号，日本ホリスティック教育協会発行，pp.8-9.

BBC テレビ（1993），「共生」，『デヴィット・アッテンボローの "生命の試練"』，ほる
　　ぷ出版.

広瀬敬子，長洲南海男（1995），「「ヒト」と健康に重点を置いた初等学校理科教育の
　　展開—BSCS の初等学校の STS 教育（SL&L プログラム）に基づいて—」，『生物
　　教育』，Vol.35，No.2，pp.153-162.

W・フォックス著，星川淳 訳（1994），『トランスパーソナル・エコロジー』，平凡社，
　　pp.142-156.

藤田容子（2000），「ディープ・エコロジー思想を導入した環境学習の構想と実践」，
　　平成10-11年度科学研究費補助金基盤研究 B（研究代表者：大髙泉）研究成果報告
　　書，pp.49-69.

藤田容子（2003），「高校生物におけるディープ・エコロジー思想を導入した環境学習
　　の構想と実践」，平成12-14年度科学研究費補助金基盤研究 B（研究代表者：大髙
　　泉）研究成果報告書，pp.63-80.

藤見幸雄（1997），「地球のチャネラーになる」，『Web of life　ニューズレター』，
　　pp.2-3. 仙田典子（1997），「"今どきの若者たち" とディープ・エコロジー・ワー
　　ク」，『Web of life　ニューズレター』，Vol.5，No.4，p.5.

布施達治（2007），「環境倫理育成を狙った野外学習活動の報告」，日本理科教育学会
　　第57回全国大会要項，Vol.57，p.177.

北隆館編集部（1949），『学生版　日本昆虫図鑑』，北隆館.

C・マーチャント著，川本隆史・須藤自由児・水谷広 訳（1994），『ラディカル・エコ
　　ロジー—住みよい世界を求めて—』，産業図書.

宮崎沙織（2008），「カナダ ブリティッシュ・コロンビア州における環境学習の展開—
　　環境倫理を中心とした学習内容の転換—」，『社会科教育研究』，No.104，pp.86-
　　97.

宮崎沙織（2009），「カリフォルニア州における環境リテラシー育成のための社会科プ
　　ログラム—環境の原理に基づく学習内容の再構成に着目して—」，『社会科教育研
　　究』，No.108，pp.58-69.

宮武頼夫，加納康嗣（1992），『検索入門　セミ・バッタ』，保育社.

ミュージアムパーク茨城県自然博物館　環境学習ネットワーク推進協議会（1998），
　　『博物館を活用した環境学習に関する日米シンポジウム報告書』，p.16.

J・ミラー著，吉田敦彦，他訳（1994），『ホリスティック教育—いのちのつながりを求
　　めて』，春秋社，pp.6-9.

J・ミラー著，越田早苗 訳（1996），「地球とのつながり」，『季刊・ホリスティック教育』新装創刊 2 号，日本ホリスティック教育協会発行，pp.18-26.

J・メイシー著，星川淳 訳（1993），『世界は恋人　世界はわたし』，筑摩書房.

J・メイシー，P・フレミング（1993），「＜全生命のつどい＞ワークショップのためのガイドライン」，『地球の声を聴く』，ほんの木，pp.184-185.

J・メイシー（1995），「持続可能な社会の創造―インタビュー，現代を問う―」，『地域から日本を変える』，12 月号，p.11.

M・メラー著，寿福真美・後藤浩子 訳（1993），『境界線を破る！―エコ・フェミ社会主義に向かって』，新評論.

本川達雄，谷本英一ほか16名（2011），『生物基礎』，『新編　生物基礎』，啓林館.

本川達雄，谷本英一ほか16名（2012），『生物』，啓林館.

森岡正博（1995），「ディープ・エコロジーと自然観の変革」，「エコロジーと女性―エコフェミニズム」『環境思想の系譜 3・環境思想の多様な展開』，東海大学出版会，pp.106-116，pp.152-162.

文部科学省（2008），『中学校学習指導要領解説　理科編』，p.120.

文部科学省（2009）『高等学校学習指導要領解説　理科編　理数編』，p.215.

文部省（1991），『環境教育指導資料（中学校・高等学校編）』.

文部省（1992），『環境教育指導資料（小学校編）』，大蔵省印刷局.

文部省（1995），『環境教育指導資料（事例編）』.

文部省（1998），『中学校学習指導要領解説　理科編』.

文部省（1999），『高等学校学習指導要領解説　理科編　理数編』.

矢島稔，佐藤有恒（1984），『フィールド図鑑　昆虫』，東海大学出版会.

山内廣隆（2003），『環境の倫理学』，加藤尚武，立花隆監修＜現代社会の倫理を考える第11巻＞，丸善，pp.iii-ⅴ.

山田裕史（1994），平成 6 年度修士論文「森を中心とした環境教育プログラムに関する研究」，pp.28-31.

山本容子（2008），「ディープ・エコロジー思想を導入した環境教育の特質―アメリカ・カナダ・オーストラリアの事例から」，『理科教育学研究』，Vol.49，No.2，pp.93-105.

吉里勝利ほか17名（2011），『高等学校 生物基礎』，『高等学校　新生物基礎』，第一学習社.

吉里勝利ほか16名（2012），『高等学校 生物』，第一学習社.

J・ラヴロック著，星川淳 訳（1984），『地球生命圏―ガイアの科学』，工作舎.

鷲谷いづみ（2008），「イースター島になぜ森がないのか」，『改訂版 高等学校 標準国語総合』，第一学習社，pp.140-148.

資　　料

資料1　質問紙 I「環境倫理意識（自然に対する考え方）」

「自然」に関するアンケート調査用紙

　このアンケートはあなたの自然に対する考え方，生態学に関する知識をたずねるものです。学校の成績とは一切関係ありません。自分の思った通りに答えて下さい。ここでの自然の意味は，動物（哺乳類，ハ虫類，鳥類，昆虫類……），植物，菌類，大気，土，川，岩石などすべてを含めたものとします。それぞれの質問に対して，自分の考えに最も近いと思うものを選び，その番号に○をつけて下さい。ただし，|1：そう思わない，2：どちらかといえばそう思わない，3：どちらかといえばそう思う，4：そう思う| です。

I　自然に対する考え方の質問　　　　　　　　　　　　　　　　　思わない　　　　思う

- （1）環境問題は，深刻な問題だと思う。……………………………… |1・2・3・4|
- （2）環境問題について，興味・関心がある。………………………… |1・2・3・4|
- （3）地球温暖化について，その原因やしくみを説明できる。……… |1・2・3・4|
- （4）オゾン層の破壊について，その原因やしくみを説明できる。… |1・2・3・4|
- （5）砂漠化について，その原因やしくみを説明できる。…………… |1・2・3・4|
- （6）水質汚染について，その原因やしくみを説明できる。………… |1・2・3・4|
- （7）自然破壊（森林伐採など）や環境汚染（川や海の汚染など）のニュースを見たり聞いたりすると，心が痛む。……………………… |1・2・3・4|
- （8）大気汚染や地球温暖化などの大きな環境問題を考えると，人間一人の努力なんて無力であると思う。……………………………… |1・2・3・4|
- （9）地球上の空気や水がどんどん汚れている責任の一部は自分にもある。 |1・2・3・4|
- （10）環境問題の解決のためには，まず自分自身の生活のあり方を変える必要がある。……………………………………………………… |1・2・3・4|
- （11）自分たちの住む地域の自然に目を向けることは，自然保護につながる。… |1・2・3・4|
- （12）自然破壊をさらに引き起こす原因となろうとも，今の生活がもっと便利になればいいと思う。…………………………………… |1・2・3・4|
- （13）このまま自然破壊が進むと，人間ばかりか，他の動物達の未来も絶望的だ。…………………………………………………………… |1・2・3・4|
- （14）自分の子ども達のためにも，豊かな自然を残したい。………… |1・2・3・4|
- （15）常日頃から環境保護を考えた生活を心掛けている。…………… |1・2・3・4|
- （16）食べ物は残さないようにしている。……………………………… |1・2・3・4|
- （17）水や電気やガスは使っていないときは，こまめに節約している。…… |1・2・3・4|
- （18）必要以上にゴミを出さない生活を心掛けている。……………… |1・2・3・4|
- （19）環境問題や自然破壊について友人と話すことがある。………… |1・2・3・4|
- （20）燃えるゴミ，燃えないゴミ，空き缶，新聞紙，ペットボトルなどゴミはきちんと分別している。………………………………………… |1・2・3・4|
- （21）家族や友人が電気のつけっぱなしや水の流しっぱなしをしているときは注意する。………………………………………………………… |1・2・3・4|
- （22）人間が生きていく上で他の生物を殺すのはしかたのないことだがそれは必要最小限にとどめるべきである。…………………………… |1・2・3・4|
- （23）環境保護は，人間の健康と繁栄のために行われるべきものだ。………… |1・2・3・4|
- （24）貧困の危機にある国では，環境保護より土地の開発が優先されても仕方がない。……………………………………………………… |1・2・3・4|

　　　　　　　　　　　　　　　　　　　　　　　　　　　　思わない　　　　思う

(25) 環境問題が悪化しても，自分の生活は特に困らないだろう。……………｜1・2・3・4｜

(26) 科学技術の発展は自然を犠牲にしている。……………………………｜1・2・3・4｜

(27) 科学技術の発展のために，多少の環境問題が生じることは仕方のないこ
　　とだ。…………………………………………………………………………｜1・2・3・4｜

(28) 科学技術がもっと進歩すれば，将来的には環境問題は解決するだろう。…｜1・2・3・4｜

(29) 地球上に多種多様な生物がいることは，それだけで価値があることであ
　　る。………………………………………………………………………………｜1・2・3・4｜

(30) 人間は自然の中で，自然に支えられて生きている。……………………｜1・2・3・4｜

(31) 人間の活動のために，野生動物が絶滅していくのは仕方のないことであ
　　る。………………………………………………………………………………｜1・2・3・4｜

(32) 環境保護は人間だけでなく，他の生物のためにも必要である。…………｜1・2・3・4｜

(33) 地球上のすべての動植物は，みな人間の命と同じ尊さを持っている。……｜1・2・3・4｜

(34) 人間は地球の支配者であり，あらゆる他の生物の頂点に立っている。……｜1・2・3・4｜

(35) 虫や草や木も，生きて繁栄する一定の権利があると思うが，それは人間
　　ほどのものではない。…………………………………………………………｜1・2・3・4｜

(36) 害虫や雑草はなくなってもいい。………………………………………｜1・2・3・4｜

(37) 植物や動物も，人間と同等に生き，繁栄する権利を持っている。…………｜1・2・3・4｜

(38) 自然に親しむことで，人間の心が豊かに成長すると思う。………………｜1・2・3・4｜

(39) 自分の心を豊かにするために，日頃から自然に接したいという気持ちが
　　ある。……………………………………………………………………………｜1・2・3・4｜

(40) 自分の心を豊かに成長させるために，実際に日頃から積極的に自然に接
　　している。………………………………………………………………………｜1・2・3・4｜

(41) 人間は自然の一部であり，地球上に住む全ての生物は家族のようなもの
　　である。…………………………………………………………………………｜1・2・3・4｜

(42) 人間が自然に親しんで喜びや楽しみを感じることは，周囲の自然にも良
　　い影響を与える。………………………………………………………………｜1・2・3・4｜

(43) 日本では，地域の自然を破壊するようなゴルフ場開発を阻止するため，
　　裁判に訴えることができる。…………………………………………………｜1・2・3・4｜

(44) 地域の自然を守るための訴えは，裁判で正当に議論されるべきだ。………｜1・2・3・4｜

(45) もし，自分の周囲で，地域の自然を守るための活動があれば，参加して
　　協力したい。……………………………………………………………………｜1・2・3・4｜

(46) 自然を守るのであれば，人間が足を踏み入れない原生自然（原生林・ジ
　　ャングル）のままで保護すべきである。……………………………………｜1・2・3・4｜

(47) 人々の暮らしの糧を得るために，森が枯れない程度に，木を切ったり，
　　狩猟をしたり，山菜を採ったりするのはかまわないと思う。………………｜1・2・3・4｜

　　　年　　組　　番　氏名 ＿＿＿＿＿＿＿＿＿＿＿＿＿＿　　　　＿＿＿＿系列

資料2　質問紙Ⅱ「自然体験（自然とのかかわり）」

Ⅱ　あなたのこれまでの自然体験について教えて下さい。
（1）　以下の自然体験について，体験したことが「何度もある」か「少しある」
　　　か「ほとんどない」かに○をつけて下さい。また，それはいつ頃の体験が主
　　　だったか，幼（小学生以前），小（小学生），中（中学生），高（高校生）の
　　　どれか一つに○をつけて下さい。

・チョウやトンボ，バッタなどをつか　（何度もある・少しある・ほとんどない）（幼・小・中・高）
　まえたこと
・海や川で貝をとったり，魚を釣った　（何度もある・少しある・ほとんどない）（幼・小・中・高）
　りしたこと
・大きな木に登ったこと　　　　　　　（何度もある・少しある・ほとんどない）（幼・小・中・高）
・ロープウェイやリフトを使わずに高　（何度もある・少しある・ほとんどない）（幼・小・中・高）
　い山に登ったこと
・太陽が昇るところや沈むところを見　（何度もある・少しある・ほとんどない）（幼・小・中・高）
　たこと
・夜空いっぱいに輝く星をゆっくり見　（何度もある・少しある・ほとんどない）（幼・小・中・高）
　たこと
・野鳥を見たり，鳴く声を聞いたこと　（何度もある・少しある・ほとんどない）（幼・小・中・高）
・海や川で泳いだこと　　　　　　　　（何度もある・少しある・ほとんどない）（幼・小・中・高）
・キャンプをしたこと　　　　　　　　（何度もある・少しある・ほとんどない）（幼・小・中・高）

（2）　自然の中で遊んだり過ごしたりすることは好きですか？
　　　｜嫌い・どちらかといえば嫌い・どちらとも言えない・どちらかといえば好き・好き｜

```
理由


```

（3）　自然の中で，自分が自然の一部であり，自然に溶け込んでいるようだと感
　　　じたことはありますか？　｜たくさんある・多少ある・わからない・ない｜

（4）　（3）で「たくさんある」，「多少ある」と答えた人は，それはいつ，どん
　　　なときですか？　そのときの状況をできるだけ詳しく教えて下さい。

```



```

（5）　自然の中で感動したり，興味を持ったことはありますか？
　　　　｜一度もない・一度はある・何回かある・たくさんある｜

（6）　（5）で「一度はある」「何回かある」「たくさんある」と答えた人は，ど
　　　のようなことに感動したり，興味を持ちましたか？

（7）　あなたにとって"自然"とはどのような存在（ところ）ですか？下の選択
　　　肢から一つ選んで下さい。①〜⑤の中で当てはまるものがない場合は，⑥の
　　　その他の欄に記入して下さい。

　　　　①　いろいろな動植物がいて，楽しく，感動を与えてくれるところ
　　　　②　心に安らぎを与えてくれる，心地良いところ
　　　　③　直接関係はないけど，大切にしていかなければならないところ
　　　　④　人間の生活に必要な資源を発掘できるところ
　　　　⑤　人間に危害を与える有害なところ
　　　　⑥　その他（　　　　　　　　　　　　　　　　　　　　　　　　）

（8）　あなたはどのような自然が良いと思いますか？　下の選択肢から一つ選ん
　　　で下さい。①〜④の中で当てはまるものがない場合は，⑤のその他の欄に記
　　　入して下さい。

　　　　①　人間が足を踏み入れないような原生自然で，色々な動植物がいる自然（ジャングル）
　　　　②　すぐ遊びに行けるような近くの川や，木の実を拾いに行ける近くの林，草地
　　　　③　田んぼや畑，果樹園，牧場など，人間と他の動植物が共存している場所
　　　　④　きちんと整えられた，花や木がきれいに並んでいる公園
　　　　⑤　その他（　　　　　　　　　　　　　　　　　　　　　　　　）

　　　　　　　＊ご協力ありがとうございました♪　　m（＿　＿）m

286

資料3　プログラムⅠの第9時「地球とのチャネリング」の授業展開

○　日時：1998年9月21日（月）
○　場所：校庭（樹木や草地があるところ）
○　対象生徒：普通科3年「選択生物」履修者29名
○　実施者：筆者
○　学習指導の展開

	時間	学習活動	教師の指導	指導上の留意点
導入	10分	実験室の前の駐車場に集まり，点呼を受けた後，草地横の木陰に移動する。	出席確認 「では，今日の活動は草地の方で行いますので，まず，前回"音の地図（サウンドマップ）"を作った木陰まで移動して下さい」	生徒が集まったら移動を開始する。
展開1	10分	本日の活動"自然との一体化"の方法についての説明を受ける。 一体化する対象は草地付近にあるものなら，個人個人何でも良いことを理解する。 記入カードの記入の仕方と一体化の具体的方法を理解する。 一人一冊ずつ新聞紙を受け取り，自分で決めた所定の位置につく。 1回目の笛が鳴ったら始める。	本日の活動である"自然との一体化"の方法とルールについての説明をする。 なりきる対象物は個人で自由に選ぶこと，対象物は，草地付近の自然のものにすること，など。 記入カードを配る。 記入カードの説明も兼ねて，一体化の具体例を実演する（木，石，土…）。友人と同じものを選ばないで，一人一つずつであることを告げる。 活動後に，それぞれ何と一体化して，どのような感想を持ったか発表してもらうことを告げておく。 新聞紙を配布する。 生徒が所定の位置についたら，はじまりの笛を吹く。	方法を理解できたかどうか確認する。 寝そべる生徒もいると思われるので，新聞紙は人数分より多めに準備しておく。
展開2	20分	校庭内の草地付近の自然物を各自一つずつ選び，説明を受けたとおりに一体化する。 2回目の笛を聞いたら，途中でもカードに感想を書き込む。	生徒の様子を見ながら，やり方がよくわからない生徒がいたら説明する。 2回目の笛を吹き，カードの感想部分を描いていない生徒は，3回目の笛までに書くことを告げる。	一体化している時間を知らせるために，最初と最後に笛を吹く。
まとめ	10分	3回目の笛の合図とともに木陰に集まり，それぞれ何になって，どんな気分であったか発表する。	できれば，一人一人が何に一体化したのか，および，その感想を発表してもらう。時間がない場合は数人に。そして，一体化したものの気持ちになって，人間にひとこと言うとしたら何を言いたいか，一人一人に（または数人に）語ってもらう。	一体化したときの気持ちを分かち合えるような雰囲気をつくる。 記入カードは回収する。

※「記入カード」とは「ワークシート」のことである。

資料4　プログラムⅠ「地球とのチャネリング」のワークシート

> ♪~~~~~自然を感じて，一体になってみよう！~~~~♪

1. あなたの選んだものは何ですか？
[　　　　　　　　　　　　　　　　　　　　　　　　　　　　　　　]
色，形，大きさはどうですか？
[　　　　　　　　　　　　　　　　　　　　　　　　　　　　　　　]

2. それはどんな手触りですか？
（それに触れることができる場合のみ，それを傷つけない程度で触れてみて下さい）
[　　　　　　　　　　　　　　　　　　　　　　　　　　　　　　　]

3. それはどんなにおいがしますか？
[　　　　　　　　　　　　　　　　　　　　　　　　　　　　　　　]

4. 他に何か感じたことがあれば教えてください。
[　　　　　　　　　　　　　　　　　　　　　　　　　　　　　　　]

5. では，さっそくそれになりきってみてください。
> ☆ここにじっくり時間をかけて下さい☆

（例：木になりきる人なら，木のそばにすわったままじっとして，木の気持ちを考えてみる。土になりきる人なら，寝転がって空を見上げたり，虫が自分の上を歩いたり，草の根が自分の中に伸びゆくのを想像したりしてみる…。）

~~~~~~~~~~~~~~~~~~~~~~~~~~~~~~~~

なりきってみて…

6. どんな気分ですか？また，どんなふうに想像力を働かせましたか？

[　　　　　　　　　　　　　　　　　　　　　　　　　　　　　　　]

7. それになりきったつもりで，人間に何かひとこと話しかけるとしたら，どんなセリフが思い浮かびますか？
▽人間に向かって何か一言…▽

[　　　　　　　　　　　　　　　　　　　　　　　　　　　　　　　]

> ♪~~~~~~~~~~~~~~~~~~~~~~~~~~♪

資料 5　プログラムⅡの第 3 時「身近な植物との一体化体験」授業展開

○　日時：2005年10月21日（金）
○　場所：校庭
○　対象生徒：普通科 3 年「生物Ⅱ」履修者24名
○　実施者：筆者
○　学習指導の展開

	時間	学習活動	教師の指導
導入	5分	玄関にて，ワークシートとクリップボード，レジャーシートを受け取ったのち，集合する。	玄関前に集合させ，出欠席を確認する。
展開1	10分	本時の活動である「身近な植物との一体化」の方法とルールを理解する。	ワークシートをもとに，活動の説明をする。 一体化の方法を実演する。
展開2	15分	対象植物を生徒個人で選ぶ。 ワークシートに沿って，選んだ植物の観察をする。	活動場所を見回り，生徒の位置を確認すると共に，生徒同士が同じ植物の個体を選ばないように調整する。 再び，活動場所を見回り，植物の観察の様子を見る。ワークシートの記入について疑問点がある場合は個々に説明する。
展開3	10分	一定時間，自分の選んだ植物になりきる。 約10分後，終わりの笛の合図とともに一体化を終了し，感想等をワークシートに記入する。	生徒が所定の位置につき観察を終えたのを見計らって，始まりの合図をする。終了時にも合図をする。
まとめ	10分	クラス全員が一箇所に集合し，数人の一体化体験の感想を聞き，体験をわかちあう。	生徒を適切な場所に誘導し，数人の生徒に感想を聞く。ワークシートを提出させる。

資料6　プログラムⅡ「身近な植物との一体化体験」のワークシート

「身近な植物との一体化体験！」

《ねらい》
　身近な植物との一体化体験を実践し，植物の立場から自然環境を見る視点を身につけよう。

《方法》
（1）　各班に分かれ，一体化する場所を決める。
（2）　個人個人，一体化する対象となる植物を決める。他の人と同じ植物は選ばない。
（3）　約5分間，合図があるまで選んだ植物を観察する（観察の手順は下記）。
（4）　その後，約10分間，合図があるまでその植物になりきる（五感を開き，植物との一体化）。
　　　〜植物の側に座ったまま，その植物と共に風に吹かれ，日光を浴び，土壌を感じる。自分がその植物だったとしたら…，とイメージを膨らませてみると良いでしょう♪〜
（5）　一体化体験後，集合し，各班で感想を言い合おう。

♪＊＊＊＊＊＊＊＊＊＊観察＊＊＊＊＊＊＊＊＊＊♪
1　あなたの選んだ植物は何ですか？（名前がわからなければ草か，木か？おおざっぱな特徴など）
〔　　　　　　　　　　　　　　　　　　　　　　　　　　　　　　　　〕
2　その植物の特徴は？（色，大きさ，形など）
〔　　　　　　　　　　　　　　　　　　　　　　　　　　　　　　　　〕
3　その植物はどんな手触りですか？（植物を傷つけない程度に触れてみよう）
〔　　　　　　　　　　　　　　　　　　　　　　　　　　　　　　　　〕
4　その植物はどんなにおいがしますか？
〔　　　　　　　　　　　　　　　　　　　　　　　　　　　　　　　　〕
5　他に気付いたことがあれば記入してください。
〔　　　　　　　　　　　　　　　　　　　　　　　　　　　　　　　　〕

♪＊＊＊＊＊＊＊＊＊＊しばし一体化体験＊＊＊＊＊＊＊＊＊＊♪
…一体化体験後
1　どんな気分ですか？何か新たな感覚がもてましたか？
（　　　　　　　　　　　　　　　　　　　　　　　　　　　　　　　　）

2　その植物になりきってみて，その植物が生きていく上で今の環境条件はどうですか？
（　　　　　　　　　　　　　　　　　　　　　　　　　　　　　　　　）

3　その植物になりきって，人間に何か一言話かけるとしたらどんな言葉が浮かびますか？
（　　　　　　　　　　　　　　　　　　　　　　　　　　　　　　　　）

年　　　組　　　番　　　班　氏名

290

資料7　プログラムⅢの第3時「身近な植物との一体化体験」授業展開

○　日時：2010年11月4日（木）
○　場所：校庭
○　対象生徒：総合学科3年「社会福祉援助技術」履修者19名
○　実施者：筆者
○　学習指導の展開

学習内容	時間	学習活動	指導上の留意点
導入	5分	・福祉棟（校舎）前に集合し，本時の活動の目的を確認する。	・福祉棟前に集合させ，出欠席を確認し，本時の目的を説明する。
展開1 カモフラージュ	5分	・「ジャンケンいも虫」（近くの者どうしでジャンケンを行い，負けた者が勝った者の後ろにつく）を行い，A，Bの2チームに分かれる。	・ゲーム的な活動でチーム分けをすることにより，プログラムに対する生徒のモチベーションを高める。
	10分	・「カモフラージュ」の方法を聞き，活動内容を理解する。 ・Aチームは福祉棟近くの植え込みに，Bチームはそこから少し離れた植え込みに移動し，ロープの置かれた範囲内に各チームのメンバーが一人につき1個ずつ人工物を置いていく。	・「カモフラージュ」とは，道の脇に目立たないようにそっと置かれた人工物を注意深く探し出すゲームであることを理解させる。 ・お互いのチームが見えない位置になるよう，活動の場となる植え込みの場所は事前に調査し，ロープは予め置いておく。
	15分	・AチームがBチームの植え込みに移動し，Bチームが置いた人工物を制限時間内に探し出す。その後，今度はBチームがAチームの植え込みに移動し，同様に探し出す。 ・「カモフラージュ」を通して，校庭の植え込みなどの身近な植物と楽しく接することができることを認識する。 ・校内の草地の多い場所へ移動する。	・ゲームにより意欲的に取り組めるよう，また，人工物を置いたチームも探すチームも同時に楽しめるようにするために，探し出す活動の時は時間を計り，タイムレースとした。 ・生徒を集合させ，「カモフラージュ」を通して，身近な自然と楽しく接することで，人間（参加者）どうしのコミュニケーションを深められることを認識させる。 ・生徒をグラウンドの端の草地の多い場所へ誘導する。
展開2 カメラゲーム	5分	・草地に集合し，「カメラゲーム」の方法を聞き，活動内容を理解する。	・「カメラゲーム」とは，カメラマン役とカメラ役がペアになって自然の1コマを心に写すゲームであることを理解させる。
	5分	・Aチーム，Bチームでペアをつくった後，草地周辺で撮りたい自然の1コマを探す。	・1コマとしてどのようなものを選んだら良いかわからない生徒に助言する。
	10分	・先ほどのペアで，カメラマン役の生徒は，目を閉じたカメラ役の生徒を，撮りたい所まで誘導する。 ・撮りたい所でカメラマン役の生徒はカメラ役の生徒の肩を軽くたたき，数秒間目を開けさせた後に再び目を閉じさせる。	・カメラ役の生徒は目を閉じて移動するので，危険箇所に近づいたりしていないか等，生徒の様子に目を配り，安全には十分留意する。

	5分	・集合場所まで戻ったら役割交代。 ・2人とも撮り終えたら集合場所まで戻り，カードに「現像」（撮った1コマを思い出してスケッチ）する。 ・「現像」したカードを草地に並べ，展覧会を行う。 ・「カメラゲーム」を通して，普段では気付かない自然のささやかな美しさを味わえることを認識する。	・撮り終えたペアに「現像」用のカードを渡す。 ・集合場所である草地にカードを並べさせ，展覧会を行いつつ，何を撮ったのか発表させる。 ・「カメラゲーム」を通して，身近な草木の美しさに気付き，カメラマン役とカメラ役がそれを分かち合えることを認識させる。
展開3 身近な植物との一体化体験	5分	・草地に集合し，ワークシートとクリップボード，レジャーシートを受け取る。 ・「身近な植物との一体化体験」の方法を聞き，活動内容を理解する。	・「一体化体験」に必要な教具を生徒一人ひとりに配布する。 ・ワークシートをもとに，一体化の方法について実演も入れつつ説明し，活動内容を理解させる。
	5分	・一体化体験をする場所まで移動する。移動先に着いたら，一体化する対象となる植物を1つ，生徒個人で選ぶ。	・生徒を1人ずつ，一体化体験に適する場所に誘導する。その際，樹木や草本などが適度に生え，安全が確保でき，なおかつ生徒同士の距離が近すぎないような場所に誘導する。
	10分	・ワークシートに沿って，一体化する対象となる植物の観察をする。	・活動場所を見回り，ワークシートの記入方法や一体化体験の方法などで不明な点がある生徒の質問に答える。
	10分	・約10分間，自分の選んだ植物になりきる（寝転がったり，瞑想したりする）。	・再び活動場所を見回り，一体化の様子をそっと見守る。 ・約10分後，終わりの笛の合図をする。
	15分	・終わりの笛の合図とともに一体化体験を終了し，感想等をワークシートに記入する。 ・草地に集合し，参加生徒全員の一体化体験の感想を聞き，体験をわかちあう。 ・「身近な植物との一体化体験」を通して，五感を使って自然を感じ，心をゆったりと広げ，他の生物の命の尊さを実感できることを認識する。	・生徒を適切な場所に誘導し，円形になるように座らせ，生徒一人ひとりに，一体化した植物につけたニックネームと一体化体験の感想を聞く。 ・一体化体験により他の生物の命を実感し，わかちあいにより生徒全員で一体化体験を共有することで，身近な草地のような場所でも，参加者とコミュニケーションをとりながら心をゆったりと広げられる自然体験ができることを認識させる。
まとめ	5分	・感想用紙に本プログラム全体の感想を記入し，ワークシート，クリップボード，レジャーシートとともに提出し，解散する。	・感想用紙を配布し，本プログラムの感想を記入させ，ワークシートとともに提出させる。

※プログラムⅢは2時間連続の1回の授業だったため，「身近な植物との一体化体験」を含めた全体の授業展開をここに示した。

資料8　プログラムⅢ「身近な植物との一体化体験」のワークシート

身近な植物との一体化体験！

《ねらい》五感を開き，校庭内の小さな自然との一体感を感じてみよう。

《方法》

（1）　自分の座った場所の周辺を見回して，お気に入りの植物（草花でも樹木でもコケでも
よい）を1つ決めよう♪そして，その植物に「こんにちは！」とあいさつをしよう（心
の中ででもOK）。

（2）　その植物のことを，よく知ろう（＾＾）　観察してみよう↓

> 1　どんな植物？→ |小さな草花・コケ・樹木・その他（　　　　　　　　　　　）|
> 2　見た目はどんな感じ？（色，大きさ，形など）
> 　色は？→（　　　　　　　　　　　　　　　　　　　　　　　　　　　）
> 　形・大きさは？→（　　　　　　　　　　　　　　　　　　　　　　　）
> 3　どんな手触り？（植物を傷つけない程度に触れてみよう）
> 　〔　　　　　　　　　　　　　　　　　　　　　　　　　　　　　　　〕
> 4　どんなにおいがする？〔　　　　　　　　　　　　　　　　　　　　〕
> 5　どんな場所に生えてる？〔　　　　　　　　　　　　　　　　　　　〕
> 6　その植物を住みかにしている虫はいる？〔　　　　　　　　　　　　〕
> 7　他に気付いたことはある？〔　　　　　　　　　　　　　　　　　　〕

（3）　その植物に名前（ニックネーム）をつけよう！→

（4）　その後，その場に寝転がろう！そして，もし自分がその植物になって，そこで生きて
いたとしたらどんな感じなのか，想像してみよう（＾０＾）！〜一体化タイム〜
　　〜その植物になったつもりで風に吹かれ，日光を浴び，土壌を感じてみよう❤〜

（5）　合図があったら集合し，感想を記入しよう。

> 1　その植物になりきってみて，どんな気持ちになりましたか？
> （　　　　　　　　　　　　　　　　　　　　　　　　　　　　　　　）
> 2　その植物との一体感は感じましたか？→ | 感じた・感じなかった |
> 　理由→（　　　　　　　　　　　　　　　　　　　　　　　　　　　）
> 3　一体化タイム前後で，その植物への気持ちは変わりましたか？
> 　→ |前より親しみを持った・気持ちは変わらない・前より親しみを持てなくなった|
> 　理由→（　　　　　　　　　　　　　　　　　　　　　　　　　　　）
> 4　このような自然との一体感を感じる機会は，大人になってからも，日常生活の中で必要
> だと思う？→ | 思う　・　思わない |
> 　理由→（　　　　　　　　　　　　　　　　　　　　　　　　　　　）

（6）　みんなで感想を言い合おう。そして，体験を分かち合おう☆

　　　年　　組　　番　　班　氏名

資料9　プログラムⅠの多肢選択式・自由記述式事後アンケート

２）今回の私の授業についての質問です。

問48　今回の一連の授業はどうでしたか？
　とても面白かった・面白かった・どちらとも言えない・あまり面白くなかった・
全く面白くなかった

・また，その理由を書いて下さい。

問49　今回の一連の授業でどの授業が印象に残りましたか？
　　　　次の選択肢から選んで下さい。複数でも構いません。
①　エコストーリー・インタビュー（自然体験を紹介し合う活動）
②　生物多様性についての授業
③　校庭の昆虫採集（野外においての昆虫分類調査）
④　サウンドマップ（野外で音の地図を描く活動）
⑤　進化の回想（宇宙の始まりから現在までの物語を聞き，イメージする活動）
⑥　共生について（ビデオ鑑賞）
⑦　自然との一体化（野外で自分の選んだ自然の一つになりきる活動）
　　　回答　｜　　　　　　　　　　　　　　　｜
・また，その理由も書いてください。

また，上の選択肢で，受けていない授業があれば，番号で記入してください
　　｜　　　　　｜

問50　今回の一連の授業の中の野外活動（問49の選択肢番号③，④，⑦の中）で，
　　　自然との一体感を感じた瞬間はありましたか？下の選択肢から選んで下さい。
　③の昆虫採集で・④の音の地図で・⑦の自然との一体感で・わからない・ない

・③，④，⑦を選んだ方は，どんな活動をしている時に，どのように一体感を感じ
ましたか？

問51　今回の一連の授業を受けて，自然に対する意識が変わったという実感はありますか？
　　　|おおいに変わった・少し変わった・わからない・変わっていない|

・おおいに変わった，少し変わった，と答えた方に質問です。何がどのように変わったと感じていますか？

問52　今回の一連の授業で，自然，生物，生態系その他に関して新しく興味を抱いたことは何かありますか？
　　　|たくさんある・少しある・わからない・ない|

・たくさんある，少しあると答えた方に質問です，それはどんなことについてですか？

問53　今回の一連の授業でわかりづらかった授業および内容はありますか？
　　　　わかりづらかった授業を，問49の選択肢から番号で選んで下さい。

・どんなところがどんなふうにわかわりづらかったか教えてください。授業全体および授業の内容など具体的に教えてください。

～今回の授業の感想：なんでもいいですから自由に授業の感想を書いてください～

資料10　プログラムⅡの多肢選択式・自由記述式事後アンケート

プログラム実施後のアンケート・感想

問1　今回の授業の中で，一番印象に残ったものはどれですか？下の選択肢に○をつけて下さい。また，その理由も答えてください。

アザラシの赤ちゃんのビデオ，「解決！地球温暖化」を使った調べ学習，身近な植物との一体化体験

理由
（　　　　　　　　　　　　　　　　　　　　　　　　　　　　　　）

問2　「植物との一体化体験」で，植物およびその周囲の小さな自然との一体感を感じることができましたか？下の選択肢に○をつけて下さい。また，その理由も答えてください。

充分一体感を感じた，やや一体感を感じた，わからない，一体感は感じなかった

理由
（　　　　　　　　　　　　　　　　　　　　　　　　　　　　　　）

問3　問2で「充分一体感を感じた」，「やや一体感を感じた」を選んだ人は，どのような瞬間に一体感を感じたのか答えて下さい。

（　　　　　　　　　　　　　　　　　　　　　　　　　　　　　　）

問4　「植物との一体化体験」で，植物に対する意識が変わったという実感はありますか？下の選択肢に○をつけて下さい。また，その理由も答えてください。

かなり変わった，少し変わった，わからない，変わっていない

理由
（　　　　　　　　　　　　　　　　　　　　　　　　　　　　　　）

問5　今回の一連の授業（ビデオ，調べ学習，一体化体験）は，地球環境保護を考えるための授業として，今後も生物の授業で行っていくと良いと思いましたか？下の選択肢に○をつけて下さい。また，その理由も答えてください。

もっと長時間かけて行うと良い，今回のように行うと良い，ビデオを見るだけでOK，調べ学習だけでOK，一体化体験だけでOK，特に行う必要を感じない，（その他　　　）

理由
（　　　　　　　　　　　　　　　　　　　　　　　　　　　　　　）

問6　今回の一連の授業を受けての感想をおしえて下さい♪意見，改善点もあればおしえて下さい。

（　　　　　　　　　　　　　　　　　　　　　　　　　　　　　　）

　　　年　　　組　　　番　氏名　　　　　　

＊＊＊ご協力ありがとうございました♪＊＊＊

あ と が き

　本研究を進めるにあたって，数多くの方々からご指導，ご助言，ご教示を賜りました。ここに厚く感謝の意を表します。

　大髙泉先生（筑波大学人間系教授）には，筑波大学大学院教育研究科に在籍していた当時より今日に至るまで，絶えず研究の道標を示していただき，手厚いご指導を賜りました。大学院修士課程の修了後，高等学校教諭として勤務しながらも博士後期課程に入学し，途切れること無く研究を続けることができましたのも，ひとえに先生のきめ細やかなご指導の賜物であります。そのうえ，学位請求論文の審査主査の労をお取りいただき，一方ならぬご尽力をいただきました。遅々として進まない研究を時には厳しく，時にはあたたかく励ましてくださいました。たとえ粗末なものであるとしても，本書を捧げるとすれば，それはまず先生をおいて他にはおりません。心より深く感謝申し上げます。

　長洲南海男先生（筑波大学名誉教授）には，筑波大学大学院教育研究科の院生時代以来のながきにわたって，あたたかくも力強い励ましを頂戴いたしました。深く感謝申し上げます。

　片平克弘先生（筑波大学人間系教授）には，貴重なご教示を賜るばかりではなく，研究生活に関する親身なご助言を数多くいただきました。さらには，学位請求論文の査読，および，本書の刊行にあたっても心細やかなご配慮とご尽力をいただきました。厚く御礼申し上げます。

　学位請求論文の審査にあたって，丁寧な査読をしていただき，貴重なご教示とご示唆を賜りました，井田仁康先生（筑波大学人間系教授），清水美憲先生（筑波大学人間系教授），手打明敏先生（筑波大学名誉教授）に，心より御礼申し上げます。

　服部環先生（前筑波大学人間系教授，現法政大学教授）には，快く貴重な時間をさいていただき，本論文の意識調査のデータ解析に関して，丁寧なご指導とあたたかい激励を賜りました。心より感謝の意を表します。

　ここにお名前を挙げさせていただいた先生方以外にも，多くの方々，ならびに，筑波大学理科教育学研究室の関係者の皆様に，精神面と研究面の両方から多くのご支援をいただきました。ご厚情に，心より深く感謝の意を申し上げます。

　本書を刊行するにあたっては，風間書房の風間敬子社長の格別なお力添えを頂戴いたしました。厚く御礼申し上げます。そして，いろいろとご配慮をいただきました編集担当の斉藤宗親さんに，心より感謝申し上げます。

　2017年1月

　　　　　　　　　　　　　　　　　　　　　　　　　山本　容子

＜著者略歴＞

山本 容子（やまもと ようこ）

筑波大学第二学群生物学類卒業
筑波大学大学院教育研究科教科教育専攻（修士課程）修了
筑波大学大学院人間総合科学研究科学校教育学専攻（博士後期課程）修了
博士（教育学）（筑波大学）
公立高校教諭を経て，2014年より現職
現在　筑波大学人間系助教

環境倫理を育む環境教育と授業
—ディープ・エコロジーからのアプローチ—

2017年1月31日　初版第1刷発行

著　者　　山　本　容　子

発行者　　風　間　敬　子

発行所　　株式会社　風　間　書　房

〒101-0051　東京都千代田区神田神保町1-34
電話03（3291）5729　FAX 03（3291）5757
振替00110-5-1853

印刷　藤原印刷　　製本　高地製本所